# DIEU EN PROCÈS

Grégoire QUEVREUX

# DIEU EN PROCÈS

*Une critique de la* Process theology
*à la lumière des Pères et de la philosophie contemporaine*

COLLECTION THÉÔRIA

L'Harmattan

© L'Harmattan, 2023
5-7, rue de l'École-Polytechnique ; 75005 Paris
http://www.editions-harmattan.fr
ISBN : 978-2-14-034246-2
EAN : 9782140342462

## Du même auteur

### *Livres*

*Le cri de Job. Essai d'interprétation de l'Expositio super Iob ad litteram de saint Thomas d'Aquin*, Paris, Orizons, 2017.

Traduction et préface du livre *Resident Aliens* de Stanley Hauerwas et William Willimon pour le Cerf sous le titre *Étrangers dans la cité*, Paris, Cerf, 2016.

### *Articles et contributions*

« Une gauche darwinienne est-elle possible ? Lecture critique d'un livre de Peter Singer » in *Les cahiers de psychologie politique*. N°27, juillet 2015.

« Le terme "démocratie libérale" est-il un oxymore ? » in *Les cahiers de psychologie politique*, N°28, janvier 2016.

« Berdiaev et la technique » in *Les cahiers de psychologie politique*, n° 35, juillet 2019.

« Lire Job : analyse d'un désaccord entre Maïmonide et Thomas d'Aquin », in *Dieu a parlé une fois-deux fois j'ai entendu*, Paris, Parole et Silence, 2016.

Nombreux articles publiés dans diverses revues littéraires.

# Introduction

Le *Milinda-Pahna*[1], texte bouddhique dont la version définitive doit dater du Ve siècle, rapporte la conversation entre le roi indo-grec Ménandre, qui régnait sur une partie du Pendjab au IIe siècle av. J.C., et le sagace moine Nagasena venu le convertir au *Dharma*. Dès le début du dialogue, au roi lui demandant son nom, le moine répond que bien qu'il réponde usuellement à celui de Nagasena, cette appellation ne désigne ultimement rien de réel. En effet, de même que le terme « char » qu'emploie le roi pour parler de son moyen de locomotion ne désigne ultimement rien de réel mais une collection d'éléments (roues, essieu, rênes…) reliés entre eux, le nom « Nagasena » n'est qu'une appellation conventionnelle pour désigner une collection d'éléments interdépendants. Le *Milinda-Pahna*, véritable « théologie portative » dans laquelle certains indianistes voient un manuel d'apologétique, s'ouvre ainsi sur ce qui a certainement fait l'originalité historique de la métaphysique bouddhique : la critique du concept de substance. Ce à quoi le moine Nagasena invite le roi Ménandre, et par extension le lecteur du *Milinda-Pahna*, c'est finalement à un changement radical de son point de vue sur la réalité elle-même. Nagasena transmet ainsi au roi Ménandre un enseignement qu'on pourra trouver probablement contre-intuitif : les relations sont les constituants primordiaux de la réalité, les « substances » ne sont que des réalités dérivées issues des relations. Le nom propre « Nagasena » ne désigne donc une personne que d'un point de vue superficiel. D'un point de vue plus profond, il désigne avant tout un certain faisceau de relations[2]. Le philosophe Alfred North Whitehead nous invite dans ses textes métaphysiques à une transformation similaire de notre point de vue sur le monde. Whitehead souligna d'ailleurs lui-même la proximité certaine que sa métaphysique pouvait entretenir avec la pensée bouddhique[3]. Cela peut au premier abord paraître surprenant : quel rapport entre une sagesse indienne antique et ce mathématicien très édouardien qu'est Whitehead ? C'est que ce dernier partage avec le bouddhisme le même projet philosophique de remplacer la

---

[1] E. NOLOT (Éd.), *Entretiens de Milinda et Nagasena*, Paris, Gallimard, 1995, pp. 41-43.
[2] Cette conception de la personne peut être rapprochée, de façon assez évidente, de la théorie du faisceau défendue par Derek Parfit dans D. PARFIT, « Les esprits divisés et la nature des personnes », dans E. GARCIA, F. NEF, *Métaphysique contemporaine*, Paris, Vrin, 2007, pp. 311-323.
[3] A. N. WHITEHEAD, *Procès et Réalité*, Paris, Gallimard, 1995, p. 389.

métaphysique substantialiste par une métaphysique de la relation. Pour lui, le monde n'est pas primairement constitué d'un ensemble de substances rentrant éventuellement en relation les unes avec les autres, mais est fondamentalement un tissu de relations dont les coalescences déterminées et ponctuelles constituent ce que nous appelons et croyons être, à tort, les substances. Pour Whitehead, à l'instar de Nagasena, les relations sont donc les constituants primaires de toute réalité, qu'il s'agisse d'une microscopique particule parmi d'autres, ou qu'il s'agisse de l'unique être suprême, c'est-à-dire de Dieu lui-même. Le but premier de Whitehead est donc d'élaborer une métaphysique de la relation pouvant rendre compte de cette conception fondamentale de l'être. Cette métaphysique de la relation qu'élabore Whitehead est appelée la *process philosophy*, car elle envisage que tout être est constitué de relations toujours changeantes et muables, et est ainsi engagé dans un perpétuel processus de devenir.

La *Process theology*[4], qui est une école spécifique au sein du cadre plus large de la *process philosophy*[5], se donne pour projet de repenser le Dieu du christianisme à partir de la métaphysique élaborée par Whitehead. Dans la conception élaborée par la *Process theology*, Dieu est donc pensé comme fondamentalement constitué par ses relations avec un monde toujours changeant, et donc également comme muable et irréductiblement engagé dans un processus perpétuel et continu de devenir. Cette conception renouvelée de Dieu serait censée être, aux dires des théologiens du *Process*, plus élevée aux plans intellectuel et spirituel que la conception traditionnelle, et donc plus adéquate pour exprimer la foi chrétienne. L'ambition de ce travail est donc d'évaluer ce projet : le concept de Dieu élaboré à partir de la métaphysique du *process* est-il vraiment le plus adéquat pour exprimer la foi chrétienne ?

## *I) De la* process philosophy *à la* Process theology

Le terme « *process philosophy* » désigne le travail philosophique élaboré par Whitehead durant sa période métaphysique à Harvard. Par extension, on peut ranger sous cette étiquette l'œuvre des philosophes travaillant dans une perspective whiteheadienne. Le terme « *Process theology* » désigne une école identifiable au sein de la *process philosophy* (d'où l'emploi d'un « P » majuscule), avec tout ce que cela suppose de thèses spécifiques et d'homogénéité sur le plan des idées philosophiques, mais aussi de structures institutionnelles et d'intellectuels s'y situant explicitement. Comment

---

[4] Si Whitehead peut être sans nul doute considéré comme le grand inspirateur de la *Process theology*, il serait probablement abusif d'en faire un théologien du *Process*. Ce sont les disciples, directs ou indirects, de Whitehead qui fonderont la *Process theology*. On peut citer à ce propos Charles Hartshorne, Lewis Ford, John Cobb, ou encore David Ray Griffin.

[5] Il existe ainsi des philosophes très influencés par Whitehead, mais qui demeurent très éloignés de la *Process theology*. On peut citer à ce propos par exemple Isabelle Stengers.

cette école, la *Process theology*, s'est-elle ainsi singularisée au sein de la plus large *process philosophy* ?

## A) *Les pères fondateurs : Whitehead et Hartshorne*
### 1) *Biographie d'Alfred North Whitehead*

Alfred North Whitehead[6] est né en 1861 en Angleterre d'Alfred Whitehead, prêtre anglican, et de Maria Sarah Whitehead née Buckmaster. Considéré comme un enfant fragile et maladif, le jeune Whitehead n'est pas scolarisé dans un premier temps. Son père lui apprend le latin à l'âge de dix ans et le grec à douze ans, avant qu'il ne parte à quatorze ans étudier au *Sherbourne independant school* où son frère aîné va devenir professeur dès l'année suivante et où l'enseignement portait plus sur les humanités que sur les sciences. « Malgré » ce milieu familial et scolaire, le jeune Whitehead se découvre un certain don pour les mathématiques[7]. Celui-ci lui vaudra en 1880 une bourse d'étude pour le *Trinity College* à Cambridge où il se lie d'amitié avec le futur biologiste D'Arcy Wentworth Thompson[8]. Il soutient une thèse consacrée au physicien et mathématicien James Clerk Maxwell en 1884 et obtient un poste d'enseignant en mathématiques à Cambridge. Il ne publie rien, à l'exception notable d'une étude sur le mouvement des fluides visqueux en 1889. Il se marie l'année suivante avec Evelyn Wade, fille d'un capitaine de la *Royal Navy*, et commence quelques semaines après son mariage son premier travail notable : le *Traité d'algèbre universelle*.

Il est coutumier de distinguer trois époques dans le travail de Whitehead[9]. Le *Traité d'algèbre universelle*, texte inspiré de Georges Boole, inaugure la première qu'il consacre à la logique mathématique. Cette partie de la vie de Whitehead est marquée par sa fructueuse collaboration avec Bertrand Russell. Les deux hommes se connaissent depuis 1890, Russel ayant été l'un des élèves de Whitehead à Cambridge[10], et ils se rendront tous deux au congrès international de mathématiques à Paris en 1900 où

---

[6] Pour une biographie complète voir V. LOWE, *Alfred North Whitehead. The man and his work*, Londres, John Hopkins University Press, 1985.
[7] L'influence de ce milieu d'origine, anglican et littéraire, se fait néanmoins largement sentir dans son œuvre.
[8] D'Arcy Thompson (1860-1948), biologiste et mathématicien, est considéré aujourd'hui comme l'un des pères de la biomathématique. Il est également l'auteur d'un livre publié en 1917, *Forme et croissance*, dans lequel il critique l'importance cruciale donnée à la sélection naturelle dans la théorie darwinienne de l'évolution, lui opposant l'idée que l'évolution des espèces est largement conditionnée par des contraintes d'ordre physico-mathématique. Cette théorie, qui présente des points communs évidents avec les travaux de Whitehead, a pu influencer ce dernier. D'ARCY THOMPSON, *Forme et croissance*, Paris, Seuil, 2009.
[9] Par exemple dans l'introduction classique disponible en français A. PARMENTIER, *La philosophie de Whitehead et le problème de Dieu*, Paris, Beauchesne, 1968.
[10] Ils seront également tous deux membres de la société secrète des Cambridge Apostles (bien avant que celle-ci ne soit liée à l'affaire d'espionnage dite des « cinq de Cambridge »).

ils rencontrent ensemble Guiseppe Peano qui les introduit au problème des fondements des mathématiques. Russell et Whitehead commencent par travailler séparément mais la découverte en 1901 du fameux paradoxe de Russell et des problèmes qu'il soulève pour la théorie des ensembles les pousse à unir leurs forces. Whitehead et Russell produisent chacun de leur côté plusieurs travaux importants avant de publier en 1910 le premier volume de leur œuvre commune : les *Principia Mathematica*[11]. La deuxième partie suivra en 1912, puis la troisième en 1913[12].

Whitehead rompt avec Russell durant la Première Guerre Mondiale, ne partageant pas le pacifisme de ce dernier[13]. Il entra ensuite dans la deuxième époque de son travail, se consacrant à la physique. Il publie entre autres *An enquiry concerning the principles of natural knowledge* en 1919, *The concept of nature* en 1920 puis *The principles of relativity with applications to physical science* en 1922 où il discute la conception einsteinienne de la relativité. Son intérêt pour les concepts proprement philosophiques à l'œuvre dans les sciences naturelles l'oriente peu à peu vers la métaphysique. À ce titre, le livre *Science and the modern world*, publié en 1925, apparaît comme un texte charnière.

Whitehead est nommé à Harvard en 1924 où il aura comme élève entre autres Willard Van Orman Quine et Charles Hartshorne, et où il écrit *Science and the modern world*. C'est à partir de ce livre que Whitehead introduit dans ses problématiques la question de Dieu. L'année suivante, il publie d'ailleurs sur ce sujet *Religion in the making*. La transformation de Whitehead en métaphysicien est totale avec *Process and reality* qu'il publie en 1929[14]. Ce livre est l'exposé de sa métaphysique toute entière guidée par l'idée que la réalité est un fluide produit par les différents processus qui la composent. Ses publications ultérieures, comme *Adventures of ideas* (1933) et *Modes of thought* (1938), approfondiront encore le propos de *Process and reality*. Ces trois livres, *Science and the modern world*, *Process and reality*, et *Adventures of ideas*, forment ce qu'on appelle la trilogie d'Harvard et constituent le cœur de la *process philosophy*. Alfred North Whitehead meurt dans le Massachussetts le 30 décembre 1947. Malheureusement pour les chercheurs, sa femme accomplit alors sa dernière volonté et détruit par le feu l'intégralité de ses papiers personnels.

---

[11] Le livre est appelé ainsi en l'honneur du texte éponyme d'Isaac Newton.
[12] Pour qui souhaiterait une introduction facile et ludique à l'histoire de cette quête des fondements des mathématiques, celle-ci a fait l'objet d'une adaptation en bande dessinée : A. DOXIADIS, C. PAPADIMITRIOU, A. PAPADATOS, A. DI DONNA, *Logicomix*, Paris, Vuibert, 2010.
[13] Le fils de Whitehead, Eric, fut pilote dans le Royal Flying Corps. Il est abattu et tué en France en 1918. Russell verra dans ce drame personnel la cause du tournant métaphysique de son ami.
[14] On remarque qu'en dix ans, Whitehead est passé naturellement et sans rupture apparente de la logique mathématique à la métaphysique. C'est certainement cette continuité dans son œuvre qui permet de voir en lui un précurseur de la métaphysique analytique.

## 2) Biographie de Charles Hartshorne

Charles Hartshorne est né le 5 juin 1897 à Kittanning en Pennsylvanie. Il est le fils de Francis Hartshorne, prêtre épiscopalien, et de Marguerite Haughton, fille de prêtre épiscopalien, et descend d'une famille de quakers. Parvenu à l'âge adulte Hartshorne ne s'identifiera jamais à une dénomination en particulier, mais il demeurera bien sûr de son propre aveu très marqué par ce milieu d'enfance hautement spirituel qui donnera sa direction à sa recherche philosophique. Son « entrée dans le monde » a lieu à l'occasion du premier conflit mondial lorsque Hartshorne s'engage volontairement alors même que ses origines quaker[15] auraient pu lui faire éviter l'incorporation. Il sert alors comme personnel médical dans un hôpital en Normandie.

De retour aux États-Unis, il rentre à Harvard[16], achève son premier cycle en 1921 et est reçu docteur en philosophie deux ans plus tard[17] à la suite d'un travail sur l'unité de l'être contenant déjà tous les linéaments de sa pensée future. Les grandes tendances de la philosophie d'Hartshorne étaient donc déjà arrêtées avant le début de son travail avec Whitehead. Grâce à l'obtention d'une bourse postdoctorale, Hartshorne part deux ans en Europe où il suit les cours de Husserl et de Heidegger[18].

De retour à Harvard en 1925, Hartshorne s'attelle avec Paul Weiss à la tâche d'éditer les textes de C.S Pierce. Dans le même temps, Hartshorne travaille en tant qu'assistant de Whitehead arrivant d'Angleterre et qui vient alors d'être nommé professeur à Harvard[19]. En 1928, Hartshorne est nommé professeur à l'université de Chicago et épouse Dorothy Cooper[20]. Il enseigne par la suite à Emory (1955-1962) et à l'université du Texas (1962-1980), sans compter ses déplacements en tant que professeur invité en France, au Japon et en Allemagne. En plus de ses travaux en philosophie de la religion, Hartshorne était un ornithologue reconnu et a publié un livre sur ce sujet en 1973[21]. Charles Hartshorne meurt centenaire le 9 octobre 2000. Celui-ci attribuait sa longévité à son style de vie : Hartshorne ne fumait pas, ne buvait ni alcool ni café, était végétarien[22] et a toujours refusé de posséder une voiture[23].

---

[15] Hartshorne considérera d'ailleurs toute sa vie le pacifisme comme une naïveté.
[16] Il aura pour professeur C.I Lewis qui l'influencera beaucoup.
[17] Ce qui ferait de lui l'un des étudiants les plus « rapides » de l'histoire d'Harvard.
[18] Ces deux philosophes, certainement les plus influents du XXe siècle, ne marquèrent pas particulièrement Hartshorne qui ne les citera que très rarement dans ses travaux ultérieurs.
[19] Avec Bergson, Pierce et Whitehead sont les principales références d'Hartshorne.
[20] Le couple aura une fille, Emily, qui deviendra avocate puis qui s'occupera de gérer l'édition des travaux de son père.
[21] Dans ce livre Hartshorne estime, en écho d'ailleurs avec le reste de sa pensée, que les oiseaux ne chantent pas exclusivement pour des raisons utilitaires mais également pour leur plaisir, et fustige le positivisme et l'anthropocentrisme des ornithologues qui les empêchent d'attribuer aux oiseaux un sens esthétique.
[22] Ces pratiques alimentaires, sans être banales, ne sont pas inhabituelles dans le protestantisme américain.
[23] Refus qu'il partage avec le prêtre catholique Ivan Illich qui est aujourd'hui considéré comme le père de la pensée de la décroissance.

Durant sa période à Chicago, et bien que professeur de philosophie, Hartshorne influencera particulièrement la faculté de théologie. Il peut être considéré avec quelques autres comme le fondateur de l'École de Chicago[24]. Dans tout son travail philosophique, Hartshorne s'attache à développer les perspectives théologiques déjà présentes chez Whitehead. Hartshorne n'est bien sûr pas le seul philosophe à travailler sur la *process philosophy* de Whitehead, et son œuvre ne doit être considérée que comme une perspective parmi d'autres au sein de la *process philosophy*[25]. Mais, s'il ne peut être considéré comme le véritable fondateur de la *Process theology*, Hartshorne a en revanche ouvert une voie, clairement centrée sur la problématique théologico-philosophique, au sein de la plus vaste constellation intellectuelle issue de la *process philosophy*. Le véritable fondateur de la *Process theology* est un élève qu'Hartshorne formera à Chicago : John Cobb. C'est ce dernier qui va véritablement faire de la perspective spécifiquement théologique développée par Hartshorne dans le cadre de la *process philosophy* une école de pensée, structurée autour d'un lieu, le *Center for Process Studies* aujourd'hui situé à l'université de Claremont en Californie, et d'une revue, *Process Studies*[26]. La pensée d'Hartshorne peut ainsi être considérée comme la matrice dont est issue la *Process theology*. Elle constitue en quelque sorte le lien, ou la charnière, entre la *process philosophy* et la *Process theology*.

## B) *John Cobb, fondateur de la Process theology*

John B. Cobb Jr est né le 9 février 1925 à Kobe au Japon. Il est le fils d'un couple de missionnaires méthodistes américains alors stationné dans ce pays. Cobb vit ainsi une enfance japonaise, à Kobe d'abord, puis dans la tristement célèbre ville d'Hiroshima où il fréquente un établissement scolaire canadien. Cobb attribuera à cette enfance pluriculturelle son intérêt philosophique à l'âge adulte pour le bouddhisme, et plus généralement pour les problématiques liées au pluralisme religieux et au dialogue interreligieux[27]. Rattrapée par l'histoire, la famille Cobb quitte le Japon en 1940, revient aux États-Unis et s'installe en Géorgie. Là, le jeune Cobb continue ses études secondaires. Il s'acclimate cependant difficilement à cette culture américaine qu'il connaît finalement mal. Il dira avoir été particulièrement révolté par le racisme anti-Japonais qui régnait alors durant ces années de guerre, expérience qui le poussera à adopter un regard critique sur la culture *mainstream* américaine. Étant

---

[24] Pour plus de détails voir K. BLASER, *Les théologies nord-américaines*, Genève, Labor et Fides, 1995.
[25] En France par exemple, les philosophes s'intéressant à Whitehead le font souvent dans une perspective inspirée par Gilles Deleuze, très différente de celle d'Hartshorne.
[26] Ce centre de recherche et cette revue se sont aujourd'hui largement ouverts à d'autres perspectives issues de la *process philosophy*, même si l'influence de la *Process theology* reste prégnante.
[27] Voir à ce sujet par exemple J. COBB, *Bouddhisme-Christianisme, au-delà du dialogue ?*, Genève, Labor et Fides, 1988.

parfaitement bilingue anglais/japonais, Cobb est recruté par l'Armée en 1943. Il fera partie des troupes américaines d'occupation du Japon jusqu'en 1947, année où il revient aux États-Unis, quitte l'armée et commence ses études supérieures.

Il intègre l'université de Chicago où il explique avoir alors traversé une véritable crise spirituelle. Il revient sur cet épisode de sa vie, fondateur pour la suite de son travail philosophique, dans son discours d'adieu prononcé devant ses collègues et étudiants à Claremont le jour de son départ en retraite :

> « J'ai pris acte, bien sûr, des critiques morales et historiques que pouvait susciter le christianisme, cela ne m'a pas beaucoup dérangé. J'ai entendu certains arguments en faveur de l'athéisme, mais comme arguments, ils ne m'ont pas paru très convaincants. Ce qui m'est arrivé, c'est que j'étais absorbé dans un monde et dans une sensibilité modernes pour lesquels la foi chrétienne ne correspondait à rien. Dieu n'y avait aucune place. Aussi, pour moi, ma crise spirituelle fut-elle liée à un problème de vision ou de compréhension du monde, et une formulation de foi qui ne s'attaquait pas à ce problème ne pouvait me toucher réellement »[28].

La crise spirituelle de Cobb a ainsi une double origine. D'abord, il est critique de cette compréhension moderne du monde, du fait que celle-ci demeure convaincue qu'elle peut évacuer Dieu. Il lui semble ainsi impossible d'adhérer à cette sensibilité moderne sans rejeter du même coup sa foi chrétienne. En même temps, il se rend compte que la conception traditionnelle d'un Dieu absolu, omnipotent, omniscient, éternel etc., ce qu'il appellera à la suite d'Hartshorne le théisme classique, est devenue anachronique et correspond à une foi « qui ne correspond plus à rien, qui est non-pertinente et insignifiante au regard de la modernité »[29].

Étudiant tourmenté mais brillant, Cobb intègre la *Chicago Divinity School* dans l'espoir d'y trouver les moyens de dépasser ce dilemme qui le plonge dans cette crise personnelle. Il y fait plusieurs rencontres décisives pour son avenir philosophique. La plus importante d'entre elles est celle de Charles Hartshorne. Ce dernier lui fait découvrir la *process philosophy*. Il y trouve, à ses dires, une conception métaphysique du monde « moderne », c'est-à-dire prenant en compte les acquis de la modernité scientifique et philosophique, qui, non contente de laisser une place à Dieu, se fonde largement sur celui-ci. Il commente (toujours dans son discours d'adieu) à ce propos :

> « Mes professeurs de faculté se référaient souvent à Whitehead, même s'ils lisaient Whitehead de façon différente. Whitehead m'a conquis plus qu'aucun de mes professeurs, même si j'ai souvent associé sa pensée à celle de Hartshorne. Ce que j'ai cherché et trouvé là fut la construction d'une vision du monde qui prenait pleinement en compte le monde moderne qui avait détruit ma foi, et ce de telle façon qu'il redevenait

---

[28] Cité dans R. PICON, *Le christ à la croisée des religions ; Christologie et pluralisme chez John B. Cobb*, Paris, Van Dieren, 2003, p. 19.
[29] PICON, p. 19.

possible de croire en Dieu et d'adopter la foi chrétienne. La raison la plus profonde de mon engagement envers Whitehead c'est que je n'ai jamais trouvé d'autres visions du monde plus satisfaisantes »[30].

Dans les quelques lignes de ce discours, Cobb exprime ce qui est sans nul doute la conviction rectrice des théologiens du *Process* : l'adoption de la métaphysique de la relation développée par Whitehead doit permettre d'élaborer une conception renouvelée de Dieu, capable de réconcilier en elle-même christianisme et modernité. La *Process theology* ne se conçoit ainsi non comme une philosophie déiste, mais bien comme une théologie chrétienne devant rétablir la dignité intellectuelle et spirituelle du christianisme dans le monde moderne.

Cobb obtient son doctorat en 1952. Il commence par enseigner trois ans au *Young Harris College* (Géorgie), occupation qu'il cumule alors avec un poste pastoral, avant d'intégrer l'université *Emory*. En 1958, il rejoint l'université de Claremont en tant que professeur de théologie et de religion. Il y restera toute sa carrière. Il y fonde avec Lewis S. Ford la revue *Process Studies* en 1971, puis le *Center for process studies* avec son disciple David Ray Griffin en 1973. Ce dernier demeure aujourd'hui le principal centre de recherche consacré à Whitehead dans le monde. Il a de plus largement essaimé et compte aujourd'hui plus de trente centres « frères » dans le monde (dont un certain nombre en Chine où la pensée de Whitehead rencontre un certain intérêt).

Malgré le volume de ses publications, Hartshorne a quelque peu prêché dans le désert. Il faut dire que ce dernier a connu ses principales années de travail à une époque où la philosophie américaine restait dominée par un certain positivisme peu accueillant pour la métaphysique théiste. C'est John Cobb qui, par le succès de ses publications, la diversité de ses centres d'intérêt (métaphysique et théologie bien sûr, mais également éthique, écologie, dialogue interreligieux, dialogue religion/science…), ses activités éditoriales, professorales et son souci de doter les philosophes et théologiens inspirés par Whitehead d'outils institutionnels (revues et centres de recherche), peut être considéré comme le fondateur de la *Process theology*. L'influence de John Cobb a permis à cette dernière de ne pas être qu'une simple étiquette vague mais commode permettant de regrouper des penseurs aux liens lâches, mais partageant un intérêt commun pour la *process philosophy*. Au contraire, le terme « *Process theology* » renvoie à une école de pensée précise, structurée autour de l'œuvre essentiellement de Whitehead, Hartshorne et Cobb, et développant un programme de recherche déterminé.

---

[30] *Ibid.*, p. 20.

## II) Le programme de la Process theology

Si la *Process theology* est bien une école identifiable structurée par une thèse fondamentale (la théologie chrétienne doit être pour son propre bien reconstruite à partir de la métaphysique de Whitehead), elle s'inscrit dans une constellation de propositions philosophiques qui a marqué le XXᵉ siècle. Au cours de cette période, un certain nombre de penseurs ont estimé que la conception traditionnelle d'un Dieu éternel, impassible et immuable n'était plus pertinente pour le monde moderne, et ont cherché à élaborer une conception plus dynamique de Dieu, où celui-ci souffrait et pâtissait en interaction avec le monde. Le théologien roumain Dumitru Staniloae disait à ce propos :

> « La théologie occidentale a affirmé, au long des siècles, l'immuabilité divine, ce qui donnait un Dieu incapable d'entrer en relation réelle avec les créatures temporelles. Or aujourd'hui une partie de cette théologie verse dans l'autre extrême et tend à considérer l'essence propre de Dieu comme éternellement changeante »[31].

Ce qui est frappant, c'est que les penseurs relevant de cette nouvelle tendance sont tout de même nombreux, et viennent de milieux parfois très différents. On pourrait citer par exemple à ce propos Hans Jonas, Pierre Teilhard de Chardin, Samuel Alexander, Hans Küng, ou encore Paul Tillich. C'est comme si cette idée avait été en en quelque sorte dans l'air, qu'il y ait eu à ce moment précis une aspiration philosophique à une nouvelle conception de Dieu. Un tel phénomène est difficile à expliquer, et je ne m'y risquerai donc pas. Cependant, il a, je suppose, probablement à voir avec les charniers des guerres mondiales et des totalitarismes. C'est comme si devant, les tombereaux de sang répandu au XXᵉ siècle, l'idée d'un Dieu impassible, en dehors de l'espace et du temps, et qui jamais ne souffre véritablement, était devenu insupportable. C'est comme si, au vu de toutes les horreurs du XXᵉ, il fallait que Dieu souffre pour être vraiment solidaire des hommes. Il fallait donc élaborer une nouvelle conception métaphysique de Dieu, dans laquelle celui-ci vivait en interaction avec le monde, se réjouissait avec lui et souffrait avec lui. Bref, un Dieu qui soit véritablement, selon eux, le Dieu d'amour annoncé par la Bible.

Ce projet est évidemment également celui des théologiens du *Process*. Ces derniers ont estimé que la métaphysique du *process* élaborée par le mathématicien et philosophe Alfred North Whitehead devait leur permettre de repenser le Dieu du christianisme dans cette optique. Whitehead a indéniablement réussi à élaborer une conception de Dieu où celui-ci est en interaction totale avec le monde, où son être même croît et décroît en fonction de l'état du monde. C'est donc dans cette conception de Dieu que les théologiens du *Process* ont vu le concept de Dieu le plus véritablement chrétien.

---

[31] D. STANILOAE, *Dieu est amour*, Genève, Labor et Fides, 1980, p. 38.

## A) La « nouvelle réforme » de Whitehead

Le projet nourri par les théologiens du *Process* s'enracine, comme toute la *Process theology*, dans la pensée de Whitehead lui-même. Ce dernier, même si cela ne constitue probablement pas son but premier et demeure secondaire dans sa pensée, a en effet envisagé sa métaphysique comme participant d'une « nouvelle réforme ».

### 1) Une ère nouvelle

Whitehead estime que le passage d'une métaphysique de la substance à une métaphysique de la relation s'intègre à un vaste mouvement de réforme religieuse qu'il pressent. Il ne prétend pas être à l'origine de ce mouvement, qu'il ne conçoit d'ailleurs pas comme un parti structuré, mais bien plutôt comme l'aboutissement d'un long processus de maturation historique auquel son travail philosophique participe. Pour Whitehead, les idées naissent, croissent, influencent et transforment lentement les mentalités, et peuvent finalement aboutir et porter leurs fruits dans des contextes bien différents de celui qui les a vues naître. Il donne comme exemple le fait que la croyance en la dignité intrinsèque et inaliénable de la personne humaine, affirmée selon lui par Platon puis par les Pères de l'Église, a fini, après bien des siècles de maturation, par aboutir à une disqualification morale totale de l'esclavage dans la culture européenne du XIXe siècle[32]. Il donne une analogie éclairant ce processus au long terme de maturation des idées, pouvant finalement aboutir à des transformations radicales insoupçonnables au départ :

> « La meilleure analogie se rencontre dans l'histoire d'une espèce d'animal, de plante ou de microbe, qui reste tapie pendant des âges, obscur sous-produit de la nature en quelque jungle solitaire, en quelque marécage ou dans une île. Puis, par une ironie des faits, elle s'échappe dans le monde extérieur et transforme une civilisation, ou détruit un empire ou les forêts d'un continent. Telle est la force potentielle des idées qui vivent dans les divers systèmes de philosophie »[33].

La nouvelle réforme dont parle Whitehead résulte donc de quelque « microbe » philosophique hérité de notre passé culturel et aujourd'hui arrivé à maturité. Il développe cette intuition au chapitre X de son livre *Aventures d'idées*. Un signe de l'enclenchement de cette nouvelle réforme est visible selon lui dans l'étrange contraste qu'il constatait entre le recul historique des Églises chrétiennes en Occident[34], et le triomphe de « l'esprit religieux comme élément efficace dans les affaires humaines » qu'il discernait alors dans l'action de Gandhi et du vice-roi Irwin en Inde en 1931[35].

---

[32] A. N. WHITEHEAD, *Aventures d'idées*, Paris, Cerf, 1993, pp. 53-69.
[33] *Ibid.*, p. 199.
[34] Whitehead dans son texte parle plus spécifiquement des Églises protestantes.
[35] A. N. WHITEHEAD, *op. cit.*, p. 213.

Le contraste souligné est donc celui entre un déclin et une survivance : « il nous faut évaluer ce qui a décliné et ce qui a survécu »[36].

Selon Whitehead, le christianisme se fonde sur l'interprétation de certains événements historiques s'étalant sur une période d'environ 1200 ans, des premiers prophètes hébreux à ce qu'il estime être « la stabilisation de la théologie occidentale par Augustin »[37]. Il rajoute qu'à ses yeux cette « période commence dans la barbarie et s'achève dans l'échec »[38]. Elle commence dans la barbarie car il estime que la première conception de Dieu entretenue par les Hébreux était barbare. Il s'agissait pour lui d'une divinité tribale dont on cherche à amadouer la colère vindicative par des rituels et qu'on prie pour obtenir la mort de ses ennemis. Elle s'achève dans l'échec car, selon lui, la pensée chrétienne n'a pas réussi à dépasser cette barbarie originelle. Whitehead a, on le voit, une compréhension pour le moins négative de l'histoire de la théologie chrétienne. L'incapacité, tant de l'Église romaine que de la Réforme protestante, à dépasser « les éléments barbares et les défauts de compréhension intellectuelle », et le fait au contraire de les avoir conservés « comme éléments essentiels dans les diverses formulations de théologie chrétienne », constituent ensemble « l'histoire tragique du christianisme »[39].

## 2) *L'histoire tragique du christianisme*

Whitehead présente cette « histoire tragique » à travers trois phases. La première phase se manifeste par la conviction tardive de Platon, énoncée dans le *Timée* essentiellement, que « l'élément divin dans le monde doit être conçu comme agent de persuasion, et non de coercition ». Il estime qu'il s'agit là de « l'une des découvertes intellectuelles les plus importantes dans l'histoire de la religion ». La conception qui dominait alors, et qui domine toujours aujourd'hui, consistait à voir dans la divinité « la réalité suprême unique, ordonnant souverainement un monde qui en dérive totalement ». Le choix se pose donc entre une divinité conçue comme un agent suprême de persuasion, ou comme un agent suprême de contrainte, cette dernière conception étant assimilée par Whitehead à celle d'un Dieu-tyran. Whitehead relève que Platon semble hésiter dans ses dialogues entre les deux conceptions, mais prend finalement selon lui fermement parti pour la première à la fin de sa vie[40].

La seconde phase relevée par Whitehead est la vie du Christ lui-même. Cette dernière est en effet comprise comme révélant « la nature de Dieu ainsi que de son activité dans le monde ». Whitehead ne s'engage pas sur l'historicité des récits de la

---

[36] *Ibid.*, p. 214.
[37] *Ibid.*, p. 217.
[38] *Ibid.*, p. 218.
[39] *Ibid.*, pp. 218-219.
[40] *Ibid.*, p. 219.

vie de Jésus (« il n'est pas nécessaire que j'exprime quelque opinion sur la reconstitution convenable du récit le plus vraisemblable des faits historiques »), mais il en relève les éléments, qui selon lui, « ont provoqué une réaction de la part de tout ce qu'il y a de meilleur dans la nature humaine » et ainsi influencé positivement l'histoire humaine :

> « La Mère, l'Enfant, et la pauvre mangeoire ; l'homme modeste, sans toit, désintéressé, et son message de paix, d'amour et de compréhension ; la souffrance, l'agonie, les paroles de bonté quand refluait la vie, le désespoir final ; et le tout avec l'autorité d'une victoire suprême ».

Whitehead estime qu'il n'a pas à commenter plus avant. Il lui paraît évident que la vie de Jésus, telle qu'elle apparaît dans les narrations évangéliques, révèle une conception de Dieu comme agent suprême de persuasion, rejoignant par-là la découverte spéculative capitale du Platon tardif :

> « Je n'ai pas besoin d'approfondir. Peut-il y avoir quelque doute sur le fait que le pouvoir du christianisme tient dans sa révélation, dans les actes, de ce que Platon devina dans la théorie ? »[41].

Cette admirable harmonie se gâte lors de la troisième phase qui est celle de la formation de la théologie chrétienne. Whitehead affirme que les Pères de l'Église sont « les seuls penseurs à avoir, sur une conception métaphysique fondamentale, amélioré Platon ». Quand on sait la haute estime dans laquelle Whitehead tient le penseur grec, on saisit qu'il ne s'agit pas là d'un compliment mineur. En bon connaisseur de l'histoire de la tradition théologique, il rappelle que Platon fut un inspirateur majeur tant de l'orthodoxie que de l'hétérodoxie. Un certain nombre de théologies hétérodoxes, classiquement appelées des hérésies, peuvent d'ailleurs se comprendre comme du platonisme orthodoxe. Whitehead donne comme exemple d'un tel cas l'arianisme. La répugnance qu'a la théologie arienne à reconnaître la divinité du Fils, et donc par extension du Christ, lui vient du préjugé négatif qu'entretient le platonisme pour le monde sensible. Ce dernier n'étant considéré par Platon que comme un reflet émanant du monde pur des Idées, il semblait indigne et inadéquat à la majesté divine que Dieu s'incarne dans celui-ci. La réponse des Pères de l'Église sera de revaloriser le monde sensible, en rappelant que ce dernier, selon le témoignage biblique, n'émane pas d'un monde purement intellectif qui lui serait supérieur et dont il ne serait qu'une version dégradée, mais est une création volontaire et bonne de Dieu. Il est donc à ce titre apte à recevoir l'incarnation du Verbe, ce dernier étant lui-même Dieu. L'affirmation que le Père est « créateur du ciel et de la terre » dans le premier article du Credo rend ainsi possible celle de la consubstantialité du Père et du Fils dans le deu-

---

[41] *Ibid.*, p. 220.

xième article. Whitehead voit dans cette revalorisation du monde sensible une correction bienvenue de la doctrine platonicienne. Il rappelle que Platon n'est jamais parvenu à penser la divinité autrement qu'absolument transcendante :

> « Pour Platon, il existe un Dieu du monde, secondaire et dérivé, qui est pure "icône", c'est-à-dire image. De même, lorsqu'il cherche les Idées, il ne peut trouver, dans le monde, que des imitations. Ainsi le monde, pour Platon, renferme seulement l'image de Dieu et des imitations de ses Idées, jamais Dieu ni ses Idées elles-mêmes ».

À l'inverse de Platon, les Pères de l'Église affirmèrent l'immanence mutuelle de Dieu et de l'humanité en confirmant la divinité du Fils, puis l'immanence mutuelle de Dieu et du monde en confirmant la divinité de l'Esprit saint. La doctrine de la Trinité s'est ainsi construite historiquement comme une doctrine de l'immanence divine contre « la solution platonicienne des images secondaires et des imitations ». Whitehead relève qu'il ne cherche pas à défendre la doctrine de la Trinité, on sait par ailleurs qu'il la juge quelque peu irrationnelle, il souligne simplement qu'à ses yeux la doctrine de la Trinité, en développant la notion de l'immanence divine, s'est orientée vers la solution métaphysique au problème du rapport Dieu-monde qu'il estime être la plus pertinente :

> « Ce qu'exige la métaphysique, c'est une solution qui montre la pluralité des individus en accord avec l'unité de l'univers, et qui montre le monde en quête de son union à Dieu, Dieu en quête de son union au monde. Une conception saine demande également que l'on comprenne comment les Idéaux, dans la nature de Dieu, sont, en raison de leur statut dans cette nature, par là-même des éléments de persuasion dans l'avance créatrice. Platon fondait ces dérivations provenant de Dieu sur le vouloir de celui-ci, alors que la métaphysique demande que les relations de Dieu au monde se situent au-delà des accidents du vouloir, et qu'elles soient fondées sur les nécessités de la nature de Dieu et de celle du monde ».

Ce paragraphe, d'interprétation difficile, synthétise tout le projet métaphysique de Whitehead. Pour aller directement au plus important, Whitehead affirme deux choses, profondément liées dans sa pensée. D'abord, Dieu doit être conçu comme un agent suprême de persuasion. Ensuite, cette conception de Dieu implique de penser métaphysiquement la relation Dieu-monde comme étant une relation d'immanence mutuelle nécessaire. Dieu ainsi influence le monde de façon à favoriser « l'avance créatrice », à travers un processus éternel et nécessaire visant la réalisation de Dieu dans le monde et du monde en Dieu. Dans un tel modèle, nous comprenons que Dieu et le monde sont co-nécessaires et qu'en aucune façon nous pouvons dire que Dieu crée volontairement un monde contingent à partir de rien.

### *3) Une conception non coercitive de Dieu*

Si les Pères de l'Église ont approché cette solution en soulignant l'immanence mutuelle de Dieu, de l'Homme et du monde, ils ont continué à penser celle-ci comme relevant strictement de la volonté divine, par exemple en affirmant la création volontaire d'un monde contingent par un Dieu nécessaire. Cette différence fait qu'ils ont pu continuer à penser Dieu comme un agent suprême de contrainte, déterminant librement la nature de ses relations avec le monde. Pour Whitehead, si les Pères de l'Église ont pensé la relation Dieu-monde comme contingente et relevant de la volonté divine et non comme nécessaire et relevant de la nature divine, c'est parce qu'ils ont estimé que les catégories métaphysiques s'appliquant au monde ne sauraient s'appliquer à cette dernière :

> « Ils ne firent aucun effort pour concevoir le monde selon les catégories métaphysiques grâce auxquelles ils interprétaient Dieu, et ils ne firent aucun effort pour concevoir Dieu selon les catégories métaphysiques qu'ils appliquaient au monde ».

Cette équivocité totale entre Dieu et le monde aboutit en effet à considérer sa nature comme inconnaissable et sans aucun rapport avec le monde, la relation Dieu-monde ne peut donc plus être pensée que comme relevant de la seule et souveraine volonté divine.

Whitehead voit dans cette séparation de Dieu du monde le reflet de la séparation qu'entretenaient « les rois de l'ancienne Égypte ou de la Mésopotamie à l'égard des populations qui leur étaient assujetties ». Si Whitehead relève d'autant plus la grande « imagination métaphysique » qu'il a fallu aux Pères de l'Église pour parvenir à élaborer une doctrine de l'immanence mutuelle de Dieu, de l'Homme et du monde, il relève aussi qu'ils ne sont finalement pas parvenus à dépasser cette conception barbare de Dieu, habituelle dans l'Antiquité, qui consiste à concevoir celui-ci comme une divinité colérique et jalouse, sur le modèle des potentats orientaux. Ils n'ont fait que « sublimer métaphysiquement » celle-ci par une métaphysique substantialiste largement conçue dans ce dessein, aboutissant finalement à concevoir Dieu comme « la source unique absolue, omnipotente, omnisciente, de tout être, ne demandant, pour sa propre subsistance, aucune relation à une réalité située au-delà de lui »[42].

Revenons à la question que nous soulevions plus haut. La nouvelle réforme que Whitehead pressent et à laquelle il estime que son travail participe se manifeste à la fois par une survivance et un déclin, d'où la question : qu'est-ce qui décline et qu'est-ce qui survit ? La réponse est assez simple. Ce qui décline est l'adhésion à la conception barbare d'un Dieu pensé comme agent suprême de contrainte, conçu sur le modèle des potentats orientaux, et sublimé métaphysiquement dans une conception où Dieu, totalement transcendant et isolé dans son absoluité, règne sur l'univers tel un

---

[42] A. N. WHITEHEAD, *op. cit.*, pp. 220-222.

tyran. Cette conception, en plus d'être moralement contestable, pose aux yeux de Whitehead un certain nombre de problèmes philosophiques importants. Par exemple, le fait que l'affirmation de l'omnipotence divine fasse de Dieu le responsable de tout ce qui arrive, nourrissant par là-même un argument antithéiste classique appelé l'argument du mal, soulignant l'incompatibilité entre l'existence d'un Dieu bon et omnipotent et l'existence constatable du mal dans le monde. Il rajoute que les *Dialogues sur la religion naturelle* de David Hume sont un exemple des critiques que peut entraîner une telle conception de Dieu[43].

Ce qui survit en revanche, c'est la découverte spéculative effectuée par Platon et exemplifiée concrètement dans la vie de Jésus d'une conception de Dieu où celui-ci est pensé comme un agent suprême de persuasion, immanent au monde. Cette conception est le « microbe » philosophique qui, agissant de façon souterraine depuis plus de deux mille ans et commençant alors à apparaître au grand jour, est la force motrice pour Whitehead de la nouvelle réforme. Cette dernière consiste donc pour Whitehead en quelque sorte à un recommencement de l'Histoire. Alors que la théologie chrétienne traditionnelle n'est pas parvenue à aller au bout de ses propres intuitions, accouchant finalement d'un monstre métaphysique, la nouvelle réforme doit reprendre l'histoire à partir de là où elle s'est trompée pour enfin amener à sa pleine réalisation ce « microbe » philosophique qu'est la conception de Dieu comme agent suprême de persuasion. Cette réalisation nécessite pour Whitehead une métaphysique renouvelée, à même de conceptualiser l'immanence de Dieu dans le monde. C'est à cet effet que Whitehead propose sa propre métaphysique dite du *process*, ou *process philosophy*. La conception renouvelée de Dieu élaborée à partir de la *process philosophy* devra donc permettre au christianisme de dépasser la « conception barbare » de Dieu rejetée par le monde moderne, et lui faire se saisir enfin pleinement au plan théologique de l'intuition fondamentale exprimée par Platon sur le plan théorique, et par Jésus lui-même sur le plan pratique.

## B) *La reprise du projet de Whitehead dans la* Process theology

### 1) *L'antagoniste de la* Process theology : *la* Radical theology

John Cobb affirme dans son livre *Dieu et le monde*[44] qu'il doit son « jugement corrigé et approfondi du théisme » à sa rencontre avec la pensée de Thomas Altizer, qui relève de ce qu'on appelle la *Radical theology*. Dans le but de cerner plus en profondeur le programme de la *Process theology*, nous commencerons donc d'abord par nous pencher sur cette dernière et sur Altizer.

---

[43] *Ibid.*, p. 222.
[44] J. COBB, *Dieu et le monde*, Paris, Van Dieren, 2006, p. 34.

On appelle *Radical theology*, ou théologie de la mort de Dieu (aussi oxymorique que cette appellation puisse paraître) un mouvement théologique né aux États-Unis dans les années 1960. La *Radical theology* se présente comme une réflexion sur les conditions d'existence du christianisme dans un monde qu'elle juge complètement sécularisé. Le point de départ de la *Radical theology* est la publication par le théologien Gabriel Vahanian en 1957 de son livre *The death of God*. L'expression « mort de Dieu » est lourde de sens dans l'histoire de la philosophie. Vahanian l'emploie pour décrire ce qu'il estime être la situation religieuse et culturelle de l'Occident contemporain : alors que les périodes précédentes de l'histoire occidentale étaient marquées par la pertinence de l'idée de Dieu, la période actuelle est marquée par sa disparition. Si aux époques précédentes, l'idée de Dieu était une référence culturelle majeure, elle semble aujourd'hui être devenue tout à fait hors de propos. Vahanian donne comme exemple la quasi-disparition des sujets religieux dans l'art : alors qu'au XIII$^e$ siècle, 97 % des œuvres d'art étaient à thèmes religieux, la proportion s'est symétriquement inversée aujourd'hui, ce qui pour Vahanian est symptomatique d'une perte d'intérêt. Vahanian ne cède pas à la facilité de concevoir la culture contemporaine comme antichrétienne. Il la définit en effet comme postchrétienne. Vahanian propose comme symbole de cet état de la société la scène d'ouverture du film *La dolce vita* de Fellini où un immense crucifix hélitreuillé plane au-dessus de vacanciers indifférents, plus occupés à profiter de la plage. Ainsi, la culture séculière contemporaine ne se caractérise pas par une réelle hostilité au christianisme, mais bien plutôt par son oubli. Dieu n'a ainsi pas été brutalement assassiné comme le pensait Nietzsche, mais a plutôt été doucement euthanasié. La situation postchrétienne de la culture occidentale se caractérise donc par une disqualification culturelle de l'idée de Dieu et du christianisme.

Il est facile de voir que cette « mort de Dieu » décrite par Vahanian rejoint le hiatus entre christianisme et culture moderne ressenti par John Cobb durant ses études et qui l'avait plongé dans une profonde crise spirituelle. Sa réponse à la « mort de Dieu » fut de choisir la conception métaphysique du monde et de Dieu proposée par Whitehead. Les tenants de la *Radical theology* optent pour une solution plus radicale. Contrairement à Cobb et à la *Process theology*, ils n'envisagent pas une réforme de la métaphysique théiste. Ils estiment que le concept de Dieu est définitivement devenu inintelligible et illégitime dans le monde contemporain, et donc que le christianisme, pour retrouver légitimité et crédibilité, doit ni plus ni moins s'en débarrasser[45].

---

[45] On remarque que la *Radical theology* part du constat tout à fait défendable de la perte de sens de Dieu dans la société occidentale contemporaine, mais au lieu d'y voir une raison de critiquer cette dernière, elle fait le choix d'y acclimater le christianisme. Elle pousse au fond à son paroxysme une certaine rhétorique de « l'adaptation » voulant que la survie du christianisme soit suspendue à sa conformité au monde contemporain.

Le représentant de la *Radical theology* le plus connu est Thomas Altizer. La pensée d'Altizer étant particulièrement échevelée, on ne prétendra pas ici faire autre chose que la résumer à grands traits. Altizer part d'une comparaison entre le christianisme et la mystique orientale. La mystique orientale affirme le caractère illusoire du monde phénoménal et se donne pour but de s'en extraire afin de communier avec la réalité sacrée, qui est en définitive la seule véritable réalité, en se détachant des fausses réalités profanes. Il y a donc selon Altizer dans la mystique orientale un mouvement de négation de l'immanence afin d'affirmer la transcendance. Il voit le mouvement exactement inverse dans le christianisme : la transcendance est niée afin d'affirmer l'immanence. Altizer voit ce mouvement dans la crucifixion de Jésus qui devient pour lui le symbole de la mort du Dieu transcendant et le début d'une nouvelle conception immanente et athée de la divinité devant ouvrir ce qu'il appelle l'âge de l'Esprit[46]. Pour lui, l'Évangile proclame que, littéralement, Dieu est définitivement mort en Jésus-Christ. Tout ce qui était au Ciel est passé sur Terre. Il n'y a plus de transcendance, tout est devenu immanent. Les chrétiens doivent, aux yeux d'Altizer, embrasser cette nouvelle conception immanente et athée de Dieu car celle-ci est le véritable sens du christianisme. C'est par réflexe ou archaïsme que les théologiens du passé ont conservé dans leurs conceptions la notion de transcendance divine et développé des doctrines comme celles de la Résurrection et de l'Ascension, trahissant ainsi le sens profond de l'Évangile.

Altizer assimile la conception traditionnelle de Dieu à l'Urizen de William Blake. Celui-ci est chez Blake le Dieu de la Loi, que ce soient les lois de Moïse ou les lois de Newton. L'Urizen tient donc à la fois du démiurge gnostique et du Grand Horloger du déisme. Il détermine les lois cosmiques et morales, mais dans le but d'enfermer dans un carcan aliénant et liberticide le cosmos et l'humanité[47]. Pour Altizer, Dieu ayant compris que son existence était aliénante pour l'humanité, il a donc fait par charité le choix historique de se suicider. Ce suicide se révèle dans l'incarnation de Dieu en Jésus-Christ. Dans l'Incarnation, Dieu meurt et permet à l'humanité de vivre libérée de l'oppression de l'Urizen. Une nouvelle humanité libérée et adulte peut donc se lever, et suivre son héraut : Jésus.

Nous ne pouvons que constater l'étonnante originalité de la pensée d'Altizer. Celui-ci adhère à l'idée que Dieu est bon et existe, ou du moins qu'il a existé, et en même temps défend l'idée que l'existence de Dieu est liberticide et aliénante pour l'humanité. Il sort de ce paradoxe en affirmant que Dieu étant bon et ne voulant pas

---

[46] Altizer reprend ici la terminologie de Joachim de Flore.
[47] Cette conception de la science newtonienne comme enfermant la créativité de la nature rapproche d'ailleurs Blake de Wordsworth.

aliéner l'humanité, il a fait le choix de se suicider[48]. On remarque donc que le propos d'Altizer est proprement métaphysique. Pour ce dernier en effet, l'auto-annihilation de Dieu dans l'Incarnation n'est pas un symbole. Son affirmation selon laquelle « Dieu est mort en Jésus-Christ » est bien métaphysique et doit être prise littéralement.

## 2) Process theology *et* Radical theology

Il apparaît que la *Process theology* et Altizer ont certains points communs. D'abord, tous deux acceptent la démarche métaphysique. La *Process theology* hérite du désintérêt de Whitehead pour la critique de Kant (à ce titre d'ailleurs, elle peut apparaître comme un précurseur d'une partie de la métaphysique analytique), et Altizer se situe dans la lignée de la veine métaphysique propre à la poésie anglaise (qui d'ailleurs a également influencé Whitehead). Ensuite, ils partagent un certain rejet de la conception traditionnelle de Dieu. Le Dieu du théisme classique, « monstre métaphysique » né selon Whitehead de la conjonction de l'idéologie impériale et de la vénération des Grecs pour l'absolu, qui règle l'univers et l'humanité par des décrets apparaissant comme arbitraires et univoques, peut également se comprendre comme une forme de l'Urizen de William Blake. Enfin, ce rejet de la conception traditionnelle de Dieu ne les empêche pas de se revendiquer tous deux comme chrétiens, et même comme plus authentiquement chrétiens que la tradition chrétienne elle-même[49]. Ils veulent tous deux faire parvenir le christianisme à sa forme finale telle qu'ils la voient contenue en germe dans la prédication de Jésus.

Cependant, les points communs s'arrêtent ici. Altizer adhère à l'idée nietzschéenne que le christianisme trouve son aboutissement dans l'athéisme[50]. Il estime que l'Urizen, figure négative, décrit bien le vrai Dieu. Il construit donc une étrange métaphysique de l'auto-annihilation de Dieu où l'Urizen se suicide sur la croix en Jésus-Christ par compassion pour l'humanité. La *Process theology*, elle, estime que l'Urizen est une idole, c'est-à-dire un faux Dieu, issue des résidus des religions tribales, dont le culte impérial est la forme la plus aboutie, antérieures ou contemporaines au christianisme, ainsi que de l'identification non biblique de la divinité et de l'absolu. Ces éléments sont venus comme parasiter la révélation faite en Jésus-Christ, empêchant le christianisme historique de parfaitement saisir le sens réel de la prédication de Jésus : la révélation de l'immanence de Dieu dans le monde.

---

[48] Dans une certaine mesure, Altizer est proche du propos de Hans Jonas dans *Le concept de Dieu après Auschwitz*. À ceci près que Jonas situe l'auto-annihilation de Dieu au moment de la création alors qu'Altizer le situe à l'Incarnation.
[49] Trait soit dit au passage assez typique du protestantisme américain. Comme quoi on ne s'abstrait d'une tradition que pour rentrer dans une autre.
[50] Idée qu'on retrouve sous une autre forme dans tout un courant de la sociologie qui voit dans le christianisme la matrice de l'athéisme.

Le programme de la *Process theology* et celui de la *Radical theology* sont donc en définitive très différents. La *Radical theology* adhère à l'idée que la sécularisation est libératrice et estime que si le christianisme veut participer au processus de libération, il doit se séculariser. Elle développe une métaphysique purement immanentiste du christianisme qui s'achève dans l'athéisme et une promotion de Jésus comme modèle exclusivement moral[51]. La *Process theology* cherche elle non pas à séculariser le christianisme, mais plutôt à le débloquer, à lui faire abandonner l'idole de l'Urizen pour lui faire embrasser ce qu'elle juge être le vrai Dieu. Son but n'est pas d'embrasser la sécularisation, mais au contraire d'y répondre de façon offensive en proposant une théologie renouvelée, qui ne soit plus aliénante. Elle vise pour ce faire à développer une métaphysique, non de l'auto-annihilation de la transcendance dans l'immanence comme Altizer, mais qui respecte à la fois la transcendance et l'immanence. *Process theology* et *Radical theology* ont ainsi en commun de revaloriser l'immanence divine, la présence de Dieu dans le monde, mais alors qu'Altizer aboutit à une assomption totale de la transcendance dans l'immanence, la *Process theology* cherche à revaloriser l'immanence divine tout en sauvegardant en même temps les droits de la transcendance divine, c'est-à-dire à développer une conception dipolaire de Dieu.

### 3) Un Dieu à la fois transcendant et immanent

La notion de « dipolarité » divine a été forgée par Charles Hartshorne pour décrire la conception de Dieu propre à la *Process theology*. Elle désigne cependant une approche philosophique qui est bien antérieure à celle-ci. Hartshorne en voit même une première occurrence dans la pensée religieuse du pharaon Akhenaton ! Une conception dipolaire de Dieu consiste à concevoir deux pôles en Dieu : un pôle transcendant le monde, et un pôle immanent au monde. Elle peut se comprendre comme une tentative métaphysique de rapprochement entre Dieu et le monde, que le théisme classique aurait tendance à mettre à distance, sans pour autant tomber dans le panthéisme, c'est-à-dire dans l'identification entre Dieu et le monde.

Hartshorne relève plus spécifiquement trois façons de concevoir le rapport entre Dieu et le monde qui lui semblent les plus importantes philosophiquement :
(1) Le panthéisme (Dieu est le monde) ;
(2) Le théisme classique (Dieu est totalement transcendant au monde) ;
(3) La conception dipolaire (Dieu est à la fois transcendant et immanent au monde).

(1), qui caractérise selon Hartshorne la philosophie de Spinoza, identifie totalement Dieu avec le monde. Il faut noter que cette position n'est que très peu discutée par les théologiens du *Process* qui se concentrent surtout sur la critique de la position

---

[51] La *Radical theology* apparaît à ce titre comme proche des tendances les plus radicales du protestantisme libéral, telles qu'elles ont pu par exemple être représentées en France par Félix Pécaud ou Charles Wagner.

(2). On peut cependant remarquer que le panthéisme, en affirmant l'identité de Dieu et du monde, défend finalement un immanentisme radical où la transcendance est absorbée par l'immanence. Dans ce sens précis, la position d'Altizer évoquée précédemment relève du panthéisme. Le théisme classique affirme quant à lui une transcendance absolue de Dieu par rapport au monde. Il est donc en quelque sorte symétrique au panthéisme. La position (3) enfin, qui est donc celle d'Hartshorne (et de la *Process theology* en général), affirme que Dieu dispose d'un pôle transcendant et d'un pôle immanent[52]. Selon Hartshorne, cette conception dipolaire a donc en commun avec le théisme classique d'affirmer une transcendance de Dieu, et en commun avec le panthéisme d'affirmer une immanence de Dieu.

Cette conception dipolaire de la divinité devra donc affirmer la transcendance de Dieu afin de sauvegarder la distinction entre Dieu et le monde, mais également l'immanence de Dieu dans le monde. La *Process theology* se caractérise ainsi par la recherche d'une conception équilibrée entre affirmation de la transcendance divine et affirmation de l'immanence divine. Contre le panthéisme, représenté par exemple par Altizer, et son absorption de la transcendance dans l'immanence, la *Process theology* veut défendre les droits de la transcendance divine ; contre le théisme classique et sa valorisation unilatérale de la transcendance divine, la *Process theology* veut défendre les droits de l'immanence divine. La métaphysique du *process* doit donc permettre d'élaborer une telle conception dipolaire de Dieu.

## III) La Process theology *est-elle une théologie chrétienne ?*

### A) La « nouvelle réforme » en question

Cette idée d'une conception dipolaire de Dieu défendue par les théologiens du *Process* fut notre première motivation pour étudier la *Process theology*. Cette conception à la fois transcendante et immanente de Dieu nous semble en effet traduire une intuition rectrice du christianisme : Dieu transcende le monde tout en étant pleinement présent en lui. Cependant, la question se pose de savoir si la conception dipolaire de Dieu élaborée par la *Process theology* traduit cette intuition d'une façon adéquate à l'intégralité de la foi chrétienne. Les théologiens du *Process* affirment en effet que la métaphysique de Whitehead permet d'élaborer une conception dipolaire de Dieu parfaitement adéquate à la foi chrétienne. Toute la *Process theology* peut finalement être comprise comme une mise en forme de ce postulat. Dans ce travail, nous allons essayer d'infirmer cette dernière affirmation, et de montrer que, loin d'être adéquate à la foi chrétienne, la *Process theology* est au contraire incompatible avec le christianisme.

---

[52] C. HARTSHORNE, *The divine relativity*, New Haven, Yale University Press 1976, pp. 6-18.

On trouvera peut-être une telle démarche critique passablement inquisitoriale. Après tout, n'est-on pas libre de penser ce qu'on veut ? Mais si chacun est assurément libre de penser ce qu'il veut, il est également tenu à un devoir de cohérence minimale. Prenons l'exemple d'un homme qui affirme être un disciple fidèle de l'économiste (très) libéral Friedrich Hayek, et qui en même temps est favorable à une économie collectivisée intégralement planifiée par l'État. On ne dira pas de lui qu'il est un disciple original ou novateur d'Hayek. On dira bien plutôt qu'il n'est pas un disciple d'Hayek du tout, et que, s'il pense l'être, cela prouve surtout qu'il a manifestement très mal compris la pensée de ce dernier. Pouvoir se dire disciple d'Hayek exige ainsi de respecter un « cahier des charges » minimal, et l'adhésion au principe du marché libre en fait sans nul doute partie. Par cet exemple un peu caricatural, je veux indiquer que, à l'instar du libéralisme hayékien, le christianisme possède de la même façon un certain « cahier des charges » qu'il faut respecter pour pouvoir se dire chrétien, ou qualifier une pensée de chrétienne. L'élément central de ce « cahier des charges » est le concept de Dieu. Il existe bien un concept spécifiquement chrétien de Dieu, qui se distingue des concepts non chrétiens. Le cœur de mon propos est donc de dire que le concept de Dieu développé par la *Process theology* n'est pas le concept chrétien de Dieu. Cette démarche entraîne évidemment une interrogation : comment cerner ce concept chrétien de Dieu ?

## B) Distinguer l'orthodoxie et l'hétérodoxie : le critère de saint Vincent de Lérins

De façon évidente, nous pouvons remarquer qu'il existe beaucoup de concepts de Dieu fort différents ! La difficulté qui se pose est donc de distinguer le concept authentiquement chrétien de Dieu des autres concepts non chrétiens, ou, pour le dire autrement, distinguer le concept orthodoxe[53] des concepts hétérodoxes. Ce problème est évidemment ancien. Vincent de Lérins, dans son *Commonitorium*[54], le pose en ces termes :

> « Existe-t-il une règle sûre, d'application générale, canonique en quelque sorte, qui me permette de distinguer la vraie foi catholique de l'erreur des hérésies ? ».

Pour Vincent, la règle de la foi est primairement l'Écriture sainte[55]. Cependant, il rajoute que le seul critère scripturaire ne suffit pas. Il existe en effet un « usage hérétique de l'Écriture ».

Il relève[56] :

---

[53] Au sens non confessionnel du terme.
[54] SAINT VINCENT DE LERINS, *Le Commonitorium*, Belgique, Éditions du soleil levant, 1959.
[55] *Ibid.*, ch. II, p. 38.
[56] *Ibid.*, ch. XXV, p. 111-112.

« Les hérétiques ne se servent-ils pas des témoignages de l'Écriture ? Certes oui, ils s'en servent, et avec passion ! On les voit courir de livre en livre à travers la sainte Loi, de Moïse aux livres des rois, des Psaumes aux Apôtres, des Évangiles aux prophètes ! Près des leurs, auprès des étrangers, chez eux, en public, dans leurs sermons et dans leurs livres, pendant les repas et sur les places publiques, ils ne soutiennent jamais rien qu'ils ne couvrent d'abord de l'autorité de l'Écriture. Il n'y a qu'à lire, pour s'en assurer, les œuvres de Paul de Samosate, celles de Priscillien, d'Eunome, de Jovinien, de toutes les autres pestes. Il y a chez eux un ramassis considérable de textes dont presque chaque page est teintée, fardée de citations de l'Ancien et du Nouveau Testament ».

Pour prendre un exemple tiré de l'histoire contemporaine allant dans le sens de ce qu'affirme Vincent, nous pouvons également rappeler que certains théologiens calvinistes sud-africains ont ainsi élaboré toute une théologie biblique visant à justifier l'apartheid. Vincent constate donc, avec une certaine lucidité, qu'« on pourrait presque dire qu'il y a autant de commentaires de l'Écriture qu'il en existe de lecteurs ! »[57]. Il en conclut :

« Il est donc bien nécessaire, devant cette erreur aux replis si variés, de soumettre l'interprétation des Livres prophétiques et apostoliques à la règle du sens ecclésiastique et catholique ».

Il exprime ensuite cette règle ainsi :

« Tenir pour vrai ce qui a été cru partout, toujours et par tous »[58].

Vincent estime donc que la foi doit être régulée par la Tradition de l'Église, cette dernière se définissant par trois critères : l'universalité, l'ancienneté et l'unanimité. Il définit plus précisément plus loin le troisième critère[59] :

« Qui sont ces Pères dont nous confrontons les idées ? Ce sont ceux qui ont constamment vécu dans la foi et la communion catholique ; ceux qui ont constamment enseigné et sont toujours demeurés dans la foi ; qui sont morts fidèles au Christ ou qui ont mérité le bonheur de mourir pour lui. Il faut les croire en vertu de la règle suivante : ce que tous, ou la plupart d'entre eux, ont affirmé clairement, d'un même accord, fréquemment, avec insistance, telle une réunion de théologiens unanimes, ce qu'ils nous auront transmis après l'avoir reçu de la Tradition, cela doit être tenu pour indubitable, certain et vrai ».

Vincent rappelle par ailleurs que c'est précisément au nom de l'unanimité des Pères que Nestorius de Constantinople fut condamné au concile d'Éphèse[60]. Par cette insistance sur le critère d'unanimité, Vincent semble surtout vouloir appuyer l'idée qu'un homme seul, quelle que soit sa valeur individuelle, ne peut avoir raison contre

---

[57] *Ibid.*, ch. II, p. 38.
[58] *Ibid.*, ch. II, p. 39.
[59] *Ibid.*, ch. XXVIII, p. 120.
[60] *Ibid.*, ch. XXX, pp. 127-129.

toute la Tradition de l'Église. Il estime que c'est pourquoi nous pouvons rejeter les enseignements doctrinaux de théologiens pourtant importants dans l'histoire intellectuelle du christianisme (ils donnent comme exemple à ce propos Origène[61] et Tertullien de Carthage[62]) :

> « Tout ce qu'un homme saint, savant, fût-il évêque, confesseur, martyr même, pense en dehors de l'opinion commune, voire contre elle, ne peut être considéré que comme une petite idée personnelle, secrète, privée, et qui ne peut en aucun cas avoir l'autorité de l'opinion commune, publique et générale. Prenons garde à notre salut éternel et ne suivons pas, comme le font les hérétiques, les sacrilèges et les schismatiques, l'erreur nouvelle d'un seul individu »[63].

Je ne souhaite pas disserter sur les mérites et les défauts généraux du critère proposé par Vincent de Lérins. Dans le cadre précis de ce travail, le critère en question permet de définir un « cahier des charges » auquel la *Process theology* pourra être comparée. Le concept orthodoxe de Dieu sera donc celui qui a été cru partout, toujours, et par tous. C. Michon écrit[64] :

> « Les concepts de dieu peuvent être formés à partir des tentatives de preuve d'existence (être parfait, première cause, créateur), ou à partir des croyances communes, ou de leurs formulations dogmatiques, voire des expressions et des descriptions fournies dans les textes sacrés ».

Dans ce travail, nous allons donc proposer un concept du Dieu chrétien formé à partir des « croyances communes », c'est-à-dire une conception de Dieu commune aux catholiques, aux orthodoxes, et aux protestants (à l'exception de certaines sectes, dont le rapport au protestantisme historique est d'ailleurs problématique, comme les Mormons ou les Témoins de Jéhovah).

## C) *L'approche de Kallistos Ware*

Kallistos Ware[65] propose dans son livre[66] *Approches de Dieu dans la tradition orthodoxe* un certain nombre de caractéristiques de la conception chrétienne de Dieu. Ces caractéristiques ne sont pas des propriétés telles que la simplicité, l'omnipotence ou l'immutabilité. Ware reste à un niveau moins subtil conceptuellement parlant. Il cherche à cerner des caractéristiques plus générales, communes à tous les chrétiens,

---

[61] *Ibid.*, ch. XVII, pp. 84-89.
[62] *Ibid.*, ch. XVIII, pp. 90-92.
[63] *Ibid.*, ch. XXVIII, pp. 120-121.
[64] C. MICHON, « Il nous faut bien un concept de Dieu », dans *Critiques*, 2006/1, p. 3.
[65] Kallistos Ware (né Timothy Ware, 1934-2022) fut professeur à Oxford et évêque grec-orthodoxe.
[66] K. WARE, *Approches de Dieu dans la tradition orthodoxe*, Paris, DDB, 1982.

en évitant toute spéculation[67]. Il me semble pour cette raison que la démarche « œcuménique » de Ware peut nous permettre de répondre à notre problématique. Sa démarche « ascétique » lui permet en effet de proposer un ensemble de conditions nécessaires[68] à la conception chrétienne de Dieu, fidèle au critère « lérinien » que nous avons énoncé plus haut. Nous allons donc voir certaines des caractéristiques que Ware propose comme étant celles du Dieu chrétien, sans rentrer en détail dans leurs conceptions.

## 1) *Dieu est mystère*

Ware commence par rappeler la citation d'Évagre le Pontique : « Dieu ne peut être saisi par l'esprit. S'il pouvait être saisi, il ne serait pas Dieu ». Il affirme qu'un Dieu que « nous prétendrions connaître à fond, à travers les ressources de notre intelligence, s'avérerait n'être qu'une idole faite à notre image »[69]. Dieu apparaît fondamentalement au chrétien comme un mystère, un être incompréhensible, insaisissable et inconnaissable. Un Dieu compréhensible, saisissable et connaissable serait tel que l'athéisme le conçoit souvent : une illusion confortable issue de l'imagination humaine.

Cette incognoscibilité de Dieu n'est pas due à une limitation de notre savoir ou de notre intelligence, mais à son caractère transcendant : le créé ne peut connaître l'incréé, et les anges eux-mêmes ne peuvent saisir Dieu. Dieu est donc absolument inconnaissable. Cependant, Dieu se révèle et, par la grâce de cette révélation, nous pouvons connaître quelque chose de lui et ainsi élaborer un discours théologique à son propos.

Parler de Dieu nécessite donc un double langage estime Ware, à la fois cataphatique et apophatique. Si nous disons que Dieu existe, il nous faut également dire qu'il « n'est pas un objet existant parmi tant d'autres, que dans son cas, le mot "existe" revêt un sens tout à fait unique ». De même lorsque nous disons que Dieu est bon et juste, il nous faut rajouter que « sa bonté et sa justice ne peuvent se définir selon nos mesures humaines ». Ware cite à ce propos une phrase du cardinal Newman : « il nous faut dire et dédire en vue d'un effet positif »[70]. Ce double langage, cataphatique et apophatique, nous permet ainsi d'élaborer un discours conceptuel positif sur Dieu, tout en soulignant son mystère incommensurable par un discours négatif.

---

[67] Il refuse par exemple de se poser la question d'un éventuel plan de salut pour les démons, arguant que la chose est possible, mais que Dieu ne nous a rien révélé à ce sujet, rendant spéculative (dans le mauvais sens du terme) toute réflexion à ce sujet. WARE, p. 91.
[68] Mais pas forcément suffisantes. C'est là un autre débat : celui entre minimalisme et maximalisme dogmatiques.
[69] K. WARE, *op. cit.*, p. 23.
[70] *Ibid.*, p. 27.

## 2) Dieu est Trinité

Ware écrit : « il y a en Dieu quelque chose d'analogue à une société »[71], une société dans laquelle nous sommes invités à entrer. Si les chrétiens affirment ainsi bien sûr l'existence d'un seul et unique Dieu, ce dernier n'en est pas pour autant une seule et unique monade divine. Ware affirme que le Dieu chrétien est à la fois une unité et une pluralité, qu'il est une communauté en communion parfaite, et avec laquelle nous pouvons nous aussi entrer en communion. Il est une Trinité : trois hypostases en une unique essence. Ware écrit à ce propos :

> « Dieu est une tri-unité : trois Personnes égales, chacune demeurant dans les deux autres en vertu d'un éternel courant d'amour mutuel ».

Il rajoute que le « message de la doctrine de la Sainte-Trinité » est que « au cœur de la vie divine, de toute éternité, Dieu se connaît comme "moi et toi", d'une triple façon et il s'en réjouit continuellement »[72]. Ware affirme de plus que le but du christianisme est que « nous, humains, nous prenions part à cette co-inhérence ou *perichoresis* trinitaire, en nous laissant entièrement intégrer dans le cercle d'amour qui existe en Dieu »[73].

## 3) Dieu est créateur

Ware souligne que le Dieu chrétien est le créateur de l'univers, et qu'il a créé ce dernier à partir de rien. La doctrine de la *creatio ex nihilo* signifie que Dieu a créé le monde par un acte intentionnel et libre de sa volonté, et non à la suite d'une nécessité de sa nature : « le monde est la conséquence d'un choix divin »[74]. Une deuxième signification de la *creatio ex nihilo*, aussi importante que la première, est que le monde est « contingent et dépendant »[75]. Il n'existe pas par lui-même, mais doit son existence entièrement à Dieu qui l'a créé et continue à le maintenir. La *creatio ex nihilo* est en effet également une *creatio continua*. L'univers entier disparaîtrait dans le néant si Dieu cessait de le soutenir dans son existence. À ce titre, Ware insiste sur le fait que « Dieu n'est pas l'horloger du cosmos, celui qui en remonte le mécanisme et le laisse ensuite marcher tout seul »[76]. Il rajoute qu'au contraire « la création n'est pas un événement du passé, c'est une relation au présent ».

---

[71] *Ibid.*, p. 47.
[72] *Ibid.*, p. 49.
[73] *Ibid.*, p. 48.
[74] *Ibid.*, p. 72.
[75] *Ibid.*, p. 73.
[76] Il relève ainsi la différence fondamentale qu'il y a entre le christianisme et le déisme.

Il conclut par une très belle citation de saint Philarète de Moscou :

> « Toutes les créatures sont posées sur la parole créatrice de Dieu, comme sur un pont de diamant, au-dessous de l'abîme de l'infinité divine, au-dessus de l'abîme de leur propre néant »[77].

### 4) Dieu fait homme

Ware affirme que « le message chrétien de salut ne saurait être mieux résumé par les mots partage, solidarité et identification »[78]. Si la doctrine de la Trinité affirme que Dieu est intrinsèquement[79] partage et solidarité, la doctrine de l'Incarnation affirme qu'il l'est également extrinsèquement[80]. En effet, selon Ware, « l'Incarnation est elle aussi une doctrine de partage et de participation ». Dieu, dans le Christ, assume pleinement et entièrement notre nature humaine. Il partage avec nous notre vie et notre mort, notre joie et notre souffrance, notre bonheur et notre malheur. Dieu devient ainsi, littéralement, un être humain, tout en demeurant Dieu : le Christ se compose ainsi d'une nature pleinement divine et d'une nature pleinement humaine, unies en une unique hypostase. Dieu, en Jésus-Christ, assume donc toute notre humaine condition, et cela autant au plan physique qu'au plan psychique. Ware explique que si Dieu doit ainsi pleinement devenir homme, c'est parce que, selon le mot de saint Grégoire de Nazianze qu'il cite, « ce qui n'est pas assumé n'est pas sauvé »[81]. Pour sauver l'homme dans son intégralité, Dieu doit donc lui-même devenir intégralement un homme.

### 5) Dieu est sauveur

Saint Paul déclare :

> « Et lorsque toutes choses lui auront été soumises, alors le Fils lui-même sera soumis à celui qui lui a soumis toutes choses, afin que Dieu soit tout en tous » (1 Co 15.28).

Ware commente cette citation paulinienne selon laquelle Dieu sera tout en tous, y voyant la finalité du monde. Il estime devoir affirmer trois choses :

> « Que le Christ reviendra dans la gloire ; qu'à sa venue nous ressusciterons d'entre les morts ; enfin, *"que son règne n'aura pas de fin"* (Lc 1.33) »[82].

---

[77] K. WARE, *op. cit.*, p. 74.
[78] *Ibid.*, p. 118.
[79] C'est-à-dire du point de vue « théologique »
[80] C'est-à-dire du point de vue « économique ».
[81] K. WARE, *op. cit.*, p. 120.
[82] *Ibid.*, p. 207.

Ware nous parle ici du Jugement dernier, épisode final du monde décrit en particulier dans le livre biblique de l'Apocalypse, et qui exprime la conviction chrétienne que le *summum bonum*, c'est-à-dire Dieu, finira par triompher à la fin de l'Histoire. On pourrait donc dire que la foi chrétienne nourrit une conception de l'Histoire « fermée ». La fin est déjà écrite, et celle-ci est heureuse.

## IV) *Notre problème*

Le but de ce travail est double. En premier lieu, nous souhaitons non seulement montrer que la conception dipolaire de Dieu issue de la métaphysique du *process* n'est pas la plus adéquate à la foi chrétienne, mais qu'elle est même incompatible avec celle-ci. Pour ce faire, nous avons identifié à l'aide de Kallistos Ware cinq caractéristiques du Dieu chrétien : incognoscible, trinitaire, créateur, incarné et sauveur. Je tâcherai de montrer que la conception dipolaire de Dieu qui est celle de la *Process theology* ne possède aucune de ces caractéristiques et, partant, ne peut absolument pas être considérée comme exprimant de façon adéquate la foi chrétienne. Notre problème est donc épistémologique avant tout : nous n'allons pas soulever la question de la vérité respective du christianisme et de la *Process theology*, mais simplement montrer qu'ils sont incompatibles.

Le rejet de la conception dipolaire issue de la *Process theology* n'implique cependant pas de rejeter toute conception dipolaire de Dieu. Bien au contraire, nous pensons qu'une conception de Dieu parfaitement chrétienne se doit d'être dipolaire. Ainsi, dans un second temps, nous souhaitons montrer qu'il est possible d'élaborer une conception dipolaire de Dieu dans le cadre de la théologie traditionnelle, et que les critiques faites par les théologiens du *Process* à cette dernière sont infondées.

La *Process theology* est étroitement basée sur la métaphysique de Whitehead. Il est donc inenvisageable de travailler sur la *Process theology* sans présenter au préalable la *process philosophy*. Ainsi, dans le chapitre I, nous présenterons de façon synthétique la métaphysique de Whitehead.

Le chapitre II est à bien des égards le cœur de ce travail. Nous y étudierons la conception dipolaire de Dieu élaborée par les théologiens du *Process* à partir de la métaphysique de Whitehead. Nous essaierons de critiquer celle-ci, et tâcherons de mettre en évidence une conception dipolaire de Dieu issue de la théologie traditionnelle.

Le chapitre III visera à mettre en évidence l'échec des théologiens du *Process* à assimiler la doctrine traditionnelle de la Trinité. Nous montrerons que la *Process theology* défend cependant le caractère fondamentalement social de Dieu, mais modélise cette socialité sans l'aide de la Trinité. Nous verrons que cette dernière conception de la socialité est problématique d'un point de vue chrétien, et défendrons la pertinence de la doctrine trinitaire pour modéliser la socialité de Dieu.

Le chapitre IV cherchera à défendre la christologie traditionnelle des critiques qu'en ont faites les théologiens du *Process*. Et il critiquera en retour la christologie élaborée dans le cadre de la *Process theology*.

Enfin, le chapitre V montrera que l'eschatologie élaborée dans le cadre de la *Process theology* est incompatible avec l'espérance chrétienne d'une victoire finale de Dieu sur le mal. Nous verrons que cette incompatibilité vient très simplement du fait que les théologiens du *Process* pensent que la présence actuelle du mal dans le monde signifie que Dieu n'est pas capable de vaincre ce dernier. Nous montrerons ensuite que la théologie traditionnelle parvient à rendre compatible l'existence d'un Dieu pouvant triompher du mal à la fin des temps, avec l'existence présente du mal dans le monde.

# Chapitre I

# La philosophie du *Process*

La *Process theology* se fonde de façon explicite et consciente sur la métaphysique de Whitehead, ainsi que sur les développements philosophiques et théologiques de l'un des principaux disciples de celui-ci : Charles Hartshorne. S'il peut exister entre les théologiens du *Process* certaines divergences, tous s'accordent cependant pour penser que la philosophie de Whitehead offre les meilleurs outils conceptuels pour repenser en profondeur la théologie chrétienne. Ainsi, la philosophie de Whitehead n'est pas seulement jugée la plus adéquate pour rendre compatibles christianisme et modernité, elle est aussi jugée la plus adéquate pour exprimer conceptuellement la révélation biblique et la foi chrétienne. La métaphysique de Whitehead doit ainsi permettre à la théologie chrétienne de prendre un nouveau départ qui ne répèterait pas les erreurs de la théologie traditionnelle. En effet, selon les théologiens du *Process*, ces erreurs sont dues au fait que cette dernière s'est fondée sur une mauvaise métaphysique. Cette version de la théologie biaisée et grevée par une métaphysique irrationnelle et inadéquate à son objet est ce que les théologiens du *Process* appellent le théisme classique. Et ils ne sauraient trouver de mots assez durs pour critiquer et condamner celui-ci. Hartshorne n'hésite pas à qualifier le théisme classique de « plus grande erreur intellectuelle que l'humanité ait jamais commise »[83]. Il estime en revanche que la métaphysique de Whitehead est la plus pertinente pour penser une doctrine de Dieu qui soit adéquate sur les plans logique, métaphysique et religieux, à la vérité philosophique, à la révélation biblique et à l'expérience spirituelle propre à la foi chrétienne[84].

Cette opinion d'Hartshorne est exactement reprise par John Cobb. Ce dernier cherche également les fondements philosophiques de sa pensée dans la métaphysique de Whitehead (même si, comme Hartshorne, il n'hésite pas à amender celle-ci sur

---

[83] C. Hartshorne, *Man's vision of God and the logic of theism*, Connecticut, Archon Books, 1964, p. 28.
[84] *Idem*, *A natural theology for our time*, Illinois, Open Court, 1967, p. 125.

certains points[85]). Il l'affirme explicitement dans son livre *Dieu et le monde*[86] : la « conceptualité philosophique qui constitue la base de ma pensée vient de Whitehead ». Il réitère cette affirmation dans son ouvrage *A Christian natural theology*, qui est d'ailleurs sous-titré *based on the thought of Alfred North Whitehead*. Cobb pense également que si la théologie traditionnelle s'est fourvoyée, c'est parce qu'elle avait choisi pour fondement une mauvaise option philosophique. La réforme de la théologie chrétienne implique donc en amont de choisir pour fondement une meilleure option philosophique qui, pour Cobb, doit être la métaphysique de Whitehead.

Schubert Ogden, un ancien élève d'Hartshorne et condisciple de Cobb à Chicago, suit la même ligne. Il affirme que la métaphysique du *process* offre les meilleurs outils conceptuels pour penser la théologie chrétienne dans notre modernité. Il dit, de façon amusante, que s'il n'y avait pas eu Whitehead et Hartshorne, sa théologie se serait inspirée d'Heidegger, mais que la pensée du *process* lui a paru finalement la plus adéquate pour réconcilier la théologie chrétienne et la modernité[87]. Pour Ogden, l'athéisme contemporain n'est pas un rejet de Dieu en tant que tel, mais le rejet d'une conception de Dieu irrationnelle et peu évangélique qui est celle du théisme classique. Les défaillances du théisme classique viennent pour Ogden du fait qu'il s'appuie sur une mauvaise philosophie[88]. Et il rajoute que l'élaboration d'une alternative au théisme classique implique de s'appuyer sur une meilleure philosophie. La réforme de la théologie implique en amont une réforme de la métaphysique. Il voit dans cette double réforme l'un des plus grands achèvements intellectuels du XXe siècle, et souligne que ce dernier est essentiellement du fait de Whitehead et Hartshorne.

Daniel Day Williams est un disciple de Whitehead, il fut le confrère d'Hartshorne et le professeur de Cobb et d'Ogden à Chicago. Lui aussi estime que « la *process philosophy* ne propose rien de moins qu'une révolution en métaphysique et en théologie »[89]. Williams affirme que la théologie chrétienne requiert nécessairement une « structure philosophique pour son intelligibilité »[90]. Le théologien doit donc en amont de son travail choisir les conceptions philosophiques fondamentales à partir desquelles il élaborera ses positions théologiques. Williams estime également que si le théisme classique s'est fourvoyé dans une conception de Dieu inadéquate, c'est parce qu'il a fait le mauvais choix de se fonder en amont sur une philosophie elle-même inadéquate. La réforme de la théologie chrétienne ne peut se faire qu'en

---

[85] Encore qu'à bien des égards, Cobb est plus fidèle à Whitehead qu'Hartshorne, et son œuvre consiste souvent à un retour à une certaine orthodoxie whiteheadienne là où Hartshorne s'était écarté des positions de Whitehead.
[86] J. COBB, *Dieu et le monde*, op. cit., p.41.
[87] S. OGDEN, *Reality of God*, New York, Harper & Row, 1963, pp. 162-163.
[88] *Ibid.*, p. 56.
[89] D. D. WILLIAMS, *The spirit and the forms of love*, New York, Harper & Row, 1968, p. 104.
[90] *Ibid.*, p. 106.

fondant cette dernière sur une philosophie plus adéquate : la métaphysique de Whitehead.

Ce rapide panorama d'auteurs nous permet de cerner une thèse structurante de la *Process theology*. En effet, celle-ci a une idée très précise de la façon dont doit se mener la réforme de la théologie chrétienne qu'elle appelle de ses vœux. Les théologiens du *Process* estiment que la raison pour laquelle le théisme classique s'est fourvoyé dans une conception de Dieu inadéquate n'est pas directement théologique, mais doit être cherchée en amont de la théologie. Cette raison est que celui-ci s'est fondé sur une métaphysique de la substance ne lui permettant pas de rendre compte d'une conception de Dieu satisfaisante à la fois au plan rationnel et au plan spirituel. La réforme de la théologie chrétienne exige donc de changer le fondement métaphysique de la théologie, et de choisir un nouveau système métaphysique dont les concepts devront permettre d'élaborer une conception de Dieu rationnellement supérieure et rendant mieux compte des intuitions et expériences spirituelles fondamentales du christianisme. La *Process theology* estime, on l'aura compris, que la métaphysique de Whitehead est la plus pertinente pour mener à bien ce projet, et choisit donc de se fonder étroitement sur celle-ci. On se rend compte que la *Process theology* est extrêmement dépendante de la *process philosophy*. Elle lui emprunte toute sa conceptualité, toutes ses conceptions fondamentales de l'homme, de Dieu et du monde. Il est donc inenvisageable de parler de la *Process theology* sans présenter en amont la pensée de Whitehead. Notre ambition n'est cependant pas de proposer une synthèse générale de toute la philosophie de ce dernier. Esprit génial et polymathe, Whitehead s'est penché sur un grand nombre de sujets différents : de la logique mathématique à la philosophie de l'éducation, de la théorie de la relativité à l'histoire des religions. Résumer sa pensée exigerait donc des ressources hors de notre portée. Nous nous contenterons de proposer une tentative de synthèse de sa métaphysique, de manière à rendre compte des concepts fondamentaux de la *Process theology*.

## I) *La conception de la métaphysique chez Whitehead*

## A) *La justification de la métaphysique*

On pourrait remarquer que la métaphysique analytique n'a pas attendu l'effondrement du vérificationnisme pour émerger vu que *Process and reality* a été publié en 1929, c'est-à-dire la même année que le manifeste du cercle de Vienne. Contrairement à Carnap, Whitehead ne considère pas que la métaphysique soit contraire au rationalisme. Il définit le rationalisme de façon originale non comme une position épistémologique ou métaphysique, mais comme un espoir. Le rationaliste est celui qui espère « que nous n'arrivions pas à découvrir dans notre expérience le moindre élément incapable de servir d'exemple à une théorie générale », c'est-à-dire que toute expérience (et pas seulement les expériences relevant de la science) puisse se traduire dans le schème catégorial élaboré par le philosophe. Pour Whitehead, les « imperfections propres à tous les systèmes métaphysiques » ne doivent pas être une raison pour abandonner cet espoir qui relève « d'une intuition morale ultime touchant la nature de l'activité intellectuelle »[91]. L'élaboration de la théorie générale que doit chercher le rationaliste est précisément la tâche de la métaphysique : « la métaphysique n'est rien d'autre que la description des généralités qui s'appliquent à tous les détails de la pratique » et, symétriquement, « tout ce que l'on découvre dans la "pratique" doit relever du domaine de la description métaphysique ». Les difficultés théoriques que rencontre le métaphysicien ne sont pas une raison pour abandonner ce projet mais doivent au contraire le stimuler :

> « Lorsque la description ne parvient pas à inclure la "pratique", la métaphysique est inadéquate et nécessite une révision »[92].

Un argument classique contre la métaphysique, note Whitehead[93], est qu'elle serait « exagérément ambitieuse ». Vouloir élaborer un schème général « de la nature des choses » serait une entreprise philosophique démesurée relativement à nos capacités à connaître et vouée à l'échec pour cette raison. On donne alors souvent pour preuve de cet échec historique de la métaphysique une représentation de la pensée européenne « tout encombrée des déchets de systèmes métaphysiques abandonnés et irréconciliés ». Cependant, cet argument est pour le moins de mauvaise foi aux yeux de Whitehead car on pourrait, sur la base du même critère, « accuser la science d'insuccès » car, après tout, « nous ne retenons pas plus la physique du XVIIe siècle que la philosophie cartésienne de ce même siècle ». Suivant William James sur ce sujet, Whitehead considère que « si nous survolons l'histoire de la pensée, et pareillement l'histoire de la pratique, nous voyons que les idées sont mises à l'essai les unes après les autres, leurs limitations définies et leur noyau de vérité mis à jour ». Nous voyons que le pragmatisme de Whitehead lui fait concevoir la métaphysique comme une discipline non pas dogmatique (au sens commun, c'est-à-dire péjoratif, du mot) mais expérimentale, au même titre que la science.

Whitehead juge cependant que la principale objection contre la métaphysique est l'affirmation de l'inutilité de la spéculation philosophique, objection qu'il repère dans sa forme achevée dès le XVIe siècle chez Francis Baco. Cette objection consiste pour Whitehead à affirmer que « nous devrions décrire des faits en détail et dégager des lois qui aient une généralité strictement limitée à la systématisation des détails décrits ». Le problème, remarque Whitehead, est qu'une telle démarche n'est pas

---

[91] A. N. WHITEHEAD, *Procès et réalité*, Paris, Gallimard, 1995, p. 101.
[92] *Ibid.*, p. 60.
[93] *Ibid.*, pp. 61-67.

scientifiquement possible car « il n'existe pas de fait brut, contenu en lui-même, susceptible d'être compris sans être interprété comme un élément de système ». Nous voyons ici comment Whitehead a largement préfiguré la critique de l'atomisme logique qui sera celle de son élève Quine. « La matière fournie par notre expérience immédiate » nous dit Whitehead, exige pour son interprétation que nous allions « au-delà d'elle-même, à ce dont elle est contemporaine, à son passé, à son futur, et aux universaux »[94]. Whitehead considère donc que l'interprétation a une dimension nécessairement métaphysique et holiste :

> « La compréhension du fait brut immédiat exige qu'il soit interprété métaphysiquement comme élément d'un monde avec lequel il ait une relation systématique ».

Whitehead estime donc « qu'un mémoire scientifique est, de part en part, saturé d'interprétation », la tâche de la philosophie est donc conséquemment d'assurer « la correction que la conscience apporte à son propre excès initial de subjectivité ». Cette critique du subjectivisme explique la conception que se fait Whitehead de la dogmatique.

Il estime que l'attachement outrancier et peu tolérant des Églises à des dogmes jugés inaltérables est l'un des facteurs expliquant le déclin historique du christianisme en Occident et a provoqué en retour un libéralisme théologique antidogmatique, réduisant la religion à la morale et au sentiment, tout aussi condamnable à ses yeux. Whitehead considère en effet la dogmatique comme néanmoins nécessaire. Cette dernière doit formuler de façon systématique les intuitions religieuses[95] afin de modérer les excès de la subjectivité et éviter que ne se forment des superstitions, sans oublier que ses formulations sont toujours partielles et révisables[96]. Ce ne sont donc pas les dogmes que Whitehead critique mais leur éventuelle rigidité. À l'instar de la métaphysique, Whitehead semble concevoir la dogmatique comme une discipline expérimentale afin d'éviter ce qu'il juge être les écueils du psychologisme religieux (c'est-à-dire la réduction de la religion à une expérience intérieure) et du dogmatisme intolérant. Nous voyons que Whitehead a la même conception expérimentale de la métaphysique, de la science et de la religion. Il va de plus lier fortement ces trois disciplines. Il estime en effet que la métaphysique « acquiert toute son importance en réalisant la fusion de la religion et de la science dans un seul schème rationnel de pensée », c'est ainsi que « la philosophie se libère de la tare d'inefficacité maladive » dont l'accusaient Francis Bacon et ses successeurs.

---

[94] Cette définition de l'interprétation est liée à la façon dont Whitehead envisage le rapport entre être, langage et vérité. Nous reviendrons sur cette question.

[95] Ces intuitions religieuses sont par exemple celles que Jésus exprime dans un langage simple et dans les actes de sa vie.

[96] Là aussi, cette limite que pose Whitehead à la dogmatique est liée à sa conception du rapport entre langage et vérité.

## B) La philosophie spéculative

Whitehead estime que les théologiens n'ont historiquement fait « aucun effort pour concevoir le monde selon les catégories métaphysiques grâce auxquelles ils interprétaient Dieu, et ne firent aucun effort pour concevoir Dieu selon les catégories métaphysiques qu'ils appliquaient au monde »[97], d'où l'émergence d'un « gouffre » entre Dieu et le monde[98]. À l'inverse, Whitehead affirme que « Dieu ne doit pas être traité comme une exception aux principes métaphysiques dans leur ensemble et invoqué pour les sauver de la ruine. Il en est la manifestation maîtresse »[99]. Ainsi, Dieu et le monde devront être conçus à travers le même schème spéculatif qui devra être, pour Whitehead, celui de la métaphysique du *process* qu'il a lui-même élaboré[100]. Élaborer ce schème spéculatif est une tâche qui revient à une philosophie spéculative.

Une philosophie, pour être spéculative, demande des spéculations. Par spéculation, Whitehead n'entend pas bien sûr des affirmations gratuites, mais des hypothèses révisables permettant à la philosophie et à la science d'avancer. Une philosophie spéculative sera donc formée non pas directement par des conclusions, mais par des hypothèses éprouvées et testées[101]. En effet, si Whitehead considère bien le langage comme fondamentalement déficient, il n'en demeure pas moins qu'il estime que les principes premiers ne sont pas inscrutables. Ils restent cependant opaques, et Whitehead rejettera l'idée carnapienne selon laquelle « les concepts fondamentaux de la science sont intrinsèquement clairs »[102]. Les approcher demande donc de la rigueur certes, mais aussi une certaine audace spéculative, et surtout une foi dans la raison. La pensée spéculative exige donc à la fois intuition et imagination[103], ainsi qu'une « espérance rationaliste » : la raison peut pénétrer le mystère du monde.

Un exemple de philosophie spéculative nous est fourni par la conception qu'a Whitehead de la dogmatique dans la pensée religieuse. Whitehead estime que les dogmes sont « les tentatives faites pour formuler en termes précis les vérités qui se

---

[97] A. N. WHITEHEAD, *op. cit.*, p. 222.
[98] Quand le gouffre est suffisamment large, il est possible de ne plus en voir un bord. La séparation exagérée posée entre Dieu et le monde explique, selon les théologiens du *Process*, la perte d'intelligibilité du concept de Dieu à l'époque moderne et, *ipso facto*, le développement de l'athéisme.
[99] A. N. WHITEHEAD, *op. cit.*, p. 528.
[100] On peut cependant trouver le jugement historique de Whitehead quelque peu injuste. En effet, penser Dieu et le monde à l'aide d'un même schème spéculatif fut exactement le projet de la philosophie scolastique au Moyen Âge. La synthèse entre le naturalisme aristotélicien et le christianisme opérée par Thomas d'Aquin constitue sans aucun doute une tentative de « combler ce gouffre » entre Dieu et le monde dont parle Whitehead.
[101] A. N. WHITEHEAD, *op. cit.*, p. 48.
[102] B. SAINT-SERNIN, *Whitehead. Un univers en essai*, Paris, Vrin, 2000, p. 175.
[103] *Ibid.*, p. 34.

révèlent dans l'expérience religieuse de l'humanité »[104]. Cette tentative est importante car elle témoigne du processus historique de rationalisation de la religion. En effet, l'expérience religieuse seule, brute, est la porte ouverte à toutes les superstitions. Whitehead estime à ce propos que la théologie catholique « a manifesté une grande sagesse »[105] en refusant d'accorder à la croyance en un Dieu personnel le statut d'intuition directe. Il rappelle à ce propos que la conception impersonnelle du *Brahman* dans l'hindouisme montre qu'il n'y a aucun consensus sur l'existence d'un Dieu personnel dans la pensée religieuse de l'humanité, et estime que cette absence de consensus va justement contre l'idée que cette croyance en un Dieu personnel soit une intuition directe. Whitehead note cependant que la pensée religieuse libérale tend pourtant bien à concevoir la croyance en un Dieu personnel sur le mode de l'intuition directe. Pour ce faire, les théologiens libéraux abandonnent toute tentative de rationalisation des croyances religieuses et s'en remettent entièrement à l'émotion et au sentiment pour justifier leurs croyances, ce qui est pour Whitehead, comme nous l'avons noté, la porte ouverte à toutes les superstitions :

> « La raison est la garantie de l'objectivité de la religion ; elle lui assure la cohérence générale qui est refusée à l'hystérie »[106].

Il reproche en particulier au libéralisme théologique son adogmatisme et sa volonté de réduire la religion à quelques notions simples. Après tout, rajoute-t-il, « la physique moderne ne dévoile pas un monde simple »[107]. De plus, il estime qu'une religion « simple », car fondée sur quelques notions à la mode pouvant efficacement produire des « émotions agréables et une conduite pleine d'agrément » comme le propose le libéralisme théologique, ne peut qu'échouer à résoudre le problème du mal. En définitive, ce que Whitehead rejette dans le libéralisme théologique, c'est une valorisation de l'émotion religieuse comme pis-aller en remplacement d'une rationalisation métaphysique des intuitions fondatrices.

Whitehead reconnaît effectivement que des intuitions religieuses fondatrices peuvent se révéler dans des circonstances exceptionnelles. La vie de Jésus ou l'enseignement du Bouddha furent des exemples de ces circonstances exceptionnelles. Mais parce qu'elles sont exceptionnelles, ces intuitions fondatrices ne sont pas directement accessibles et exigent donc d'être rationalisées pour pouvoir être transmises adéquatement. Cependant, Whitehead affirme que, contrairement à la foi bouddhique qui se définit par l'adhésion à certains concepts métaphysiques tels que le *Karma* (loi de

---

[104] A. N. WHITEHEAD, *La religion en gestation*, Chromatika, Belgique, 2008, p. 27.
[105] *Ibid.*, p. 31.
[106] *Ibid.*, p. 30.
[107] *Ibid.*, p. 36.

rétribution des actes), le *Samsara* (la transmigration des âmes[108]), ou le *Nirvana* (le salut) et non par l'adhésion au fait que constitue la vie du Bouddha historique[109], la foi chrétienne se définit inversement comme adhésion à la figure historique de Jésus-Christ[110], et à ce qui en découle, et non comme adhésion à une métaphysique donnée[111]. Ainsi, une métaphysique pourra être considérée comme adéquate au christianisme si elle peut rendre compte de certains faits ultimes relevant de la vie de Jésus.

Si on considère la conception qu'a Whitehead de la dogmatique comme un exemple de ce qu'il entend par philosophie spéculative, la signification de ce dernier terme devient plus claire. Une philosophie spéculative a pour tâche de rationaliser et de tester les intuitions qui se dévoilent dans certaines circonstances factuelles. Cette rationalisation se fait par formulations d'hypothèses. Le premier test est leur cohérence les unes par rapport aux autres. Le deuxième est leur aptitude à décrire la réalité[112]. La philosophie spéculative est donc le nom que Whitehead donne à sa méthode, qu'il estime valide tant pour le travail scientifique que métaphysique.

## II) *La bifurcation de la nature*

Le problème de départ de Whitehead est ce qu'il appelle la bifurcation de la nature. Reprenant la distinction de Locke entre qualités premières et qualités secondes de la matière, une conception bifurquée de la nature voit dans les qualités premières les propriétés objectives d'un objet (forme, poids, masse…), et dans les qualités secondes ses propriétés subjectives (esthétique, éthique…). À partir d'une telle conception bifurquée de la nature, deux développements sont alors envisageables.

Le premier, l'idéalisme, consistera à nier que la connaissance directe des qualités premières soit possible et à affirmer que l'esprit ne connaît jamais vraiment la nature en elle-même. Elle ne la connaît que telle qu'elle se reflète dans l'esprit. Il y aurait donc finalement deux réalités « dont l'une serait conjecture et l'autre rêve »[113]. Contre cette conception, Whitehead objecte que « la science n'est pas un conte de fées » et

---

[108] Il faut ici préciser que contrairement à un malentendu courant, la notion bouddhique de transmigration des âmes n'a rien à voir avec la notion grecque de métempsychose : il ne saurait y avoir en métaphysique bouddhique une substance spirituelle immortelle qui transmigrerait de corps en corps.

[109] J'ai pu personnellement constater le manque d'intérêt que peuvent entretenir certains bouddhistes tibétains réfugiés en France pour les doctes études occidentales portant sur l'historicité du Bouddha.

[110] On peut à ce titre se demander si une apologétique de type historique ne constituerait pas une propédeutique logique à la théologie du *Process*. Il semblerait que ce n'était pas le vœu de Whitehead pour qui la gloire du Christ « est destinée à ceux qui savent la discerner et non au monde » (*La religion en gestation* p. 26).

[111] A. N. WHITEHEAD, *op. cit.*, pp. 22-23.

[112] *Ibid.*, p. 49.

[113] A. N. WHITEHEAD, *Le concept de nature*, Paris, Vrin, 2006, p. 68.

que sa fonction n'est pas de « découvrir des entités inconnaissables douées de propriétés arbitraires et fantastiques ». Aussi provisoires, approximatifs et partiels qu'ils soient, il n'en demeure pas moins que les modèles élaborés par les sciences physiques sont relativement fonctionnels[114] et visent donc bien à déterminer « le caractère des choses connues »[115].

Le second développement est ce que Whitehead appelle le matérialisme[116]. Hanté par la possibilité de considérer comme parties intégrantes de la nature des choses qui ne s'y trouvent pas, le matérialiste nie l'existence des qualités secondes, n'y voyant que des additions psychiques nées de l'esprit[117]. Le matérialiste cherchera donc en quelque sorte à purifier son expérience des qualités secondes afin de ne prendre en compte dans sa modélisation de la nature que les qualités premières.

## A) *La critique du matérialisme*

Nos erreurs trouvent souvent leur origine dans notre tendance à donner une existence concrète à nos propres abstractions. Un exemple de cette tendance se trouve dans ce que Whitehead appelle le matérialisme scientifique. Il définit ce dernier comme la croyance en l'existence d'une « matière brute irréductible et présente à travers l'espace en un flux de configurations[118] ». Cette matière est pensée à travers ce que Whitehead appelle la théorie de la localisation simple :

> « La matière peut être représentée comme entretenant ses relations de position avec les autres entités sans nécessiter, pour être expliquée, de faire référence à d'autres régions constituées par des relations analogues de position par rapport aux mêmes entités[119] ».

En d'autres termes, le matérialisme scientifique postule l'existence d'une matière irréductible ontologiquement indépendante qui peut se modifier en fonction de ses relations, celles-ci étant toujours extrinsèques à sa constitution même[120]. Un exemple extrême de ce matérialisme scientifique nous est donné en science physique par l'hypothèse de l'éther. Dans la théorie de Huygens, la lumière est conçue comme une

---

[114] Curiosity a après tout bel et bien roulé sur Mars.
[115] A. N. WHITEHEAD, *op. cit.*, p. 78.
[116] Whitehead juge que le matérialisme est une version de la bifurcation de la nature plus répandue que l'idéalisme. C'est là un jugement relatif à l'époque où il écrit (1920). Aujourd'hui, près d'un siècle plus tard, l'idéalisme est aussi largement répandu que le matérialisme, car lié à la philosophie dite postmoderne. Il est intéressant de relever que, pour Whitehead, le matérialisme est une forme atténuée de l'idéalisme, ce qui revient à dire que l'idéalisme postmoderne est une radicalisation du matérialisme moderne.
[117] A. N. WHITEHEAD, *op. cit.*, p. 80.
[118] *Idem*, *La science et le monde moderne*, Éd. du Rocher, 1994, p. 35.
[119] *Ibid.*, p. 68.
[120] On peut remarquer que cette matière ressemble beaucoup à la façon dont, selon les théologiens du *Process*, le théisme classique pense Dieu.

onde, or le matérialisme scientifique exige qu'un substrat matériel fournisse son contexte à cette ondulation : l'éther. Nous voyons donc comment le matérialisme scientifique a pu historiquement aboutir à exiger des hypothèses ontologiquement lourdes (et de plus fausses) pour conserver sa cohérence.

Whitehead voit l'origine du matérialisme scientifique dans la « révolte antirationaliste » du XVIe siècle. En effet, loin de considérer le Moyen Âge comme une période sombre, il voit dans cette période une « orgie rationaliste » dans la mesure où celle-ci s'intéresse de façon quasi exclusive à théoriser les principes généraux de la nature et se désintéresse des « faits têtus et obstinés ». Whitehead voit une tension constante dans l'histoire de la philosophie et des sciences entre cette recherche des principes généraux et le souci des « faits têtus et obstinés ». La science moderne naît pour Whitehead d'un renversement de la tendance médiévale : la science va mettre au cœur de son propos les « faits têtus et obstinés » et, du moins dans un premier temps, se désintéresser de la recherche des principes généraux. Un symptôme de ce renversement est le fait que les premiers scientifiques ne partagent plus le souci médiéval (hérité d'Aristote) pour la classification, et utilisent une méthode nouvelle fondée sur la mesure (d'où une promotion nouvelle des mathématiques). La science médiévale se fonde pour Whitehead sur l'idée que « la voie vers la vérité passe essentiellement par une analyse métaphysique de la nature des choses, laquelle déterminera donc comment les choses agissent et fonctionnent ». La « révolte antirationaliste » à l'origine de la science moderne abandonne cette méthode et lui préfère « l'étude des faits empiriques d'antécédents et de conséquences »[121].

Whitehead a cependant une conception largement continuiste et externaliste de l'histoire des sciences. L'émergence de la science moderne se fonde sur plusieurs facteurs hérités du passé, et plus spécifiquement sur deux d'entre eux. D'abord, la conviction, selon laquelle « chaque phénomène peut être mis en corrélation avec ses antécédents d'une manière parfaitement définie, révélant ainsi les principes généraux qui le régissent »[122]. Whitehead pense que l'origine de cette conviction (si vitale pour le travail scientifique) est religieuse. C'est parce qu'ils considèrent que l'univers a été créé par un Dieu absolument et parfaitement rationnel que les premiers scientifiques modernes pensent que le monde est rationnellement intelligible[123]. Ensuite, Whitehead situe l'origine de la science moderne dans la redécouverte au XVIe siècle de la mentalité des anciens Grecs, telle qu'elle s'exprimait dans le genre tragique. Le sujet de la tragédie n'est pas le malheur, mais le caractère inéluctable du destin. Les anciens Grecs croyaient que leurs destinées étaient fixées et que rien, pas même les dieux (eux-mêmes par ailleurs soumis au destin), ne pouvait interférer avec celui-ci. Whitehead

---

[121] A. N. WHITEHEAD, *op. cit.*, p. 57.
[122] *Ibid.*, p. 29.
[123] Whitehead rejoint ici ce qu'on appelle en histoire des sciences la Merton Thesis.

considère que « ce caractère inévitable, impitoyable, imprègne la pensée scientifique » et que « les lois de la physique sont les arrêts du destin »[124]. Le tragique grec serait ainsi pour Whitehead l'inspiration de la conception mécaniciste de la nature qui est le propre du matérialisme scientifique.

La révolte antirationaliste du XVIe siècle, puis sa théorisation au XVIIe siècle, aboutissent au matérialisme scientifique, c'est-à-dire au postulat que l'univers est constitué d'une matière irréductible se comportant selon des lois assimilées à des processus mécaniques. L'univers est devenu une machine. Le matérialisme scientifique demeurera, au moins jusqu'au XVIIIe siècle, compatible avec un certain type de théisme concevant Dieu comme le créateur de la matière et/ ou comme le mécanicien suprême à l'origine de la mécanique de l'univers[125] (c'est ce que Hume appelle le théisme expérimental dans les *Dialogues sur la religion naturelle*). Cependant, comme le remarque Daniel Dombrowski[126], un tel Dieu est assimilable à un « fantôme dans la machine »[127], l'athéisme qui émerge à partir du XVIIIe ne faisant finalement qu'exorciser ce « fantôme dans la machine ».

Whitehead considère que le matérialisme scientifique fut une abstraction nécessaire dans l'histoire des sciences car il permit de dépasser le rationalisme exagérément abstrait du Moyen Âge, de renouveler les méthodes de recherche et, finalement, de faire largement progresser la science et la connaissance humaine. Il pense cependant que la science moderne, qui se fonde donc historiquement sur le matérialisme scientifique, est devenue sourde à la critique de ses propres fondements. Encouragée par son esprit pragmatique et ses indéniables réussites, la science moderne a fini par se désintéresser de la philosophie et de sa critique des abstractions, et à s'attacher idéologiquement au matérialisme scientifique. Pourtant, pour Whitehead, ce sont bien les dernières avancées scientifiques qui justifient la critique du matérialisme scientifique.

Whitehead considère que c'est bien l'éclatement de la cohérence du matérialisme scientifique qui caractérise son époque. Il estime que ce dernier se trouve alors dans le même cas que la théorie ptoléméenne des épicycles au XVIe siècle ! De la même façon que l'astronomie pré-copernicienne, le matérialisme scientifique ne paraît plus à Whitehead être cohérent avec les données scientifiques contemporaines. Whitehead retient surtout trois découvertes majeures. D'abord, la théorie quantique et son affirmation selon laquelle la trajectoire d'un électron n'est pas continue mais

---

[124] *Ibid.*, p. 28.
[125] C'est la position bien connue de Voltaire : « l'univers m'embarrasse et je ne peux songer que cette horloge existe et n'ait point d'horloger ».
[126] D. DOMBROWSKI, *Rethinking the ontological argument. A neoclassical response*, New York, Cambridge University Press, 2006.
[127] Dombrowski détourne ici l'expression bien connue de Gilbert Ryle au sujet du dualisme cartésien.

« se manifeste en une série de positions discrètes dans l'espace, qu'il occupe pendant des périodes de temps successives ». Whitehead relève :

> « C'est comme si une automobile roulant sur une route à la vitesse moyenne de cinquante kilomètres à l'heure ne parcourait pas la route de manière continue, mais apparaissait successivement en des points précis où elle s'attarderait pendant deux minutes »[128].

Whitehead remarque que cette existence discontinue de particules élémentaires comme les électrons contredit l'hypothèse du matérialisme scientifique d'une existence continue et irréductible des entités matérielles élémentaires.

Ensuite, Whitehead considère que la théorie de la relativité, en affirmant que la temporalité d'une entité fluctue avec sa vitesse et sa position dans l'espace, contredit la théorie de la localisation simple pour laquelle une entité matérielle peut être considérée en elle-même sans que ses relations ne lui soient constitutives. La théorie de la relativité démontre au contraire que les relations d'une entité avec son contexte lui sont constitutives.

Enfin, Whitehead estime que la théorie de l'évolution démontre également l'importance de l'interaction des organismes avec leur environnement. Whitehead, à ce propos, critique la tendance des biologistes à mettre univoquement l'accent sur la sélection naturelle dans la théorie de l'évolution : « les derniers mots de la science semblaient être la lutte pour la vie et la sélection naturelle »[129], or il rappelle que l'évolution présuppose aussi une interaction entre l'organisme et l'environnement dans la mesure où « tout objet physique qui, par son influence, détériore son environnement, commet un suicide »[130]. Whitehead rajoute que c'est bien la relation entre entités, que ce soit la coopération des organismes vivants ou les relations chimiques entre les protons et les électrons constitutifs des atomes, qui permet l'interaction de l'environnement et de l'entité. C'est, dit-il, « l'autre face de la machinerie évolutive – la face négligée – qui s'exprime par le mot *créativité* ». L'insistance des biologistes sur la théorie de la sélection naturelle vient pour Whitehead de leur adhésion au matérialisme scientifique et sa théorie de la localisation simple qui les a poussés à considérer l'environnement comme une donnée secondaire. La version de la théorie de l'évolution que Whitehead met en avant et qui met l'accent sur l'interaction entre organisme et environnement, probablement inspirée des travaux de D'Arcy Wentworth Thompson, constitue pour lui un argument supplémentaire contre le matérialisme scientifique et en faveur de sa caducité sur le plan scientifique.

---

[128] A. N. WHITEHEAD, *op. cit.*, p. 54.
[129] *Ibid.*, p. 137.
[130] *Ibid.*, p. 135.

## B) La « *réaction romantique* »

Whitehead relève que la réaction contre le matérialisme scientifique s'est concentrée dans la littérature, et en particulier dans ce qu'il appelle la « réaction romantique ». Il analyse cette réaction chez plusieurs poètes romantiques anglais, et plus particulièrement chez deux d'entre eux : Wordsworth et Shelley. La poésie de Wordsworth se caractérise pour Whitehead par une « haine de la science ». Il rappelle à ce propos le vers qui pour lui résume le grief de Wordsworth contre la science : « nous assassinons pour disséquer »[131]. La poésie de Wordsworth est imprégnée du thème de la nature, ainsi que de la conviction que la méthode scientifique est inapte à saisir la réalité de la nature. Le matérialisme scientifique n'est pour Wordsworth qu'une abstraction dessicative et profanatrice niant la réalité de l'expérience esthétique, alors que celle-ci constitue le cœur du mystère de la nature. On devine qu'un esprit scientifique comme celui de Whitehead considère la position de Wordsworth comme quelque peu outrancière. Il semble lui préférer la poésie de Shelley dont l'esprit lui apparaît comme « empreint d'idées scientifiques »[132]. Il relève cependant que Shelley rejoint Wordsworth dans sa critique du matérialisme scientifique. Il rejette la conception mécanique de la nature au nom d'une conception organiciste où la nature « change, se dissout, se transforme, comme sous les doigts d'une fée »[133]. Whitehead remarque donc que si le matérialisme scientifique est vrai, alors :

> « Les poètes se trompent sur toute la ligne. Ils devraient s'adresser leurs vers à eux-mêmes, et en faire des odes d'autofélicitation pour l'excellence de l'esprit humain. La nature, elle, est inodore, incolore, insipide, un va-et-vient de matière incessant et insignifiant »[134].

Ce que Wordsworth et Shelley reprochent au matérialisme scientifique, c'est d'être une abstraction réduisant la nature au statut de chose vide, inerte et morte, alors que leur expérience vivante et concrète est au contraire celle de la vitalité incroyable de la nature.

Whitehead considère lui aussi que le matérialisme scientifique est une abstraction faisant l'impasse sur une grande partie de notre expérience. Il juge cependant que ce fut une abstraction historiquement nécessaire pour l'avancée de la science. Le problème pour lui est que nous avons confondu cette abstraction avec la réalité, commettant ainsi ce qu'il appelle le sophisme du concret mal placé. Le sophisme du concret mal placé consiste à attribuer une forme d'existence concrète à nos abstractions.

---

[131] *Ibid.*, p. 105.
[132] *Ibid.*, p. 107.
[133] *Ibid.*, p. 109.
[134] *Ibid.*, pp. 73-74.

Par exemple, commettre le sophisme du concret mal placé serait de dire que la gravité est la cause du fait que les corps s'attirent, alors qu'en réalité le terme « gravité » ne fait que modéliser ce phénomène.

Whitehead juge donc que le romantisme fut une réaction saine contre le sophisme du concret mal placé commis par le matérialisme scientifique, une défense de l'expérience concrète de la nature et de la vie contre l'abstraction matérialiste. Whitehead cependant est également très critique du romantisme, qu'il juge s'être « trop coupé de la vision scientifique »[135]. Il va donc chercher une autre voie.

## C) *Le problème corps-esprit*

Whitehead estime que la thèse du matérialisme scientifique oblige à considérer que l'esprit dérive du corps, et donc que les expériences psychiques dérivent d'expériences physiques. Whitehead estime qu'accepter cette théorie selon laquelle l'esprit ne fait pas d'expériences indépendamment du corps est tout simplement mortel pour certaines de nos intuitions, en particulier nos intuitions morales. En d'autres termes, si les molécules parcourant notre corps n'obéissent qu'à des processus mécaniques, alors nos états mentaux sont entièrement déterminés. Whitehead voit toutefois dans le vitalisme un compromis acceptant le mécanicisme du matérialisme scientifique mais décrétant que cette conception mécanique est moins prégnante dans le cas des corps vivants. Il rajoute cependant que « le fossé entre la matière vivante et la matière inerte est trop vague et problématique pour supporter le poids d'une telle hypothèse arbitraire »[136]. La philosophie de John Stuart Mill lui apparaît comme une autre tentative de sauver les intuitions morales dans le cadre du mécanicisme matérialiste. Celle-ci affirme que « la volonté est déterminée par les mobiles, lesquels peuvent se traduire en termes de conditions antérieures, incluant aussi bien des états d'esprit que des états du corps »[137]. Cependant, Whitehead estime que la position de Mill est incohérente. Si nous acceptons le matérialisme scientifique, alors il faut accepter que « les molécules du corps suivent un cours aveugle », ce qui ne peut que signifier que les états mentaux sont totalement dérivables du fonctionnement mécanique du corps. Une autre possibilité est, selon Whitehead, de rejeter la conception matérialiste de l'esprit, et d'affirmer qu'il existe des expériences psychiques indépendantes du corps. Cette théorie est cependant tout aussi critiquable pour Whitehead, car elle se fonde sur une conception duale de l'esprit.

Il commence par remarquer à quel point ce dualisme est tout autant lié au matérialisme qu'à l'idéalisme. Une fois posée la dualité entre le corps et l'esprit, la seule

---

[135] *Ibid.*, p. 83.
[136] *Ibid.*, p. 101.
[137] *Ibid.*, p. 100.

question devient « qui avale qui »[138]. Si le corps « avale » l'esprit, nous obtenons le matérialisme, si l'esprit « avale » le corps, nous obtenons l'idéalisme[139]. Ces deux options étant irrecevables pour Whitehead, il va donc critiquer le dualisme lui-même. Il s'appuie pour ce faire sur William James, qu'il considère comme le plus grand philosophe de son temps. James, en liant dans son livre *Does Consciousness exist ?* la physiologie et la psychologie, brouille totalement le dualisme corps-esprit. Pour James, la conscience n'est ni une entité comme pour l'idéalisme, ni un produit du corps comme pour le matérialisme, mais se définit comme une interaction des dimensions du physique et du psychique constitutives des êtres vivants[140]. Pour Whitehead, le mérite de James n'est pas d'avoir donné des réponses, mais bien plutôt d'avoir fourni un nouveau paradigme aux questions[141]. C'est dans ce nouveau paradigme refusant le dualisme et ses rejetons, idéalisme et matérialisme, que Whitehead va situer sa réflexion.

## D) *L'empirisme intégral*

Idéalisme et matérialisme sont l'endroit et l'envers de cette théorie de la bifurcation de la nature cherchant à tracer une frontière entre ce qui dans la nature relèverait de la matière et ce qui relèverait de notre esprit. Pour Whitehead, la racine de la bifurcation de la nature est une certaine conception des objets définis comme « substance dont nous percevons les attributs »[142]. C'est une fois accepté ce premier point que peut commencer le partage de ces attributs entre les qualités premières et les qualités secondes de Locke. Le point de départ de la philosophie spéculative devra donc être radicalement autre et se passer du concept de substance que Whitehead assimile au sophisme du concret mal placé. Les abstractions ne sont pas premières, elles sont dérivées de l'expérience concrète et actuelle[143]. De la même manière, « substance » est le nom d'une abstraction que nous donnons aux objets qui semblent persister dans le flux des événements. Pour la tradition philosophique occidentale, l'événement est secondaire par rapport à la substance en tant qu'il est ce qui lui arrive. Il n'exprime donc que des propriétés accidentelles de la substance. Whitehead retourne ce jugement et

---

[138] *Ibid.*, p. 169.
[139] Whitehead voit chez Descartes une troisième possibilité où « tous vécurent heureux ensemble ».
[140] James adhérait pour cette raison à l'idée d'une interaction possible entre l'esprit et la matière, d'où son intérêt pour la métapsychique. Bertrand Saint-Sernin remarque que les sciences cognitives, en adhérant plutôt à un réductionnisme physicaliste, prennent le chemin inverse de celui tracé par James et Whitehead. B. SAINT-SERNIN, *op. cit.*, p. 155.
[141] A. N. WHITEHEAD, *op. cit.*, pp. 169-170.
[142] *Idem*, *Le concept de nature*, *op. cit.*, p. 63.
[143] J. COBB, *Lexique whiteheadien*, Belgique, Chromatika, 2010, pp. 21-23.

fait de la substance un agrégat complexe d'événements[144]. Abandonnant le matérialisme scientifique et la théorie de la localisation simple, Whitehead va faire du contexte dans lequel s'inscrit l'entité la condition de son actualisation. Les constituants primitifs de la réalité ne seront plus les substances, mais des événements unifiant les expériences reçues.

Reprenant l'injonction de William James « rien que l'expérience, mais toute l'expérience », Whitehead refuse la bifurcation de la nature, pratique consistant à tracer une frontière à l'intérieur de notre propre expérience au nom d'une norme artificielle. Il propose de définir la nature simplement comme « ce dont nous avons l'expérience dans la perception » et dont il faut établir les « notions générales »[145]. Simplicité apparente cependant car dans ce cadre, la fonction que Whitehead va donner à sa « philosophie spéculative » sera « d'édifier un système d'idées générales cohérent, logique et nécessaire, dans les termes duquel chaque élément de notre expérience pourra être interprété »[146]. La philosophie spéculative devra donc, dans un même schème explicatif, rendre compte tant des particules élémentaires que des couleurs, des électrons que du rougeoiement du soleil couchant, car « tout ce que nous connaissons de la nature est sur le même bateau pour sombrer ou voguer ensemble »[147]. Nous constatons la différence entre le projet de *Process and reality* et celui du manifeste du cercle de Vienne publié la même année. Alors que l'empirisme logique de ce dernier érige en programme le fait de se désintéresser des expériences esthétiques, religieuses, morales et autres au profit des seules propositions scientifiques[148], l'empirisme spéculatif[149] de Whitehead se propose au contraire de fournir un schème d'idées générales expliquant autant les sciences physiques que le sentiment esthétique ou l'expérience religieuse. Pour ce faire, Whitehead va proposer une certaine analyse tant de la science que de la religion. C'est bien sûr cette dernière qui va surtout inspirer les théologiens du *Process*.

## III) *L'analyse de la religion*

Un lieu commun est d'affirmer que Whitehead présente le cœur de sa métaphysique dans trois livres : *Science and the modern world*, *Process and reality*, et *Adventures of ideas*. Ces trois livres forment ce qu'on appelle coutumièrement la Trilogie d'Harvard (car écrite lorsqu'il enseignait dans cette fameuse université). On oublie

---

[144] A. N. WHITEHEAD, *Procès et réalité*, op. cit., p. 57.
[145] Idem, *Le concept de nature*, op. cit., p. 65.
[146] Idem, *Procès et Réalité*, op. cit., p. 45.
[147] Idem, *Le concept de nature*, op. cit., p. 192.
[148] On ne saurait cependant minorer les divergences au sein du cercle de Vienne quant à ce projet. M. Schlick par exemple ne s'est jamais désintéressé de l'éthique.
[149] L'expression est employée par Didier Debaise dans le titre de son ouvrage sur Whitehead : *Un empirisme spéculatif. Lecture de Procès et réalité de Whitehead*, Pars, Vrin, 2006.

cependant trop souvent que cette trilogie est en réalité une tétralogie. En effet, entre *Science and the modern world* et *Process and reality* s'intercale un petit livre souvent négligé par les commentateurs : *Religion in the making*. Whitehead a toujours pensé ce dernier livre comme formant un diptyque avec *Science and the modern world*, car ces deux livres « expriment une même manière de penser dans des applications différentes »[150].

Si dans *Science and the modern world*, Whitehead s'interrogeait sur comment la science et notre conception de l'univers interagissent, dans *Religion in the making*, il cherche à « présenter une analyse concise des différents facteurs de la nature humaine qui concourent à constituer une religion, à montrer la transformation inévitable de la religion avec la transformation du savoir ». On voit donc que ces deux livres se fondent l'un et l'autre sur la conviction que ni la science ni la religion ne forment des phénomènes indépendants, que l'un et l'autre interagissent avec l'évolution de nos conceptions générales. Cette conviction ouvre une possibilité : de même que la science, la religion peut progresser. En effet, pour Whitehead, progresser dans la vérité, religieuse ou scientifique, c'est progresser dans l'élaboration des concepts qui sont les plus adéquats à décrire la réalité[151]. L'élaboration d'une métaphysique permettant une description plus précise des principes généraux peut ainsi faire progresser la science comme la religion.

Comme *Science and the modern world*, le livre *Religion in the making* peut être considéré comme une première esquisse du schème spéculatif présenté dans *Process and reality*. Cependant, *Religion in the making* va nous intéresser particulièrement car Whitehead y développe son schème spéculatif en lien avec sa conception de la religion. À cet égard, ce livre peut être considéré comme un manifeste de la *Process theology*, contenant en acte ou en puissance nombre de ses développements futurs.

## A) *Religion et métaphysique*

« Le monde moderne a perdu Dieu et il le cherche »[152]. Avec cette phrase, Whitehead pose un diagnostic sur son époque (et sur la nôtre). Il en souligne l'apparent paradoxe : alors que la croyance religieuse n'a jamais été aussi basse en Occident, la recherche d'idéaux élevés demeure forte, se dispersant en diverses idéologies. Pour Whitehead, la quête de Dieu demeure, mais le sens du mot « Dieu » est lui totalement brouillé. Ainsi, le débat fondamental est : quelle est la signification du mot « Dieu » ?[153] À cette question, Whitehead répond que c'est dans l'amour que le

---

[150] A.N WHITEHEAD, *La religion en gestation*, Belgique, Chromatika, 2008, p. 1.
[151] *Ibid.*, p. 63.
[152] *Ibid.*, p. 35.
[153] *Ibid.*, p. 32.

monde moderne pourra retrouver le sens du mot « Dieu »[154]. Cependant, il ne donne pas au mot « amour » le sens sentimental qu'on lui prête usuellement, mais un sens métaphysique : l'interconnexion fondamentale de toute chose.

C'est dans la métaphysique que la religion trouve ses fondements et sa justification[155]. Le but de Whitehead dans *Religion in the making* est donc de réfléchir aux fondements métaphysiques de la religion, et en particulier du concept de Dieu, afin « d'examiner de quel type de justification peut disposer la croyance aux doctrines religieuses »[156]. Cette question est loin d'être sans importance à ses yeux car il estime qu'une religion cessant de chercher sa justification ne peut que régresser :

> « Quand elle cesse de rechercher la pénétration, la clarté, la religion sombre en faisant retour à ses formes inférieures ».

Il rajoute, comme dans *Science and the modern world*, que « les âges de foi sont les âges de rationalisme »[157]. On voit rapidement que pour Whitehead la religion peut progresser ou régresser en fonction de son ambition philosophique à rendre compte rationnellement de ses propres fondements.

La recherche philosophique n'est donc pas un luxe dont pourrait se passer quiconque cherche à pénétrer avec sincérité les doctrines de sa foi. Cette approche de la religion est d'autant plus fondamentale que cette dernière est un facteur extrêmement important de l'histoire humaine. Si Whitehead estime que la religion fut une cause importante du progrès humain, il rappelle aussi qu'elle peut se montrer barbare :

> « La religion peut être, et a été, l'instrument principal du progrès. Mais si l'on survole la totalité de la race humaine, on doit avouer qu'il n'en a pas été généralement ainsi »[158].

Penser que la religion est toujours bonne est ainsi à ses yeux une dangereuse illusion. Toutefois, l'important pour Whitehead est moins le jugement moral que l'on peut porter sur la religion que « l'importance transcendante » de celle-ci[159]. Cette « importance transcendante » tient au fait que la religion cherche fondamentalement la conceptualisation métaphysique de l'élément permanent qui conditionne le monde :

> « La religion est l'appréhension directe que par-delà tel bonheur et tel plaisir, demeure la fonction de ce qui est actuel et qui passe, lequel, par sa qualité de fait immortel, contribue à l'ordre qui informe le monde »[160].

---

[154] *Ibid.*, p. 36.
[155] *Ibid.*, p. 13.
[156] *Ibid.*, p. 3.
[157] *Ibid.*, p. 40.
[158] *Ibid.*, p. 16.
[159] *Ibid.*, p. 5.
[160] *Ibid.*, p. 38.

Whitehead pose donc une nécessité religieuse de la métaphysique. Celle-ci n'est pas une spéculation gratuite, éloignée des véritables enjeux spirituels et existentiels. Bien au contraire, la profondeur et la rationalité métaphysique d'une doctrine religieuse conditionnent son caractère élevé ou non. Whitehead définit, comme nous l'avons déjà dit, la métaphysique comme une description des principes généraux constitutifs de la réalité. Ces principes généraux ne sont pas les lois de la nature conceptualisées par la science, ils se situent à un niveau supérieur d'abstraction. Whitehead considère les lois de la nature comme contingentes. Il envisag des périodes extrêmement vastes dans l'histoire de l'univers qu'il appelle des « époques cosmiques », chacune d'entre elles se caractérisant par un certain jeu de lois naturelles issu des interactions innombrables des éléments de la réalité entre eux. Les récurrences qui se dégagent de celles-ci constituent les lois naturelles d'une époque cosmique donnée. Cependant, toutes les époques cosmiques partagent pour Whitehead les mêmes principes métaphysiques généraux. La variabilité des lois naturelles au cours des éons considérée par Whitehead est elle-même une conséquence physique des principes métaphysiques régissant les comportements de formation et de succession des éléments de la réalité. Alors que les lois de la nature sont contingentes, les principes métaphysiques sont pour Whitehead nécessaires. Ces principes métaphysiques généraux sont donc constitutifs de notre monde actuel, mais également de tout autre monde possible. Tout ce qui est pensable comme actuel doit en même temps être pensé comme exemplifiant nécessairement les principes métaphysiques généraux, y compris Dieu lui-même.

Les trois critères d'une métaphysique rationnelle sont donc « la cohérence logique, l'adéquation, et l'exemplification »[161]. La métaphysique se fonde en premier lieu sur l'expérience faite dans un champ déterminé. Sa première tâche est d'élaborer les concepts généraux décrivant de la façon la plus adéquate l'expérience faite dans ce champ déterminé. Dans un deuxième temps, le métaphysicien doit évaluer la pertinence de ses concepts généraux en vérifiant dans quelle mesure ils sont exemplifiés dans un autre champ d'expérience :

> « Une description métaphysique prend son origine dans le choix de son champ d'intérêt, et reçoit sa confirmation en s'avérant adéquate et exemplifiée dans d'autres champs d'intérêt »[162].

La recherche métaphysique se découpe donc en trois étapes pour Whitehead : d'abord analyser un champ d'expérience déterminé ; puis faire ressortir de cette analyse des principes généraux ; enfin appliquer ces principes généraux à d'autres champs d'expérience. C'est cette méthode qu'il emploie d'abord dans *Science and the modern*

---

[161] *Ibid.*, p. 42.
[162] *Ibid.*, p. 42.

*world*, puis dans *Process and reality*, partant du champ scientifique pour finalement arriver au champ théologique.

Dans *Religion in the making*, le champ d'expérience choisi par Whitehead comme point de départ de son analyse est la religion. Il estime en effet que cette dernière se prête particulièrement bien à sa méthode d'investigation philosophique dans la mesure où elle se situe naturellement et précisément à la charnière de certaines expériences spécifiques et de la métaphysique :

> « La position particulière de la religion tient à ce qu'elle se situe entre une métaphysique abstraite et les principes particuliers ne s'appliquant qu'à certaines expériences de la vie »[163].

Whitehead commence par se livrer à une analyse historique du phénomène religieux dans l'histoire de l'humanité afin d'en faire ressortir les grandes intuitions. Il ne pense cependant pas qu'il y aurait quelque chose comme un « sens religieux spécialisé » constituant une « fonction séparée » dans l'esprit humain[164]. La religion n'est en effet qu'un centre d'intérêt humain parmi d'autres, cependant il estime que les concepts dérivant de l'expérience religieuse (comme tout autre concept dérivant de l'expérience) peuvent acquérir une validité universelle via une rationalisation métaphysique de ceux-ci :

> « La religion se classe comme l'un des intérêts particuliers du genre humain, parmi d'autres, dont les vérités ont une validité limitée. Mais à d'autres égards, elle prétend que ses concepts, bien que dérivant originellement d'expériences particulières, ont cependant une validité universelle, et sont applicables par la foi à la mise en ordre de toute expérience »[165].

Dans un deuxième temps, il systématise métaphysiquement les intuitions religieuses dans des principes généraux. Enfin, il procède à une analyse philosophique du concept de Dieu à partir des principes généraux élaborés précédemment. C'est de cette façon que Whitehead entend redonner un sens philosophiquement pertinent au terme « Dieu ». On pourrait penser au premier abord que Whitehead ne respecte pas sa propre méthode dans la mesure où il part d'une analyse de la religion pour finalement arriver au champ théologique, or la religion et Dieu ne semblent pas être des champs d'expérience séparés. Cependant, c'est bien le cas aux yeux de Whitehead, pour qui l'intuition directrice de la religion n'est pas celle d'une entité personnelle telle que Dieu (« si l'on fait de l'expérience religieuse l'intuition directe d'un être personnel, substrat de l'univers, il n'y a sur ce point aucun accord général auquel on puisse faire appel, les principaux courants de pensée religieuse étant, à ce sujet, en

---

[163] *Ibid.*, p. 12.
[164] *Ibid.*, p. 59.
[165] *Ibid.*, p. 13.

contradiction les uns avec les autres dès leur point de départ »), mais celle d'une « rectitude dans la nature des choses fonctionnant comme condition, comme critique et comme idéal »[166].

## B) Métaphysique de la religion rationnelle

Une religion rationnelle n'est pas primairement un phénomène social mais « ce que l'homme fait de sa propre solitude ». Cette solitude n'est cependant pas un solipsisme car il y a connexion entre elle et la formation d'une conscience universelle. Cette dernière permet en effet aux hommes d'atteindre un nouveau niveau d'abstraction, de se détacher de l'entourage immédiat (c'est-à-dire la tribu), d'en découvrir la relativité, et de se poser la question de ce qui est permanent. Cet élément permanent doit par la suite servir à interpréter le monde, pour en faire ressortir un ordre au-delà de la « confusion du détail immédiat »[167]. C'est ce niveau supérieur d'abstraction qui distingue une religion rationnelle d'une religion tribale. Cette distinction se traduit fondamentalement par une divergence dans la compréhension du concept de rectitude. Dans une religion tribale, la rectitude est un ensemble de dispositions visant à se concilier la divinité afin de s'assurer que celle-ci protège la communauté et ne s'en prenne pas à elle. Dans une religion rationnelle, la rectitude est avant tout dans la réalité elle-même, elle s'identifie donc à l'ordre cosmique. La rectitude personnelle s'interprète alors comme vivre en conformité avec cet ordre cosmique. La religion rationnelle affirme donc que l'ordre cosmique permet à la fois d'analyser l'univers, mais également d'orienter l'éthique :

> « Le principe ultime de la religion est qu'il y a une sagesse dans la nature des choses, d'où découlent l'orientation de notre pratique et la possibilité que nous avons d'analyser théoriquement le donné global »[168].

La divinité de la religion rationnelle est conçue comme l'exemplification idéale de cet ordre cosmique et est donc un modèle éthique indépassable. Le passage de la religion tribale à la religion rationnelle est ainsi aussi celui du Dieu qu'on cherche craintivement à se concilier, à un Dieu qu'on cherche à imiter[169].

Dans la solitude, l'esprit comprend que le sens de la vie relève de la qualité de son inscription dans l'ordre cosmique[170]. La religion rationnelle se caractérise par un « désir ardent de l'esprit que les faits de l'existence trouvent leur justification dans la nature même de l'existence »[171], c'est-à-dire dans l'ordre cosmique. Cette rectitude est

---

[166] *Ibid.*, p. 30.
[167] *Ibid.*, p. 21.
[168] *Ibid.*, p. 69.
[169] *Ibid.*, p. 18.
[170] *Ibid.*, p. 28.
[171] *Ibid.*, p. 40.

pleinement réalisée en Dieu, mais elle ne l'est qu'imparfaitement dans l'ordre du monde. Le fait que le monde nous apparaisse sous les traits d'un *cosmos*, et non d'un *chaos*, signifie que la constitution de l'univers répond à certaines conditions d'harmonie. En même temps, le fait qu'il y ait du mal dans le monde signifie que celui-ci contraste avec un certain idéal d'harmonie[172].

## C) *Les conditions d'harmonie*

### 1) *La première version du schème spéculatif contenue dans* Religion in the making

L'intuition fondatrice de la religion rationnelle est pour Whitehead que rien ne peut être actuel sans ordre :

> « L'ordre du monde n'est pas accidentel. Rien d'actuel ne pourrait être actuel sans quelque mesure d'ordre. L'intuition religieuse est la saisie de cette vérité : que l'ordre du monde, la profondeur de réalité du monde, la valeur du monde dans son ensemble et dans ses parties, la beauté du monde, l'ardeur de la vie, la paix de la vie et la maîtrise du mal – que tout cela est un ensemble lié, non pas accidentellement, mais en raison de cette vérité : que l'univers manifeste une créativité avec une liberté infinie, et un royaume de formes aux possibilités infinies »[173].

L'ordre cosmique n'est pas une qualité seconde de la réalité. Au contraire, il y a un monde actuel parce qu'il y a un ordre cosmique. Un monde qui ne serait pas un *cosmos* mais un *chaos* est impossible. Un tel monde ne peut pas exister, il serait en réalité un non-monde, un néant[174]. L'ordre cosmique se distingue de l'ordre naturel. En effet pour Whitehead, comme nous l'avons déjà souligné, l'ordre naturel est contingent et peut évoluer sur un temps inconcevablement long. Une séquence temporelle se caractérisant par un certain ordre naturel est appelée par Whitehead une époque cosmique. L'ordre cosmique se caractérise par des principes absolument généraux et absolument nécessaires, qui conditionnent tous les ordres naturels possibles. Une époque cosmique est donc une exemplification donnée de l'ordre cosmique, c'est-à-dire de l'ensemble des principes valables pour toutes les époques cosmiques possibles. Si l'étude de l'ordre naturel est l'objet des sciences, l'étude de l'ordre cosmique, celle-ci se situant donc à un niveau supérieur d'abstraction, relève de la métaphysique. La religion rationnelle exige donc une métaphysique afin de rendre compte philosophiquement de son intuition fondatrice : il y a une rectitude fondamentale dans l'ordre du monde, dont dérive une rectitude dans l'ordre éthique.

---

[172] *Ibid.*, p. 28.
[173] *Ibid.*, p. 57.
[174] *Ibid.*, p. 50.

Whitehead estime ainsi que la métaphysique est nécessaire à l'intelligibilité de la religion, puisque c'est elle qui est chargée de discerner les principes généraux régissant l'ordre cosmique. La métaphysique doit donc rendre compte philosophiquement de l'intuition directrice de la religion : il y a un *cosmos*. L'idée de *cosmos* se traduit par l'affirmation que l'univers peut se définir comme un ensemble d'éléments mutuellement ajustés, et donc interdépendants[175]. Toute entité est sociale et dépend des autres pour exister[176]. Ces entités, qui sont les éléments de base de la réalité, sont appelées par Whitehead des occasions actuelles. Le monde est ainsi ultimement composé d'occasions actuelles, et est lui-même définissable comme une communauté d'occasions actuelles[177]. L'occasion actuelle est le résultat d'un processus de concrétion qui met en jeu trois éléments : les occasions actuelles qui lui sont antécédentes, les idéalités (appelées par la suite par Whitehead les objets éternels), et Dieu[178].

Toute occasion actuelle dépend pour sa concrétion des occasions actuelles qui lui sont antécédentes[179]. Étudier les relations entre les occasions actuelles revient à étudier comment les occasions actuelles se compénètrent entre elles durant leur processus de concrétion[180]. Cet ensemble donné des occasions actuelles antécédentes conditionne largement le processus de concrétion de l'occasion actuelle émergente. Cependant, cette dernière n'est pas qu'un simple réarrangement nouveau, elle peut introduire dans son processus constitutif de concrétion de la nouveauté en incorporant dans celui-ci des idéalités abstraites[181]. L'occasion actuelle apparaît ainsi comme une concrétion dans laquelle des éléments concrets et abstraits trouvent momentanément leur unité. C'est ainsi une « synthèse créatrice, individuelle et passagère »[182]. Si l'occasion actuelle est une synthèse de ses éléments fondateurs, on constate qu'elle est aussi à elle-même sa propre cause dans la mesure où elle détermine par elle-même l'arrangement de ses éléments constitutifs. L'occasion est à la fois cause créatrice et créature, elle est « la créature se créant elle-même »[183]. Cette synthèse créatrice est cependant conditionnée par les antécédents de l'occasion actuelle et par les idéalités disponibles, ainsi que par ce qu'elle accepte et rejette dans ces deux ensembles. Le processus de concrétion est certes inclusif, mais implique aussi l'exclusion[184]. Cette détermination de l'occasion actuelle lui permet d'élaborer son propre arrangement de

---

[175] *Ibid.*, p. 41.
[176] *Ibid.*, p. 52.
[177] *Ibid.*, p. 43.
[178] *Ibid.*, p. 44.
[179] *Ibid.*, p. 54.
[180] *Ibid.*, p. 49.
[181] *Ibid.*, p. 54.
[182] *Ibid.*, p. 44.
[183] *Ibid.*, p. 48.
[184] *Ibid.*, p. 54.

ses éléments constitutifs, à la fois en continuité et en rupture avec les possibilités d'actualisation qui s'offraient à elle. La concrétion procède ainsi à une sélection, et donc à une limitation. En effet, une possibilité infinie et abstraite ne peut servir d'élément constitutif à l'occasion actuelle, l'actualité concrète naît donc de la limitation d'une possibilité abstraite illimitée[185]. La synthèse créatrice issue de la concrétion exige ainsi pour son actualisation un principe de limitation[186] : Dieu. Celui-ci conditionne la concrétion de l'occasion actuelle en ordonnant la possibilité, en lui donnant un caractère fini et concret.

### 2) Contraste avec l'idéal d'harmonie

Whitehead a une conception profondément téléologique du processus créateur. Pour lui, l'ordre cosmique est avant tout un ordre esthétique dans le sens où le processus de concrétion de chaque occasion actuelle réalise une certaine valeur[187]. Cette valeur est d'intensité variable[188] et est relative aux qualités d'ordre, d'harmonie et de coordination avec lesquelles le processus de concrétion ajuste ses éléments constitutifs[189]. La valeur est donc relative à l'actualité elle-même. Tout ce qui est actuel possède une intensité de valeur[190]. Abstraitement, une intensité de valeur nulle qualifie le non-actuel[191]. Plus une occasion actuelle exemplifie dans sa formation l'ordre cosmique, plus son intensité de valeur sera élevée et elle sera susceptible de transmettre ses caractéristiques d'ordre et d'harmonie à d'autres occasions actuelles. Ce qui dure, ce qui persiste dans le procès créateur, exemplifie ainsi plus et mieux l'ordre cosmique que ce qui est évanescent et ponctuel[192].

Cependant, les occasions actuelles n'actualisent pas à la perfection leurs conditions d'ordre et d'harmonie. Elles n'exemplifient qu'imparfaitement l'ordre cosmique, leur intensité de valeur reste ainsi en deçà de ce qu'elle devrait être. C'est là le paradoxe apparent de la cosmologie de Whitehead : le procès créateur des occasions actuelles témoigne de l'ordre cosmique, et en même temps reste marqué par une incomplétude par rapport à lui. Chaque occasion actuelle exemplifie et en même temps contraste avec l'ordre cosmique[193].

C'est dans ce contraste entre l'idéal d'harmonie qui sous-tend l'ordre cosmique et son actualisation dans le procès créateur que Whitehead situe le problème du

---

[185] *Ibid.*, p. 74.
[186] *Ibid.*, p. 45.
[187] *Ibid.*, p. 48.
[188] *Ibid.*, p. 49.
[189] *Ibid.*, p. 74.
[190] *Ibid.*, p. 47.
[191] *Ibid.*, p. 49.
[192] *Ibid.*, p. 53.
[193] *Ibid.*, p. 47.

mal[194]. C'est ce contraste entre idéal et réalité qui permet de prendre conscience du mal, il est à cet égard relatif, issu de la comparaison entre ce qui est et ce qui pourrait être[195]. Whitehead nourrit, pour ainsi dire, une conception tragique du monde dans la mesure où la possibilité du mal est à ses yeux inhérente au fonctionnement de l'univers lui-même[196]. La liberté laissée à chaque occasion actuelle de déterminer son propre processus de concrétion ouvre la possibilité d'un conflit entre celles-ci, et donc d'une disharmonie. La cause du mal, nous dit Whitehead, se trouve ainsi dans la « contrariété des choses »[197]. Cette disharmonie nuit à l'harmonie cosmique du monde actuel, c'est-à-dire à sa qualité d'exemplification de l'ordre cosmique, et donc à son intensité de valeur. Le mal, en faisant diminuer l'intensité de valeur de l'univers, possède une certaine positivité et agit comme un parasite dans l'accomplissement téléologique du procès créateur. Il est littéralement une dégradation de la réalité[198].

Whitehead estime que les deux religions rationnelles, le bouddhisme et le christianisme, divergent profondément sur leur compréhension de la nature ultime du mal. Le bouddhisme considère celui-ci comme un élément nécessaire du monde et donc de l'expérience, c'est pourquoi le bouddhisme enseigne comment dissoudre la personnalité qui est le support de l'expérience. Le christianisme considère lui aussi que le mal est inhérent au monde, mais il le conçoit comme un élément contingent de celui-ci, voire même comme une anomalie parasitant l'économie de la création. Si le bouddhisme considère que la seule réponse au mal dans le monde est de s'extraire du monde, le christianisme lui propose de lutter[199]. Ces deux attitudes sont liées à la conception divergente du mal qu'ont le bouddhisme et le christianisme : si le mal est une réalité nécessaire et indépassable du monde, lutter contre lui est inutile et la fuite est la seule solution ; mais si le mal est contingent et donc virtuellement annihilable, alors le combat peut être engagé. Whitehead remarque que cette divergence a eu des effets importants car elle a conditionné bouddhisme et christianisme à nourrir des personnalités assez différentes. Là où le bouddhisme est tourné exclusivement vers la contemplation et rejette l'action dans le monde, le christianisme, lui, laisse une grande place à l'action visant à se confronter au mal dans le monde.

Si la compréhension métaphysique du mal qu'esquisse Whitehead semble au premier abord relever de la conception bouddhiste, il s'oriente en réalité vers la conception chrétienne. Si le mal est conçu par Whitehead comme une caractéristique immanente de l'univers, il pense qu'il est également contingent. Le mal est en effet un contraste qui peut être résorbé. S'il y a bien une nécessité de la possibilité du mal,

---

[194] *Ibid.*, p. 29.
[195] *Ibid.*, p. 46.
[196] *Ibid.*, p. 23.
[197] *Ibid.*, p. 46.
[198] *Ibid.*, p. 45.
[199] *Ibid.*, p. 22.

il n'y a aucune nécessité à son actualité. Fondamentalement, le mal ne peut être qu'un phénomène ponctuel car celui-ci est autodestructeur : il « conduit le monde à perdre les formes de réalisation dans lesquelles le mal se manifeste »[200]. Rappelons que le mal est relatif, il est le contraste entre ce qui est et ce qui aurait pu être. Il est la caractéristique d'une harmonie incomplète. À ce titre, il est lié aux conditions d'actualisation de l'harmonie et se manifeste par rapport à elles. Ainsi, si le mal dégrade trop une réalité, soit celle-ci disparaît, et le mal qu'elle manifestait avec elle, soit elle se dégrade jusqu'à arriver à des conditions d'harmonie annulant le contraste entre ce qu'elle est et ce qu'elle aurait pu être, avec les mêmes résultats quant au mal qu'elle manifeste. Ces limites que le fonctionnement de l'univers lui-même impose au mal dans le monde montrent pour Whitehead que l'ordre cosmique n'est pas aveugle ou neutre, mais qu'au contraire il possède une visée esthétique et éthique qui lui est propre et qui est ordonnée à Dieu.

## IV) *Le schème spéculatif de* Process and reality

En 1927, Thomas Parnell, professeur de rhéologie[201] à l'université de Queensland en Australie, voulut démontrer à ses étudiants incrédules que certaines substances qu'ils pensaient naïvement être des solides étaient en réalité des liquides de très haute viscosité. Pour ce faire, il plaça du goudron dans un entonnoir bouché qu'il déboucha en 1930 afin que la substance, solide en apparence, puisse s'écouler. Depuis, l'expérience étant toujours en cours, il s'écoule environ une goutte tous les dix ans, ce qui a permis de démontrer que le goudron était bien un liquide à très haute viscosité, environ 230 milliards de fois plus visqueux que l'eau[202]. Cette expérience, dite de la goutte de poix, illustre bien ce qui fut l'intuition centrale de Whitehead : les réalités que nous pensons spontanément être des substances statiques sont en fait des flux dynamiques.

Whitehead présente dans *Religion in the making* une métaphysique moins avancée que celle qu'il présentera dans *Process and reality*. Cependant, si le schème conceptuel présenté dans *Process and reality* est plus avancé et mieux maîtrisé, sa parenté avec celui élaboré dans *Religion in the making* afin d'expliciter les fondements métaphysiques de la religion rationnelle est évidente.

---

[200] *Ibid.*, p. 45.
[201] La rhéologie est l'étude de l'écoulement des matières sous l'effet de contraintes. Le terme est inspiré de la fameuse phrase d'Héraclite d'Éphèse *panta réi* (tout s'écoule).
[202] La page de l'université de Queensland consacrée à l'expérience : http://www.smp.uq.edu.au/content/pitch-drop-experiment.

## A) La catégorie ultime du schème conceptuel : la créativité

### 1) La « catégorie ultime »

Lorsque Whitehead présente son schème conceptuel dans les premières pages de *Procès et réalité*, il commence par introduire le concept de créativité qu'il présente comme sa « catégorie ultime ». Cette appellation de « catégorie ultime » exige une rapide explicitation. D'abord, par « ultime », Whitehead signifie que la créativité est le fondement de l'analyse métaphysique à laquelle il se livre. Il n'y a rien de plus fondamental que la créativité, elle est, pour prendre un terme mieux connu, le super-transcendantal le plus général. Si, pour le thomisme, toute chose est une exemplification de l'être, pour Whitehead, toute chose est une exemplification de la créativité[203]. Ensuite, en qualifiant la créativité de « catégorie », Whitehead signifie que cette dernière n'est pas une chose ou un être. En particulier, elle n'est pas un être suprême assimilable à un Dieu. La créativité est bien plutôt une caractéristique immanente et intrinsèque à l'intégralité de l'univers. Cette priorité catégoriale donnée à la créativité dans le schème spéculatif ne se trouve ni dans la philosophie mécaniciste, ni dans la théorie darwinienne de l'évolution, ni, bien sûr, dans la théologie naturelle. Elle constitue l'intuition fondatrice et personnelle de Whitehead[204].

### 2) L'univers comme « cosmos torrentiel »

Un chapitre connu de l'histoire de la philosophie est la controverse entre Parménide d'Élée et Héraclite d'Éphèse : peut-on se baigner deux fois dans le même fleuve ? La réalité se trouve-t-elle dans l'être ou dans le devenir ? Dans la substance ou dans le flux ? En posant la créativité comme catégorie ultime de son schème métaphysique, Whitehead prend clairement le parti d'Héraclite[205]. Avec cette notion de créativité, Whitehead cherche en effet à décrire, comme nous venons de le dire, une caractéristique générale de la réalité. La créativité décrit la réalité comme un « cosmos torrentiel »[206], c'est-à-dire comme un flux dont les atomes constitutifs (les « entités actuelles ») naissent, meurent et se renouvellent constamment à travers des processus d'interactions mutuelles, allant toujours de l'avant, ne s'arrêtant jamais, et produisant constamment de la nouveauté, constituant ainsi à chaque instant un univers différent. La créativité est donc la « catégorie ultime » de Whitehead car celle-ci est l'affirmation fondamentale de ce que le schème spéculatif aura à charge de modéliser : un univers

---

[203] De plus, de même que l'être thomiste, la créativité n'a aucun caractère propre. La créativité ne garantit donc pas que le nouveau sera meilleur que l'ancien. Ce serait faire un grave contresens que d'assimiler la notion de créativité à celle de progrès ou à tout autre pseudo- « sens de l'Histoire ».
[204] B. SAINT-SERNIN, *op. cit.*, p. 62.
[205] J. C. DUMONCEL, *Les sept mots de Whitehead ou l'aventure de l'être*, Paris, E.P.E.I, 1998, pp. 113-114.
[206] L'expression est employée par Jean-Claude Dumoncel et Michel Weber comme titre de leur introduction à *Procès et réalité*.

en procès qui naît, vit et meurt à chaque instant, et qui pourtant, de façon évidente, présente des récurrences.

### *3) Création et créativité*

Didier Debaise[207] propose, afin de mieux cerner cette catégorie ultime de la créativité, un parallèle intéressant avec la notion de création : « qu'est-ce qui distingue "création" et "créativité" » ? ». D'abord, il relève que la notion de création « suppose un moment de non-existence ». En effet, celle-ci décrit un passage du non-être à l'être. Or, dans la créativité, « les choses se constituent avec des éléments déjà existants qui les précèdent ». Le monde de Whitehead caractérisé par la créativité est ainsi un monde qui n'émerge pas du non-être, mais plutôt qui se transforme constamment, engagé dans un processus sans commencement ni fin de recomposition. Didier Debaise rajoute que la notion de création appelle celle d'un créateur distinct de sa créature :

> « Le concept de "création" repose généralement sur une distinction ou une différence entre ce qui est créé et le créateur lui-même, plaçant celui-ci dans un rapport à la fois de transcendance et d'extériorité par rapport à ce qui est créé, allant jusqu'à une sorte de valorisation idéologique de cette différence »[208].

Or l'existence d'un tel créateur est impossible dans un monde caractérisé par la créativité, cette dernière affirmant que toute chose n'émerge qu'à travers un processus constitutif impliquant les êtres qui la précèdent. Comme le souligne Didier Debaise, même le Dieu qu'envisage Whitehead ne fait pas exception à cette règle, ce dernier ne s'actualisant qu'à travers sa participation au processus global de l'univers, demeurant ainsi une « créature de la créativité ». Le monde caractérisé par la créativité n'est donc pas créé au sens traditionnel du terme (celui d'une *creatio ex nihilo*), il est bien plutôt un flux sans commencement ni fin.

## B) *Les entités actuelles*

### *1) Le principe ontologique*

Dans le vocabulaire particulier de Whitehead, les événements constituant la réalité sont appelés des entités actuelles. Celles-ci constituent les « atomes » de la réalité, c'est-à-dire ses constituants les plus fondamentaux. L'intégralité des entités actuelles représente ainsi l'entièreté de tout ce qui existe. Whitehead explicite cette « obligation catégoriale » à travers ce qu'il appelle le « principe ontologique » : tout ce qui est actuel est une entité actuelle.

---

[207] D. DEBAISE, *Un empirisme spéculatif : lecture de Procès et réalité de Whitehead*, Paris, Vrin, 2006, pp. 44-45.
[208] *Ibid.*, p. 45.

Jean-Claude Dumoncel rapporte ce propos de Quine :

« La découverte d'Einstein et l'interprétation qu'en donne Minkowski fournissent certainement une impulsion essentielle à la manière de penser spatio-temporelle, laquelle a, dans la suite, dominé les constructions philosophiques de Whitehead et d'autres »[209].

Cette « manière de penser spatio-temporelle » est manifeste dans la façon dont Whitehead envisage les entités actuelles. Elles ne sont pas caractérisables par des coordonnées dans l'espace et dans le temps. Chaque entité actuelle est une « goutte d'expérience »[210] émergeant des relations qu'elle instaure elle-même avec les entités actuelles qui la précèdent, avant de devenir à son tour une source pour l'actualisation de nouvelles entités actuelles. Chacune constitue ainsi un double processus allant de la multiplicité vers l'unité, et de l'unité vers la multiplicité. Il existe deux types d'entité actuelle : Dieu et les occasions actuelles. Nous nous pencherons sur l'entité actuelle divine dans le chapitre suivant.

## 2) *Les occasions actuelles*

Lorsque nous disons « le chat est gris », la plupart d'entre nous diront que le chat est le sujet auquel est attribuée la qualité de « gris ». Une telle façon de voir relève cependant aux yeux de Whitehead de ce qu'il appelle le sophisme du concret mal placé. C'est ne pas se rendre compte que cette analyse considère comme concret l'objet « chat gris », alors que ce dernier est en réalité une abstraction tirée de l'expérience visuelle de celui qui le voit. Pour Whitehead, cette erreur est due à la croyance selon laquelle la forme sujet-prédicat permettrait d'analyser adéquatement le réel. Whitehead estime que le « chat gris » est déjà un objet complexe, qui peut être divisé en événements : les occasions actuelles.

Les occasions actuelles sont les plus petites unités analysables. Toutes les occasions actuelles partagent plusieurs traits : d'abord elles ne sont pas de la matière, c'est-à-dire les receveurs passifs d'une forme ou d'une action, ensuite ce que sont ces occasions actuelles est largement tributaire de ce qu'elles héritent des occasions actuelles passées. Ces données héritées des occasions actuelles passées par l'occasion actuelle en formation sont appelées par Whitehead le *datum* objectif, alors que l'ensemble des occasions actuelles passées influençant une occasion actuelle en formation constituent ce que Whitehead appelle le monde actuel de cette occasion actuelle. Ainsi, deux occasions actuelles n'ont pas le même monde actuel et, partant, n'ont pas le même *datum* objectif. Cependant, une occasion actuelle n'est jamais entièrement définie par ce qu'elle hérite, elle décide aussi de ce qu'elle veut devenir. Son devenir informe ensuite les autres occasions actuelles.

---

[209] J.-C. DUMONCEL, *op. cit.*, p. 64.
[210] Whitehead reprend cette expression à William James.

Ainsi, une occasion actuelle reçoit des données des autres, réalise son propre acte de synthèse à partir de ces données et ensuite informe les autres occasions actuelles à son tour. Alors qu'on suppose généralement qu'une action suppose une cause qui lui est distincte ou qu'une influence est distincte de ce qui est influencé, Whitehead suppose justement l'inverse dans le cas de l'occasion actuelle : celle-ci s'auto-constitue à partir du donné qu'elle reçoit. L'acte de prendre en compte le passé et de se constituer en vue d'un futur définit l'occasion actuelle. Cet acte est donc téléologique. Ce que veut dire Whitehead, c'est qu'une occasion actuelle vise à réaliser une certaine valeur, pour elle-même et pour les autres occasions actuelles. C'est ce que Whitehead appelle la visée subjective de l'occasion actuelle. Les diverses données s'offrant à l'occasion actuelle émergeante peuvent être soit éliminées soit incorporées dans sa constitution. Cette synthèse constitutive de l'occasion actuelle, sa « structure d'existence » pour reprendre une expression de Cobb, est appelée par Whitehead la forme subjective de l'occasion actuelle. Si la visée subjective est la plupart du temps inconsciente, elle influence toutefois le processus auto-constitutif de l'occasion actuelle : la forme subjective de l'occasion actuelle est donc conditionnée par sa visée subjective.

On constate donc que la constitution de l'occasion actuelle n'est pas déterminée entièrement par son monde actuel, l'occasion actuelle a une part de liberté. La constitution de l'occasion actuelle consiste en l'élimination de toutes les possibilités sauf une pour mener à la détermination complète de l'occasion actuelle. Mais cette détermination relève de la décision de l'occasion actuelle et d'elle seule. L'occasion actuelle est donc en partie déterminée par son monde actuel et en partie autodéterminée. Cette autodétermination de l'occasion actuelle rend celle-ci à la fois sujet et objet de sa propre formation.

### 3) *Les nexus*

Didier Debaise note que Whitehead ne donne pratiquement jamais d'exemple de ce qu'est une occasion actuelle, et quand il le fait, c'est toujours pour souligner à quel point celui-ci est peu adéquat. Didier Debaise explique ce manque par une hypothèse : nous ne faisons pas l'expérience directe des occasions actuelles[211]. Cette hypothèse semble hautement probable, Whitehead définit toujours l'occasion actuelle comme le constituant le plus primitif de la réalité, qui ne se dévoile que dans le cadre formel de l'analyse métaphysique. Analogiquement, nous ne pourrions ainsi pas faire plus l'expérience des occasions actuelles que nous ne pouvons faire celle des quarks. Ce dont nous faisons l'expérience, ce sont les sociétés[212].

Une société, ou nexus, est un ensemble d'occasions actuelles s'appréhendant mutuellement en partageant la même forme subjective, et transmettant cette forme

---

[211] D. DEBAISE, *op. cit.*, pp. 133-144.
[212] *Ibid.*, p. 135.

subjective partagée aux occasions actuelles qui les suivent. Le propre d'une société est donc d'être un objet physique qui dure, son critère d'identité, à savoir une certaine forme subjective partagée par une myriade d'occasions actuelles, étant stable et durable. Pour Whitehead, plus une société aura une forme subjective hiérarchisant ses éléments constitutifs, plus elle aura de la valeur. Par exemple, dans une société dite « démocratique », les occasions actuelles sont à égalité. Elles partagent la même forme subjective, mais celle-ci ne les structure pas hiérarchiquement. Une pierre est un exemple d'une telle société, chaque partie de la pierre étant, dans l'absolu, d'une importance égale aux autres. Un autre type de société, ayant une valeur bien supérieure à une société démocratique, est la société dite « monarchique ». Dans une société monarchique, un élément a prééminence sur les autres. Cette prééminence permet l'émergence d'une société structurée et complexe, organisée autour de l'élément prééminent. Ainsi l'être humain est un exemple de société monarchique, organisée autour de son esprit, celui-ci ayant atteint un degré permettant l'émergence de la conscience de soi.

## C) Les objets éternels

Didier Debaise note que l'introduction de la notion d'objet éternel dans le schème spéculatif présenté dans *Procès et réalité* répond à une nécessité interne à la métaphysique de Whitehead[213]. En effet, nous avons jusqu'à présent affirmé que les entités actuelles émergent des relations qu'elles entretiennent les unes envers les autres. Si le schème spéculatif en restait là, le procès de l'univers ne serait que l'éternelle répétition du même. Chaque entité actuelle synthétiserait exclusivement ce qu'elle recevrait des autres entités actuelles. Le processus de l'univers ne serait ainsi qu'une vaste opération de recyclage, permettant probablement une certaine diversité, mais absolument pas l'émergence d'une nouveauté. Cette dernière nécessite que les entités actuelles puissent inclure en elles quelque chose qui ne dérive pas de leur monde actuel : les objets éternels.

Whitehead décrit les objets éternels comme des « potentiels purs ». En les qualifiant de « potentiels », Whitehead signifie que ceux-ci ne sont pas actuels. Au sens propre, les objets éternels n'existent pas. Ils doivent donc être considérés comme « passifs », dans le sens où, s'ils peuvent entrer en relation avec une entité actuelle, l'initiative de cette relation repose entièrement sur l'entité actuelle qui est donc la seule entité « active » de la relation. De même, en qualifiant les objets éternels de « purs », Whitehead signifie qu'ils sont des universaux abstraits. Ainsi, des exemples d'objets éternels seront la rougeur, la verdeur, la circularité, la triangularité, la note fa…

---

[213] *Ibid.*, pp. 104-105.

## D) La théorie des préhensions

### 1) La théorie des relations

L'histoire de la philosophie distingue usuellement la notion de relation interne et la notion de relation externe. Charles Hartshorne[214] définit une relation interne comme une relation entraînant une modification chez le sujet de la relation. À l'inverse, une relation externe est une relation n'entraînant aucune modification chez le sujet de la relation. Une relation peut donc être interne du point de vue de son premier *relatum*, et externe du point de vue de son second *relatum*. Hartshorne donne comme exemple la relation entre Platon et Leibniz. Leibniz n'a en aucune façon influencé Platon, la relation entre Platon et Leibniz est donc externe pour Platon. En revanche, Platon a beaucoup influencé Leibniz, la relation entre Platon et Leibniz est donc interne pour Leibniz.

Comme le note Jean-Claude Dumoncel[215], une querelle naît lorsque l'on tente d'universaliser l'un ou l'autre type de relation. Il propose de rendre compte de cette querelle à partir du schéma bien connu thèse-antithèse-synthèse :

> « La thèse est celle de Bradley qui perpétue un lignage issu de Spinoza et de Leibniz en soutenant que : toute relation est interne.
>
> L'antithèse est celle de Russell, héritier de la position que Deleuze attribue à Hume et à laquelle se rallie également William James dans son pluralisme et son réalisme, à savoir que : toute relation est externe. Cette thèse équivaut à l'atomisme logique.
>
> Mais il y a encore une troisième position possible dans la querelle, position ménagée par le foncteur ni-ni en logique des propositions, c'est-à-dire la thèse soutenant qu'il n'est ni vrai que toute relation soit interne, ni vrai que toute relation soit externe, parce que le véritable problème est de savoir quelles relations sont internes et quelles relations sont externes ».

La position de Whitehead est donc cette dernière (que Dumoncel assimile à une position de « synthèse »). La métaphysique du *process* connaît ainsi tant la notion de relation interne que celle de relation externe. Mais surtout, les relations internes vont devenir les fondements constitutifs de toute chose. Les entités actuelles émergent ainsi des relations internes qu'elles entretiennent avec les objets éternels ainsi qu'avec les entités actuelles passées appartenant à leur monde actuel.

### 2) Préhensions positives et préhensions négatives

La préhension est peut-être le concept le plus important de la philosophie de Whitehead. Par ce terme, Whitehead désigne les relations constitutives de l'occasion

---

[214] C. HARTSHORNE, *The divine relativity, op. cit.*, pp. 6-18.
[215] J.-C. DUMONCEL, *op. cit.*, p. 115.

actuelle. Il existe deux types de préhensions : les préhensions positives et les préhensions négatives. Les préhensions positives désignent les relations par lesquelles l'occasion actuelle en formation inclut dans son propre processus d'émergence des éléments issus des objets éternels ou des entités actuelles passées appartenant à son monde actuel. Si les préhensions positives sont ainsi des relations d'inclusion, les préhensions négatives sont des relations d'exclusion par lesquelles l'occasion actuelle en formation refuse certains éléments appartenant à son monde actuel, qui se retrouvent par là-même exclus de son processus d'autoconstitution.

On peut donc dire que, du point de vue de l'occasion actuelle en formation, la préhension négative est une relation externe, et la préhension positive une relation interne. La préhension positive n'est pas une relation symétrique car si cette dernière est bien une relation interne à l'occasion actuelle présente, elle est une relation externe de l'occasion actuelle passée puisque la préhension ne change rien à l'occasion actuelle passée mais participe à la constitution de l'occasion actuelle présente. Ainsi, si l'occasion actuelle passée est cause de l'occasion actuelle présente, du point de vue de cette dernière il est préférable de dire que l'occasion actuelle présente intègre l'occasion actuelle passée en elle-même. De plus, ce serait faire un contresens que de penser que l'occasion actuelle se constitue puis préhende car une occasion actuelle se constitue par ses préhensions, son existence n'est pas antérieure à celles-ci.

Didier Debaise[216] note que si les préhensions négatives sont bien des relations d'exclusion, elles ont néanmoins une certaine positivité. Il rapporte ce propos de Whitehead :

> « Une entité actuelle est reliée de manière parfaitement définie à chaque élément au sein de l'univers. Ce lien déterminé, c'est sa préhension de cet élément. Une préhension est dite négative quand cet élément est exclu par définition de toute contribution positive à la constitution interne de la réalité propre au sujet. Selon cette thèse, une préhension négative exprime bien un lien »[217].

On le voit, préhension positive et préhension négative sont toutes deux considérées par Whitehead comme des relations d'héritage, faisant de l'entité actuelle la synthèse de l'univers entier, et pas seulement des entités actuelles dont elle hérite.

---

[216] D. DEBAISE, *op. cit.*, pp. 91-93.
[217] WHITEHEAD, *Procès et réalité*, *op.cit*, p. 100.

### *3) Préhension physique, préhension conceptuelle et préhension hybride*

Comme nous l'avons dit, chaque occasion actuelle s'auto-constitue à partir des occasions actuelles passées et des objets éternels qu'elle préhende dans son processus d'émergence. Les préhensions des occasions actuelles passées sont appelées « préhensions physiques », les préhensions des objets éternels sont appelées « préhensions conceptuelles ». Chaque occasion actuelle résulte donc de ces deux types de préhensions qui constituent chacune un pôle de l'occasion actuelle : les préhensions conceptuelles forment le pôle mental ou conceptuel, et les préhensions physiques forment le pôle physique. Toute entité actuelle est donc ainsi dipolaire (y compris Dieu, comme nous le verrons). Il importe cependant de noter que cette distinction entre deux pôles ne remet pas en cause l'unité fondamentale de l'occasion actuelle. Ainsi, pour Whitehead, s'il ne faut pas méconnaître la distinction entre le physique et le mental, cette distinction ne fonde pas pour autant une forme de dualisme. Whitehead parle bien d'une dipolarité entre le physique et le mental, et non d'une dualité. En fonction des activités de l'occasion actuelle, un pôle pourra prendre le pas sur l'autre, mais jamais la dipolarité ne sera abolie. D'un point de vue whiteheadien, le dualisme métaphysique est ainsi une position aussi fausse qu'extrémiste.

Il existe également des préhensions hybrides, c'est-à-dire non pas mi-physiques mi-conceptuelles, ce qui n'aurait aucun sens, mais à la fois physiques et conceptuelles. Une telle préhension est ce que Whitehead va appeler un sentir propositionnel, car elle préhende une proposition. Une proposition est considérée comme un « potentiel impur ». Alors que les objets éternels sont des « potentiels purs », c'est-à-dire des universaux abstraits, les propositions décrivent des potentiels visant à représenter la réalité. Une proposition décrit la manière dont une chose peut être. Si cette chose est comme la décrit la proposition, alors cette dernière est vraie[218]. La proposition étant un potentiel, la correspondance n'est pas entre le mot et la chose mais entre la façon dont peut être la chose et la façon dont est la chose[219]. On voit donc pourquoi la préhension d'une proposition est qualifiée d'hybride par Whitehead : elle est une comparaison entre ce qui peut être, le potentiel (préhension conceptuelle), et ce qui est, l'actuel (préhension physique). La vérité n'est donc pas pour Whitehead une propriété inhérente aux énoncés du langage, mais une affirmation momentanément juste. La vérité est en définitive un événement[220], de même que l'état de chose décrit par la proposition vraie.

---

[218] *Ibid.*, p. 57.
[219] Ainsi, une proposition peut être fausse mais néanmoins intéressante car susceptible de provoquer une action en décrivant par exemple un idéal ou un espoir à réaliser.
[220] Là encore, on remarque l'influence de William James sur Whitehead.

## E) *Le processus d'auto-constitution des occasions actuelles : concrescence et cogrédience*

Le processus d'auto-constitution de l'occasion actuelle est double. Whitehead désigne par le terme « concrescence », le procès microscopique par lequel l'occasion actuelle synthétise téléologiquement ses éléments constitutifs pour advenir à l'existence, et par le terme « cogrédience », le procès macroscopique par lequel elle influence causalement les occasions actuelles suivantes. Le processus d'émergence de l'occasion actuelle est donc un processus qui va de la multiplicité vers l'unité, puis de l'unité vers la multiplicité. Il s'agit donc d'un processus auto-subjectif de formation partant des données offertes et aboutissant à l'occasion actuelle complète. Cette complétude de l'occasion actuelle est appelée par Whitehead la satisfaction. Une occasion actuelle qui atteint sa satisfaction devient à son tour une source de données pour d'autres occasions actuelles.

Ce caractère processuel ne doit pas laisser penser le processus de concrescence comme temporel : soit l'occasion actuelle est, soit elle n'est pas, il n'y a pas d'occasions actuelles partielles. Ainsi, la concrescence est un processus instantané, mais qu'on peut analyser par phases pour les besoins de l'explication. Whitehead donne à cette analyse des phases de la concrescence le nom de division génétique.

### *1) La phase conforme*

La phase conforme correspond à la constitution de l'occasion actuelle à partir de son monde actuel. C'est durant cette phase que le monde actuel exerce une efficacité causale sur la nouvelle occasion actuelle via les préhensions physiques.

### *2) La phase supplémentaire*

Durant cette phase, l'occasion actuelle va préhender des potentiels purs, les objets éternels, et impurs, via des préhensions conceptuelles et des préhensions hybrides. Les préhensions conceptuelles et hybrides ne reflètent pas les données du passé comme les préhensions physiques, mais offrent à l'occasion actuelle de nouvelles possibilités qui lui permettent d'être autre chose qu'une simple répétition du passé. Une fois la nouveauté ayant émergé, elle peut se transmettre d'une occasion actuelle à une autre.

### *3) La satisfaction*

La dernière phase est celle de la satisfaction qui marque l'achèvement de l'occasion actuelle qui devient alors un donné pour d'autres occasions actuelles. Cet achèvement de la concrescence est ce que Whitehead appelle la cogrédience. L'occasion actuelle est dite « satisfaite » car elle a complètement achevé le processus d'auto-constitution guidé par sa visée subjective. Elle cesse donc d'être le sujet de sa propre création pour devenir ce que Whitehead appelle le superjet des occasions actuelles à venir, c'est-à-dire une partie de leur monde actuel respectif et donc une source de leur *datum* objectif. Le caractère instantané du processus de constitution de l'occasion actuelle, et simultané des phases de concrescence et de cogrédience, signifie que l'occasion actuelle est simultanément le sujet de son propre processus de concrescence, et le superjet du processus de concrescence d'autres occasions actuelles, d'où la qualification de l'occasion actuelle de « sujet-superjet » que l'on trouve sous la plume de Whitehead.

## *V) La métaphysique du* process *et le concept de Dieu*

### A) L'« oubli » de Whitehead

Frédéric Nef[221] note que Whitehead n'a eu jusqu'à présent que peu d'influence sur la métaphysique analytique. On pourrait étendre le jugement et faire remarquer que Whitehead n'a été que peu discuté dans le cadre de la philosophie analytique[222]. Cet état de fait est d'autant plus frappant que celui-ci, qui a travaillé avec Russell, Wittgenstein et Quine, peut être considéré comme une figure historique majeure de la discipline. Whitehead n'est souvent connu que pour sa collaboration avec Russell pour l'écriture des *Principia Mathematica*. Cependant, ce serait une erreur de ne voir dans Whitehead qu'un collaborateur de Russell. En effet, ces deux penseurs ont des engagements philosophiques fondamentaux radicalement différents. Alors qu'on peut considérer Russell comme se situant dans la tradition humienne de l'empirisme, c'est-à-dire la tradition identifiant empirisme et naturalisme, Whitehead se situe dans celle de l'empirisme intégral que définit William James. Whitehead conteste la prétention de l'empirisme humien à placer une frontière entre une expérience légitime et une expérience illégitime. Il va au contraire considérer que c'est toute notre expérience qui doit faire l'objet d'une même explication. Ce projet lui vaudra cependant un oubli (tout relatif) tant dans la philosophie continentale que dans la philosophie analytique.

On peut néanmoins apporter, il me semble, cinq raisons, profondément liées à l'œuvre de Whitehead elle-même, à cet oubli apparent dont il souffre dans la philosophie analytique. D'abord, les textes de Whitehead sont notoirement difficiles d'accès[223]. Considérant que les formes classiques du langage sont l'une des raisons de l'erreur substantialiste, Whitehead éprouve les limites du langage en inventant de nombreux néologismes ou encore en dotant certains termes d'un sens nouveau, n'hésitant

---

[221] F. NEF & E. GARCIA, (sous la dir.), *Métaphysique contemporaine*, Paris, Vrin, 2007, p. 8.
[222] En particulier, il n'y a eu que peu de débat entre théologiens analytiques et théologiens du *process*.
[223] « Personne ne peut comprendre la philosophie de notre temps sans comprendre la pensée de Whitehead. Malheureusement, personne ou presque ne peut comprendre Whitehead » J.L. BORGES.

pas à constamment revenir aux mêmes idées en opérant à chaque fois de subtils déplacements. *Procès et Réalité* ne suit pas ainsi un développement linéaire mais plutôt en spirale (qui peut parfois donner l'impression que l'auteur se contredit ou a écrit son livre directement, sans faire ou presque de brouillon[224]). Ce travail incessant du langage et de ses significations a certes pour effet secondaire d'obscurcir parfois son propos, mais évite à Whitehead de tomber dans ce qu'il appelle le sophisme du dictionnaire parfait. Commettre le sophisme du dictionnaire parfait revient à penser que nous pouvons définir sans aucune ambiguïté une série de termes, puis en dériver le sens de tous les autres mots que nous utilisons afin de former un langage parfaitement univoque[225]. Pour Whitehead, il n'existe pas de signification exacte et, souvent, le dialogue exige une part d'intuition, les mots ne servant qu'à montrer une direction de la pensée[226]. La deuxième raison est que Whitehead était clairement à rebours de son temps. Il est saisissant de rappeler que *Process and reality*, travail qui ignore tranquillement la critique kantienne de la métaphysique, est publié en 1929, c'est-à-dire la même année que le manifeste du cercle de Vienne, alors même que son projet métaphysique constitue bien une défense du réalisme et une critique indirecte du positivisme logique. À ce titre, Whitehead apparaît clairement comme un précurseur du « tournant ontologique » de la philosophie analytique.

Lewis S. Ford[227] relève trois autres raisons à « l'oubli » de Whitehead : d'abord, comme nous l'avons souligné, sa défense de la pensée spéculative. George R. Lucas commentant Ford estime à ce propos que la pensée de Whitehead a le défaut d'être transversale à de nombreuses disciplines, et donc d'inviter à une interdisciplinarité à une époque où la philosophie anglo-américaine cherche à délimiter clairement son objet afin de se professionnaliser et de se fonder comme discipline distincte[228]. Cette époque où la philosophie analytique était caractérisée par un tropisme anti-métaphysique est cependant largement terminée, comme le note Lucas. La deuxième raison que relève Ford est le panpsychisme de la métaphysique de Whitehead[229]. Donald

---

[224] Vu que les brouillons de Whitehead ont tous été détruits par sa femme, nous ne pourrons jamais éclairer l'histoire rédactionnelle de son *magnum opus*.
[225] J. COBB, *Lexique whiteheadien*, Belgique, Chromatika, 2010, pp. 20-21.
[226] On voit ici la distance qui sépare la conception du langage de Whitehead de celle des positivistes logiques ou de ceux voulant clarifier le langage ordinaire.
[227] L. S. FORD, « Afterward: a sampling of other interpretations », dans L. S. FORD & G. L. KLINE, *Explorations in Whitehead philosophy*, New York, Forhdam University Press, 1983, pp. 305-345.
[228] G. R. LUCAS, *The Rehabilitation of Whitehead. An analytic and historical assessment of process philosophy*, Albany, State of University of New York Press, 1989, pp. 129-132.
[229] Bertrand Saint-Sernin semble néanmoins récuser le caractère panpsychiste de la métaphysique de Whitehead. B. SAINT-SERNIN, *op.cit.*, p. 58.

Sherburne[230] estime toutefois que la position de Whitehead à ce sujet n'a pas été comprise car on a souvent lu sa métaphysique comme finaliste alors que, précisément, la téléologie qu'introduit Whitehead dans sa métaphysique n'est pas finaliste[231]. Enfin, Ford estime que l'engagement théiste de la métaphysique de Whitehead lui aliéna ses contemporains philosophes. Lucas rejoint Ford sur ce constat mais remarque que cet engagement théiste n'est pas central dans la métaphysique de Whitehead[232].

## B) *Dieu : un élément nécessaire de la philosophie spéculative*

Il est à mon avis exagéré d'affirmer que la problématique théologique est chez Whitehead secondaire. Celle-ci apparaît dès *Science and the modern world* et est largement présente dans *Process and reality*. De plus, son texte *Religion in the making* y est consacré. Toutefois, il serait également faux d'affirmer que Whitehead ait vraiment produit une théologie naturelle. Il ne cherche pas de son propre aveu à prouver l'existence de Dieu ou autres exercices classiques de la discipline, mais à réfléchir aux implications de son système quant à la conception que nous pouvons nourrir de Dieu, à « rajouter un interlocuteur aux *Dialogues concernant la religion naturelle* » de Hume[233]. Ce sera son disciple Charles Hartshorne[234] qui placera la problématique théiste au cœur de son interprétation de Whitehead[235]. Cela ne saurait cependant signifier que la problématique théologique serait comme surajoutée dans la philosophie de Whitehead. Le concept de Dieu n'est pas dans la métaphysique du *process* une spéculation gratuite. C'est bien la cohérence du système lui-même qui exige de poser une entité actuelle d'un genre unique : Dieu.

Pour illustrer ceci, je voudrais reprendre une fable bien connue que propose Isabelle Stengers[236] dans sa présentation générale de la métaphysique du *process*.

> « Un vieux bédouin qui, sentant sa mort venir, réunit ses trois fils et leur signifia ses volontés dernières. À l'aîné, il légua la moitié de son héritage, au deuxième le quart, et au plus jeune le sixième ».

---

[230] D. SHERBURNE, « Whitehead and the completion of the copernican revolution », dans *The monist*, 66, n°3, 1983, pp. 374-376.

[231] De la même façon, le panpsychisme de Whitehead n'est absolument pas un vitalisme.

[232] Voir également V. LOWE, « ANW : some biographical reflections », *Process Studies*, 12, n°3, 1982.

[233] A. N. WHITEHEAD, *op. cit.*, p. 528.

[234] On pourrait aussi citer John Cobb, Schubert Ogden, ou encore David Ray Griffin qui fonda avec John Cobb le *Center for Process Studies* à l'université de Claremont (pour l'anecdote, Griffin est aujourd'hui plus connu pour ses livres visant à démontrer que la version officielle des attentats du 11 septembre 2001 est fausse que pour ses publications sur la théologie du process…).

[235] Inversement, Donald Sherburne tentera de faire de Whitehead une interprétation strictement naturaliste.

[236] I. STENGERS, *Penser avec Whitehead*, Paris, Éd. Du Seuil, 2002, pp. 27-28.

Le problème est que l'héritage du vieux bédouin se compose de onze chameaux, ce qui rend une telle division impossible. Voulant éviter le conflit et respecter la volonté paternelle, les fils vont voir un vieux sage qui, pour solution, leur propose d'ajouter son propre chameau à l'héritage. Du groupe de douze chameaux ainsi constitué, six furent donnés à l'aîné, trois au deuxième fils, deux au dernier fils, et le sage récupéra son chameau. Le don du douzième chameau a permis d'observer la règle fixée par le père, de la rendre cohérente avec les faits. De la même façon, le concept de Dieu chez Whitehead a avant tout une fonction : résoudre la tension entre le fait que le monde est ordonné, est un cosmos, et le caractère fondamental de la catégorie de la créativité dans la métaphysique du *process*[237]. Comment un cosmos peut-il émerger d'un monde dont la caractéristique est de toujours aller de l'avant ?

---

[237] *Ibid.*, p. 498.

## Chapitre II

## La conception dipolaire de Dieu

Une conception dipolaire de Dieu, c'est-à-dire une conception dans laquelle Dieu dispose d'un pôle transcendant et d'un pôle immanent, est la meilleure façon de rendre compte du Dieu chrétien au plan métaphysique. C'est cette intuition fondamentale qui est à la source de ce travail. Bien sûr, on pourrait sans nul doute faire des objections à celle-ci. Et je rajoute que je serais bien en peine de justifier philosophiquement cette intuition. Pour tout du moins expliquer celle-ci, il me faudrait me livrer à une longue introspection s'enracinant dans mon expérience spirituelle, ma vie sacramentelle et liturgique, ma trajectoire intellectuelle, ma lecture de la Bible... Autant de choses qui intéresseraient peut-être un directeur de conscience, mais qui n'ont pas grand-chose à voir avec la philosophie. Et quand bien même, cela expliquerait seulement pourquoi je pense que la conception dipolaire de Dieu est la meilleure façon de modéliser le Dieu chrétien, ce qui ne serait en rien un argument, et encore moins une preuve. Cette intuition s'enracine donc dans une interprétation personnelle que je reconnais sans souci comme discutable. Cependant, je ne la pense pas non plus totalement folle, et je la crois acceptable à titre de postulat dans le cadre de ce travail. Proposer une conception dipolaire de Dieu est ainsi un engagement philosophique fondamental de celui-ci.

Cet intérêt pour la conception dipolaire de Dieu est à l'origine de mon intérêt pour la *Process theology*. Ce terme de « conception dipolaire » a d'ailleurs été forgé par Charles Hartshorne, un disciple de Whitehead et un penseur fondateur de la *Process theology*. Les théologiens du *Process* pensent également que la conception dipolaire est la meilleure façon de rendre compte philosophiquement du Dieu chrétien. Ils estiment que la métaphysique du *process* est la meilleure voie pour élaborer cette dernière. Mais ont-ils raison de penser ainsi ? Y a-t-il d'autres conceptions dipolaires de Dieu, éventuellement plus pertinentes ?

Nous l'avons dit, proposer une conception dipolaire de Dieu est un engagement philosophique fondamental de ce travail. Les théologiens du *Process* eux-mêmes partagent le même engagement philosophique, et ont donc proposé leur propre conception dipolaire, élaborée à partir de la métaphysique de Whitehead. Nous allons donc présenter et évaluer dans ce chapitre la conception dipolaire de Dieu propre à la *Process theology*. De plus, si celle-ci se révélait déficiente (ce qui est le cas comme nous allons le voir), il nous faudrait alors en proposer une autre afin de respecter notre engagement philosophique. Après tout, ce n'est pas parce que la *Process theology* ne parvient pas à concevoir un Dieu véritablement dipolaire que toute conception dipolaire de Dieu est impossible ou erronée.

Nous commencerons par voir comment Whitehead et ses disciples directs ou indirects, les théologiens du *Process*, ont élaboré un concept dipolaire de Dieu à partir des instruments conceptuels offerts par la métaphysique du *process*. Nous commencerons par cerner l'idée religieuse de Dieu envisagée par Whitehead, puis nous présenterons le concept dipolaire de Dieu qu'il élabore afin de rendre compte philosophiquement de cette idée religieuse de Dieu. Nous critiquerons ensuite ce concept philosophique de Dieu, et présenterons une conception dipolaire de Dieu alternative à celle de la *Process theology*.

## I) *L'idée religieuse de Dieu*

En 1662, à la mort de Blaise Pascal, on trouva dans la doublure de son manteau un court texte écrit de sa main daté du 23 novembre 1654. Écrit aux dires mêmes de son auteur entre 22h30 et 00h30, ce texte nocturne exprime une expérience spirituelle de conversion qui devait changer radicalement la vie de Pascal. De libertin, ce dernier devait par la suite devenir un « solitaire ». Ce texte, largement connu sous son appellation de *Mémorial*, est célèbre pour l'opposition qu'il pose entre le Dieu d'Abraham, d'Isaac et de Jacob, et le Dieu des philosophes. Le premier serait le seul vrai Dieu, sensible à la foi et au cœur ; le second ne serait qu'une froide abstraction de raisonneur. Cette opposition pascalienne entre foi et raison est un fondement (un peu mythique) de la critique (d'un point de vue croyant) de la métaphysique théiste, celle-ci n'étant vouée qu'à construire des idoles conceptuelles.

Depuis le *Mémorial*, nombreux sont ceux qui se sont reconnus dans cette opposition entre Dieu des philosophes et Dieu d'Abraham, d'Isaac et de Jacob, c'est-à-dire entre un concept de Dieu issu d'une théorie philosophique, et le Dieu vivant dont ils faisaient spirituellement l'expérience. Ce n'est pas le cas des théologiens du *Process* qui peuvent suivre Pascal jusqu'à un certain point, mais jusqu'à un certain point seulement. Comme Pascal, la *Process theology* note une inadéquation entre le Dieu de la foi et le Dieu de la raison. L'idée religieuse de Dieu n'est que très imparfaitement rendue par le concept philosophique de Dieu tel qu'il s'est élaboré dans le théisme classique. Mais contrairement à Pascal, la *Process theology* n'en déduit pas une opposition irréductible entre foi et raison. L'opposition pascalienne entre foi et raison n'est qu'une conséquence des faiblesses du théisme classique, de son inadéquation à rendre compte de la foi vivante. L'inadéquation relevée entre idée religieuse de Dieu et concept philosophique de Dieu n'a rien de nécessaire et peut être solutionnée par une révision du théisme classique. Le projet de la *Process theology* peut ainsi justement être interprété comme une réponse à Pascal : mettre en œuvre une révision en profondeur de la métaphysique théiste afin de faire se rejoindre l'idée religieuse de Dieu et le concept philosophique de Dieu.

La conception de Dieu de la *Process theology* devra donc être à la fois religieuse et philosophique, c'est-à-dire répondre autant aux impératifs de la religion qu'à ceux de la raison. Le concept philosophique de Dieu devra être rationnel et rendre compte des intuitions formant l'idée religieuse de Dieu. La première tâche est donc de cerner ce qu'est cette idée religieuse de Dieu.

## A) *Les conceptions de Dieu*

Dans son livre *La religion en gestation*, Whitehead propose une typologie des façons de concevoir Dieu[238] :

« 1. La conception de l'Asie orientale d'un ordre impersonnel auquel se conforme l'univers. Cet ordre est l'arrangement propre du monde par lui-même ; ce n'est pas l'univers obéissant à une règle imposée de l'extérieur. Ce concept trouve son expression philosophique dans la doctrine de l'immanence radicale.

2. La conception Sémite d'une entité individuelle, personnelle, dont l'existence est l'unique fait métaphysique ultime, absolu et non dérivé, et qui a décrété et ordonné l'existence dérivée que l'on appelle le monde actuel. Cette conception sémite est la rationalisation des divinités tribales des religions communautaires primitives. Elle trouve son expression philosophique dans la doctrine de la transcendance radicale.

3. La conception panthéiste d'une entité qui doit être décrite comme dans la conception sémite, excepté en ceci que le monde actuel est une des phases du fait complet qui constitue cette entité individuelle ultime. Le monde actuel, s'il est conçu en dehors de Dieu, est irréel : sa seule réalité est la réalité de Dieu. Le monde actuel a la réalité d'être une description de ce que Dieu est. En lui-même, il est simplement une certaine mutualité d'apparence, qui est une phase de l'être de Dieu. C'est la doctrine du monisme radical. »

Whitehead rajoute que si la conception asiatique et la conception sémite sont « en opposition directe et toute médiation entre eux conduit à une grande complexité de pensée », ce n'est pas le cas de la conception sémite et de la conception panthéiste. Il remarque que la première peut se mêler à la deuxième, et rajoute que ce genre de passage a déjà eu lieu, dans le shiisme iranien par exemple.

---

[238] A. N. WHITEHEAD, *La religion en gestation*, Belgique, Ed. Chromatika, 2008, pp. 32-33.

Whitehead reprend cette typologie en la modifiant dans *Process and reality*[239]. Il considère trois façons de concevoir Dieu : comme la personnification d'un principe philosophique ultime (c'est la notion aristotélicienne du Premier Moteur), comme une énergie morale (c'est celle des prophètes hébreux), comme un gouverneur impérial régnant sur l'univers (c'est celle de l'Islam et de la théologie chrétienne). Cette dernière conception fait l'objet d'un rejet particulier de Whitehead qui estime que « l'idolâtrie la plus profonde » consiste à « se faire un Dieu à l'image des dirigeants impériaux perses et romains ». Il rajoute : « l'Église donne à Dieu les attributs qui appartiennent exclusivement à César ». Whitehead estime qu'aucune de ces trois conceptions de Dieu ne permet de rendre compte de l'intuition religieuse incarnée dans la vie de Jésus qui n'est ni celle d'un César suprême, ni celle d'un moraliste impitoyable, ni celle d'un premier moteur non mû indifférent à ce qu'il meut. Pour lui, la conception de Dieu dont témoigne Jésus « s'attache aux éléments de tendresse du monde, qui lentement et sans bruit opèrent par l'amour ; et elle trouve sa raison d'être dans l'immédiateté d'un royaume qui n'est pas de ce monde ».

Ni la conception orientale (immanence radicale), ni la conception sémite (transcendance radicale), ni le panthéisme, ne trouvent non plus grâce à ses yeux. Il estime qu'aucune de ces trois conceptions ne rend compte de l'intuition de Jésus. Il estime que cette dernière nous a été rapportée fidèlement par saint Jean, mais a été défigurée par saint Paul, le premier nous ayant transmis un Dieu d'amour et le second un Dieu tyran. Les textes du Nouveau Testament attribués à saint Jean reflètent pour Whitehead la transformation de la conception sémite de Dieu, celui-ci se rapprochant alors de la conception panthéiste, sans bien sûr s'y conformer. Le concept de Dieu s'y dégage du moralisme étroit des prophètes hébreux en se plaçant sous la métaphore du Père. De plus, l'association de Dieu et du Royaume fait de Dieu un acteur actif de la marche de l'univers, un compagnon de celui-ci nous dit Whitehead, à l'inverse du premier moteur non mû indifférent à ce qu'il meut. Enfin l'introduction de la doctrine du *Logos* éclate de façon définitive la conception personnelle univoque qui est le propre de la conception sémite de Dieu[240]. Pour présenter la spécificité de l'idée religieuse de Dieu proposée par Jésus, Whitehead se livre à une analyse du déploiement du phénomène religieux dans l'Histoire.

## B) *Histoire naturelle des religions*

Whitehead propose un modèle théorique du développement historique des religions. Il définit la religion comme « un système de vérités générales qui, si l'on s'y tient sincèrement et qu'on les appréhende avec ferveur, ont pour effet de transformer

---

[239] *Idem, Procès et réalité, op. cit.*, p. 527.
[240] *Idem, La religion en gestation, op. cit.*, p. 34.

la personnalité ». Il en ressort selon lui que « la première vertu religieuse est la sincérité, une sincérité pénétrante ». Whitehead, en effet, note que la religion est une chose à laquelle on adhère. Faisant un parallèle avec les mathématiques, il remarque que l'« on *utilise* l'arithmétique, mais on *est* religieux »[241]. Un théorème mathématique n'exige ainsi aucune adhésion personnelle, aucune foi, à l'inverse de l'énoncé religieux. Le propre de la religion est donc d'exiger de la sincérité et d'engager la personne. Ce faisant, elle peut entraîner une modification de la personnalité et du comportement en fonction de la sincérité avec laquelle on l'appréhende. À ce titre, la religion peut modifier la personnalité pour la rendre meilleure ou plus mauvaise. Comme nous l'avons dit, Whitehead rejette l'idée que la religion serait nécessairement un bien et note qu'elle peut tout autant engendrer des saints que des meurtriers fanatiques. Cependant, l'important pour lui est que la religion est liée à l'aventure humaine et que, à l'image de celle-ci, elle peut progresser. En effet, la religion a ceci de particulier qu'elle est poussée par un mouvement qui lui est propre, à purifier « ses propres éléments intérieurs »[242]. Loin d'être acritique, la religion, parce qu'elle exige de la sincérité, et même une « sincérité pénétrante », cherche constamment à préciser ses concepts fondamentaux. Le progrès de la religion est donc particulièrement lié au progrès du langage, ce dernier étant lui-même lié au progrès général des peuples[243]. La religion a ainsi dû attendre pour voir progresser « le développement dans la conscience humaine des idées générales et des intuitions éthiques qui convenaient »[244].

Le modèle théorique du développement progressif des religions que propose Whitehead est en rupture avec le modèle positiviste, qui voit dans la religion une explication archaïque du monde vouée à disparaître au fur et à mesure que s'approfondit l'investigation scientifique de la nature. Pour Whitehead, le progrès scientifique transforme nécessairement la religion car, à ses yeux, la science suggère une certaine cosmologie, et la cosmologie suggère une certaine religion. Ainsi, les avancées de la connaissance scientifique ne font pas disparaître la religion, mais la poussent à modifier et à préciser les concepts métaphysiques qui la sous-tendent. Whitehead s'oppose aussi au modèle issu de la sociologie de Durkheim qui voit dans la religion un phénomène avant tout social. Plus précisément, il pense que la religion n'est un fait effectivement avant tout social que dans ses stades primitifs. Arrivée à un stade élevé, la religion devient avant tout « ce que l'homme fait de sa propre solitude »[245]. En d'autres termes, la fonction de cohésion sociale de la religion est primaire dans ses

---

[241] *Ibid.*, p. 4
[242] *Ibid.*, p. 4
[243] *Ibid.*, p. 14
[244] *Ibid.*, p. 13
[245] *Ibid.*, p. 5

premières phases historiques, mais devient totalement secondaire dans ses phases plus avancées.

L'histoire « naturelle » d'une religion passe par trois conceptions de la divinité : le Dieu-vide, le Dieu-ennemi, le Dieu-compagnon[246]. Ces trois conceptions s'incarnent dans trois phases qui se suivent historiquement (tout en se chevauchant souvent), et sont apparues « en raison inverse de la profondeur de leur importance religieuse »[247]. Le Dieu-vide correspond à la phase ritualiste, le Dieu-ennemi à la phase mythologique, et enfin le Dieu-compagnon à la phase rationaliste. On remarque que Whitehead a une conception téléologique de l'histoire des religions, reliée à sa conviction que la religion peut progresser. On notera cependant que ce progrès n'est pour lui aucunement nécessaire et qu'une religion peut rester bloquée à une phase inférieure de son développement ou même régresser vers une phase antérieure[248], sans atteindre la phase rationaliste qui pour Whitehead couronne le développement téléologique d'une religion.

## 1) *Le Dieu-vide et le rituel*

La première phase historique de la religion est celle du rituel. Whitehead rejoint à ce propos Wittgenstein qui disait de l'être humain qu'il est un animal cérémoniel[249]. Whitehead définit le rituel de façon très ouverte comme « l'accomplissement habituel d'actions définies ne relevant pas directement d'actions de conservation des organismes physiques des acteurs »[250]. On voit donc que le rituel pour Whitehead ne relève pas exclusivement de la religion. Est rituelle toute action répétée régulièrement pour des raisons extérieures à la survie. Le rituel à ce titre existait déjà à la préhistoire et n'est pas le propre de l'Homme[251]. En effet, Whitehead donne comme exemple de comportement rituel les évolutions des oiseaux[252] dans le ciel :

> « Les actions nécessaires de la chasse pour la nourriture, ou d'autres préoccupations utiles, sont donc répétées pour elles-mêmes, et leur répétition renouvelle aussi la joie que donne leur exercice et l'émotion qui accompagne leur succès »[253].

---

[246] *Ibid.*, p. 5
[247] *Ibid.*, p. 6
[248] *Ibid.*, p. 8
[249] L. WITTGENSTEIN, *Remarques sur le Rameau d'or de Frazer*, Paris, L'âge d'homme, 1990.
[250] A. N. WHITEHEAD, *op. cit.*, p. 7.
[251] On considère habituellement que la première expression religieuse historique est le fait d'enterrer ses morts. Or, cette première occurrence historique n'est pas le fait de l'*Homo sapiens* mais est due à d'autres hominidés plus anciens. Il est donc faux de croire que l'humanité a inventé la religion.
[252] On notera ici que le principal disciple de Whitehead, Charles Hartshorne, partagera cet intérêt pour les oiseaux. Celui-ci, docteur en philosophie et en ornithologie, défendra la thèse que les oiseaux chantent entre autres raisons pour leur plaisir. Pour Hartshorne, le rituel du chant a pour fonction de faire ressentir des émotions à l'oiseau, celui-ci étant doté d'un sens esthétique de même que l'être humain.
[253] A. N. WHITEHEAD, *op. cit.*, p. 7.

Whitehead estime ainsi que les animaux remarquent que certaines actions, éventuellement utilitaires, provoquent certaines émotions, et cherchent par la suite à reproduire ces émotions *via* le rituel :

« L'émotion est au service du rituel, puis le rituel est élaboré et répété en vue de provoquer les émotions qui l'accompagnent ».

Le but du rituel est donc de susciter une émotion déterminée :

« Ce fut une découverte immense que de savoir comment susciter les émotions pour elles-mêmes, indépendamment d'une certaine nécessité biologique impérieuse »[254].

Whitehead relève que le rituel n'est pas la seule façon découverte par les hommes pour stimuler l'émotion. L'usage des drogues peut avoir le même effet. Heureusement, « la gamme des drogues dont disposaient les races primitives était limitée », ce qui n'a pas empêché néanmoins leur usage religieux, en lien avec le rituel. Whitehead rappelle à ce propos l'usage religieux de l'ivresse extatique, et estime que celui du vin dans le sacrement de la communion est un vestige de l'ancienne « transe de l'ébriété sacrée ». Loin d'être dévalorisante, cette remarque donne l'occasion à Whitehead d'affirmer que le sacrement de la communion est « un exemple de sublimation d'un rite, élevant une association de pensée largement répandue jusqu'à un symbolisme raffiné, dépouillé de sa grossièreté primitive »[255].

L'émotion suscitée par le rituel fut ensuite, dans une deuxième phase historique, canalisée vers le jeu ou la religion, qui ont tous deux leur origine dans le rituel. Whitehead remarque que le jeu, plus particulièrement le sport, et la religion furent longtemps mêlés. Il donne comme exemple les Jeux Olympiques qui, en Grèce classique (des temps « comparativement modernes », nous dit Whitehead), étaient un rituel mêlant jeu et religion[256]. On peut rajouter qu'à notre époque, la lutte sumo est au Japon l'exemple d'une pratique sportive restée fortement liée à une religion (le shintoïsme en l'occurrence). Dans cette phase primitive, la religion est encore avant tout un phénomène social. Les rites publics et les émotions collectives y sont des facteurs de cohésion de la tribu. Il n'y a pas encore à ce stade de développement de conceptions très claires de divinité, c'est pourquoi Whitehead relie cette phase à la conception d'un Dieu-vide, c'est-à-dire d'un concept de Dieu qui est encore en phase d'émergence. Car les rituels ne sont que « les premières lueurs de la vie de l'esprit s'élevant au-delà de la concentration sur la tâche de subvenir aux nécessités animales »[257], ce qui est toutefois déjà beaucoup.

---

[254] *Ibid.*, p. 7.
[255] *Ibid.*, p. 8.
[256] Nous laisserons ouverte la question de la dimension religieuse du sport contemporain.
[257] A. N. WHITEHEAD, *op. cit.*, p. 8.

## 2) *Le Dieu-ennemi et la mythologie*

La deuxième phase que relève Whitehead est celle du mythe. La mythologie témoigne selon lui « d'une rationalité naissante ». Le mythe a pour fonction de donner un sens au rituel et à l'émotion qu'il engendre, et, dans la mesure où lui-même engendre de l'émotion, de les renforcer. Ainsi, le rituel précède et est renforcé par la mythologie. Le mythe est un composé de faits réels et de faits symboliques représentant « de grandes idées ne pouvant être appréhendées que par parabole »[258]. Whitehead qualifie le rituel « accompli en conjonction avec l'intention explicative du mythe » de « culte héroïque ». Si le héros associé au rituel et au mythe est une personne, c'est de la religion ; si le héros est une chose, c'est de la magie. La différence entre religion et magie est importante pour Whitehead car celui-ci pense que ces deux phénomènes ont des destinées très différentes : alors que la religion va continuer sa progression dans l'histoire humaine, la magie, elle, ne progresse pas[259]. La conception de la divinité correspondant à cette phase est celle du Dieu-ennemi, c'est-à-dire d'un Dieu dont on craint les colères et dont on marchande les bienfaits. À ce stade, la croyance est en effet toujours assez prosaïquement intéressée. On vénère le héros car on pense pouvoir l'amadouer ou en obtenir quelque chose, « ainsi émergent l'incantation, la prière, la louange et l'appropriation rituelle de l'esprit de la divinité héroïque »[260].

La religion dans sa phase mythologique est encore fondamentalement un phénomène social visant à assurer la cohésion du groupe. C'est le stade des religions tribales. Whitehead remarque que durant cette phase on peut constater une « curieuse tolérance, en ceci qu'un culte ne fait pas la guerre à un autre culte »[261]. Si la guerre entre deux peuples peut être interprétée comme étant aussi un conflit entre leurs divinités tribales, elle n'est en effet pas pour autant une guerre de religion, dans la mesure où aucun de ces deux peuples ne prétend combattre au nom d'une vérité religieuse universelle. Chaque peuple a ses propres divinités tribales et reconnaît celles des autres. La victoire à la guerre peut être vécue comme la preuve de la supériorité des divinités tribales du peuple vainqueur sur les divinités tribales du peuple vaincu, mais non comme le témoignage d'une vérité religieuse universelle[262]. À ce stade de développement du phénomène religieux, c'est la fidélité du peuple à ses divinités tribales qui compte, et non les croyances des autres peuples. Ainsi, l'individu ne peut

---

[258] *Ibid.*, p. 9.
[259] Whitehead cependant soulève l'hypothèse que la magie ait pu aussi évoluer et devenir la science.
[260] A. N. WHITEHEAD, *op. cit.*, p. 10.
[261] *Ibid.*, p. 10.
[262] On peut trouver des exemples de cette mentalité religieuse dans certains textes bibliques témoignant d'un état de la religion d'Israël antérieur à l'émergence du monothéisme.

s'affranchir de la religion tribale de son peuple, ce serait considéré comme une trahison remettant en cause l'entente entre les dieux et la tribu, mais « les conflits entre cultes sont inutiles »[263].

Whitehead remarque que de nombreuses religions stoppent leur progression à ce stade mythologique et tribal. Ainsi à l'arrêt, les religions tribales peuvent encore apporter aux peuples un certain sens de l'unité et de la responsabilité sociale, mais elles cessent d'être des « moteurs du progrès »[264]. Cependant, même en stagnant à ce stade, les religions tribales peuvent évoluer. Il estime que les religions tribales les plus évoluées sont les cultes impériaux. Whitehead semble voir dans le paganisme romain un cas d'espèce. Il y a quelques raisons à cela. La religion romaine est conditionnée par la nécessité de maintenir la bonne entente avec les dieux traditionnels de Rome, la *Pax deorum*, source de bienfaits, par l'observation stricte de certains rituels. Toute dérogation à ces règles rituelles risquait d'amener sur Rome des calamités. Cette religion romaine correspond, on le voit assez bien, à une religion tribale dominée par une conception d'un Dieu-ennemi. Le paganisme romain n'est jamais sorti de cette phase mais a évolué vers un culte impérial où la fidélité à l'empereur divinisé, médiée par un rituel de sacrifice, devait assurer la cohésion et la prospérité de l'empire, et au contraire, l'infidélité apporter des difficultés[265]. Whitehead dit à ce propos et non sans humour que le culte impérial romain est le genre de religion qui pourrait être inventé par une *law school*. Il rajoute d'ailleurs que ce genre de mentalité religieuse impériale existe encore à son époque. Il en voit une itération dans le nationalisme, dont l'« exagération morbide » a mené à la Grande Guerre[266].

### 3) Le Dieu-compagnon et la rationalisation

« L'ère des martyrs commence avec l'arrivée du rationalisme », nous dit Whitehead[267]. La dernière phase de l'histoire « naturelle » des religions que nous peint Whitehead est celle des religions rationnelles. Il définit une telle religion rationnelle comme :

> « Une religion dont les croyances et les rites ont été réorganisés afin d'en faire l'élément central d'une mise en ordre de la vie cohérente tant sur le point d'une clarification de la pensée que sur celui d'une orientation de la conduite vers un objectif unifié exigeant une approbation éthique[268] ».

---

[263] A. N. WHITEHEAD, *op. cit.*, p. 11.
[264] *Ibid.*, p. 16.
[265] C'est entre autres pour cette raison que les chrétiens, qui ne pouvaient reconnaître la divinité de l'empereur, furent persécutés.
[266] A. N. WHITEHEAD, *op. cit.*, p. 19.
[267] *Ibid.*, p. 11.
[268] *Ibid.*, p. 12.

En d'autres termes, une religion rationnelle s'intègre dans une explication métaphysique générale du monde et de la vie :

> « Les doctrines d'une religion rationnelle visent à être la métaphysique que l'on peut élaborer à partir de l'expérience supra-normale de l'homme dans ses moments de plus grande pénétration intuitive »[269].

La métaphysique de la religion rationnelle se fonde donc sur l'expérience et l'enseignement de certains élus. Dans une religion rationnelle, les croyances et les rites sont réorganisés et réorientés à partir des intuitions métaphysiques, dans le but d'élaborer un modèle de mise en ordre cohérent de l'existence. La métaphysique trouve ainsi sa fin religieuse dans l'éthique. Cependant, seules deux religions ont réellement atteint ce stade de développement : le bouddhisme et le christianisme.

Whitehead insiste sur le fait qu'une religion parvenue à ce stade de développement cesse d'être de nature tribale, cesse d'être avant tout un phénomène social, pour se faire solitude[270]. Une religion rationnelle repose fondamentalement sur « ce que l'homme fait de sa propre solitude ». Whitehead remarque à ce propos que les grandes figures religieuses sont des solitaires : Prométhée sur un rocher, Mahomet dans une grotte, Bouddha sous un arbre, Jésus sur une croix[271]. Whitehead estime que le cœur d'une religion rationnelle est cette solitude mystique, et que « les enthousiasmes collectifs, les renouveaux de la foi, les institutions, les églises, les rituels, les bibles, les codes de comportement, sont les ornements de la religion, ses formes passagères »[272]. Whitehead connecte étroitement cette solitude à la notion d'universalité. Le solitaire en effet, en se détachant de la tribu, peut atteindre un niveau supérieur d'abstraction. Le passage d'une religion tribale servant de ciment au groupe à une religion rationnelle fondée sur une métaphysique correspond au passage d'une conscience tribale à une conscience universelle[273]. Il rajoute à ce propos que le développement des échanges et des voyages a pu contribuer à ce changement de mentalité. Le voyage en effet, confronte le voyageur à la différence et peut ainsi le décentrer par rapport à sa tribu. Le voyageur, comme le solitaire, peut ainsi s'ouvrir à un niveau supérieur d'abstraction où la coutume tribale particulière est dépassée par la généralisation métaphysique[274]. Cette conscience universelle est donc elle-même liée à l'idée d'une métaphysique à la recherche de principes généraux. Les cultes impériaux, même s'ils peuvent être très étendus, ne sont finalement jamais autre chose que des tribalismes élargis.

---

[269] *Ibid.*, p. 13.
[270] *Ibid.*, p. 11.
[271] *Ibid.*, p. 6.
[272] *Ibid.*, p. 5.
[273] *Ibid.*, p. 21.
[274] *Ibid.*, p. 16.

Seule une religion rationnelle peut atteindre l'idée d'universalité, car fondée sur une métaphysique.

Dans l'absolu, Whitehead estime qu'une religion rationnelle peut émerger à partir de rien. Toutefois, il remarque que dans les faits les religions rationnelles s'appuient toujours sur les formes historiques préexistantes des religions tribales. D'ailleurs, la religion rationnelle se développe souvent en critiquant avec sévérité les us de la religion tribale au nom de son intuition métaphysique. Il voit une trace de cette critique dans la polémique biblique contre l'idolâtrie, et rajoute qu'elle se justifie par les nombreuses atrocités qui accompagnent les tribalismes religieux (ou non religieux)[275]. Les grandes religions rationnelles (c'est-à-dire le bouddhisme et le christianisme) sont ainsi le résultat d'une synthèse issue des transformations des religions tribales par la rationalisation métaphysique.

Le passage de la religion tribale à la religion rationnelle s'accompagne d'une modification du concept de Dieu : le Dieu-ennemi de la religion tribale qu'on tente d'amadouer et de séduire par des rituels devient dans une religion rationnelle un Dieu-compagnon qui nous soutient et dont on doit imiter l'amour. Whitehead insiste sur le caractère formel de son découpage. Ainsi, la phase mythologique et la phase rationaliste se chevauchent l'une l'autre. Whitehead voit dans la Bible un tel exemple de chevauchement, à la fois dans l'Ancien Testament et dans le Nouveau Testament. Le concept du Dieu-compagnon fut pour Whitehead l'intuition religieuse fondamentale de Jésus, intuition qui fut fidèlement rapportée par saint Jean mais qui fut défigurée par saint Paul qui, à ses yeux, représente précisément une régression vers le Dieu-ennemi.

### 4) *Jésus et la Bible*

Les deux religions rationnelles, bouddhisme et christianisme, partagent certains traits : elles proposent toutes deux un sauveur et une voie de retour à la divinité[276]. Elles diffèrent cependant dans leur résolution respective de problèmes religieux importants tels que le problème du mal. Elles diffèrent également dans les rapports qu'elles posent entre métaphysique et expérience. Le bouddhisme est avant tout défini par une doctrine métaphysique consignée dans ses textes sacrés, alors que le christianisme est avant tout défini par une histoire consignée dans la Bible[277]. Comme l'affirme Whitehead :

« Le Bouddha a donné sa doctrine pour éclairer le monde, le Christ a donné sa vie »[278].

---

[275] *Ibid.*, p. 15.
[276] *Ibid.*, p. 68.
[277] *Ibid.*, p. 23.
[278] *Ibid.*, p. 26.

Le bouddhisme se fonde sur une doctrine suprême, le christianisme se fonde sur un fait suprême qui est la vie de Jésus de Nazareth. Ainsi, si le bouddhisme part de la métaphysique pour arriver à l'expérience, le christianisme part de l'expérience pour arriver à la métaphysique, pour ensuite faire retour à l'expérience. On reconnaît là la propre méthode philosophique de Whitehead.

Cette divergence fait que le christianisme a probablement des idées métaphysiques moins claires et moins arrêtées que le bouddhisme, mais il demeure plus attentif à son expérience fondatrice[279], et il maintient sa métaphysique subordonnée à celle-ci[280]. Le bouddhisme est, comme l'affirme Whitehead, le plus grand exemple historique de métaphysique appliquée. Il est une métaphysique engendrant une religion, alors que le christianisme est une religion cherchant sa métaphysique[281]. En conséquence, le christianisme n'est pas, contrairement au bouddhisme, directement définissable par un système métaphysique parfaitement constitué. Parce qu'il ne part pas d'une métaphysique ultime et arrêtée, mais du fait suprême qu'est la vie de Jésus, le christianisme peut progresser en approfondissant sa compréhension métaphysique de l'univers[282].

La Bible témoigne du passage d'une religion tribale à une religion rationnelle. Dans ses pages sont présentes, et parfois même opposées, les conceptions du Dieu-ennemi et du Dieu-compagnon[283]. Cette hésitation selon Whitehead se retrouve particulièrement dans les Psaumes[284]. On retrouve la conception du Dieu-compagnon de façon plus nette dans les livres sapientiaux, affirme Whitehead[285]. C'est dans ces livres qu'on trouve une première recherche des principes généraux, et donc une première tentative de rationalisation de la religion tribale d'Israël.

Le Christ cependant témoigne et prêche le Dieu-compagnon. Whitehead estime ainsi que Jésus n'a pas vraiment suivi la conception sémite de Dieu et a fondé sa prédication sur les éléments vétéro-testamentaires qui s'en détachaient déjà[286]. La prédication du Christ n'est pas un enseignement magistral et dialectique, mais bien plus la description et la mise en évidence d'une intuition directe : le Dieu d'Israël est un Dieu-compagnon, fondement d'une religion universelle.

Ainsi, on trouve dans le Nouveau Testament une rationalisation de la religion juive motivée par cette intuition rectrice :

---

[279] *Ibid.*, p. 23.
[280] *Ibid.*, p. 34.
[281] *Ibid.*, p. 22.
[282] *Ibid.*, p. 23.
[283] *Ibid.*, p. 12.
[284] *Ibid.*, p. 25.
[285] *Ibid.*, p. 24.
[286] *Ibid.*, p. 34.

> « Ce que l'on y trouve dépeint est une rationalisation minutieuse de la religion juive, entreprise avec une naïveté sans bornes, et motivée par une intuition neuve de la nature des choses »[287].

Whitehead rajoute que, dans le Nouveau Testament, l'intuition fondatrice d'un Dieu-compagnon s'accompagne d'une affirmation de l'immanence divine et donc de la relativité de Dieu qui rompt avec la transcendance à sens unique de la conception sémite de la divinité[288]. Un Dieu-compagnon est en effet un Dieu à la fois distinct du monde, et intimement présent dans le monde. L'idée religieuse du Dieu-compagnon sera donc conceptualisée par la *Process theology* à travers une conception dipolaire de Dieu.

## II) *Le concept philosophique de Dieu*

### A) *La critique caricaturale du théisme classique chez les théologiens du* Process

Dans l'un de ses textes[289], David Ray Griffin tente d'offrir une version synthétique du théisme classique. Il y voit une conception de Dieu faisant de celui-ci l'origine légitimante du *statu quo*. Il estime que cette orientation provient de l'attribution à Dieu de la fonction de juge, de l'impassibilité et de l'omnipotence. En effet, de sa fonction de juge on déduit que Dieu cherche avant tout l'ordre, de son impassibilité que cet ordre est immuable et de son omnipotence que cet ordre immuable est inévitable et s'identifie donc avec le présent. Griffin rajoute que ce Dieu n'est précisément pas celui de la *Process theology* mais est en revanche l'objet de ses critiques.

On trouve déjà ce genre de critique chez Whitehead lui-même. Ce dernier reproche au théisme classique de ne pas avoir mené à son terme le processus de purification qui devait permettre de transformer la religion tribale des anciens Israélites en la religion rationnelle initiée dans la prédication de Jésus. En concevant Dieu sous les traits de César, le christianisme a fait la promotion d'un Dieu-ennemi et s'est moulé sur le modèle d'un culte impérial qui, loin d'être une religion rationnelle, est la forme finale des religions tribales.

Whitehead estime de plus que la théologie chrétienne a hérité de la philosophie grecque l'identification de Dieu à l'absolu. Dans son livre *Modes de pensée*, Whitehead voit l'origine de cette conception dans les mathématiques. Les Grecs ont conçu leurs abstractions mathématiques comme formant un monde parfait et immuable, dégagé

---

[287] *Ibid.*, p. 26.
[288] *Ibid.*, p. 35.
[289] J. COBB, D. R. GRIFFIN, *Process theology, an introduction expository*, Philadelphie, Westminster Press, 1976, pp. 8-9.

de toute activité créatrice. Le résultat fut qu'ils conçurent la réalité ultime sur ce dernier modèle[290]. La théologie chrétienne reprenant cette idée a donc conçu Dieu comme un absolu statique dont l'activité créatrice est accidentelle. Ce Dieu absolu, ontologiquement et totalement indépendant, échappe aux catégories métaphysiques et, partant, est totalement inconnaissable.

Les conceptions de Dieu comme César et comme absolu se conjuguent selon Whitehead dans la théologie chrétienne pour former alors un être souverain, omnipotent, indépendant du monde, et ne créant l'univers que selon son bon plaisir et avec qui on ne peut absolument pas parler. Un véritable « monstre métaphysique » pour lequel il peut avoir des mots très durs. Évidemment, Whitehead estime aussi que ce « monstre métaphysique » ne rend pas compte de l'intuition religieuse de Jésus d'un Dieu d'amour.

Les autres théologiens du *Process* suivent la même tendance. L'histoire de la théologie chrétienne est quasi intégralement comprise comme celle d'une vaste erreur (entrecoupée simplement de très rares précurseurs presque miraculeux de la *Process theology*) commise à cause de l'influence démesurée sur celle-ci de la pensée grecque. Le théisme classique aurait commencé avec Philon d'Alexandrie et aurait été par la suite développé par saint Augustin, saint Anselme et saint Thomas d'Aquin, jusqu'à devenir la formulation dominante de la théologie chrétienne. Il défend une conception monopolaire de Dieu, et non dipolaire comme la *Process theology*, où celui-ci est considéré comme absolu, simple, dépourvu d'accidents, immuable, éternel, sans potentialité, sans contingence, actuel, omniscient, omnipotent... Ce faisant, le théisme classique dénie à Dieu toute relation réelle avec le monde, et prive par là-même le monde de toute valeur réelle en le plaçant sous le contrôle absolu de Dieu. Les théologiens du *Process* ont, on le voit, une lecture pour le moins rapide de l'histoire de la théologie. On peut toutefois raisonnablement douter de la pertinence scientifique de ce genre de reconstruction qui a pour but principal de donner le beau rôle à la conception de la divinité défendue par la *Process theology*[291].

## B) *Dieu en procès*

La conception de Dieu de Whitehead, telle qu'il la résume dans la dernière partie de *Process and reality*, est la base de toute la théologie du *Process*. Après avoir abstrait ce qu'il estime être les principes métaphysiques généraux, Whitehead cherche à répondre à l'épineuse question : qu'est-ce que signifie le mot « Dieu » ? Il résume sa

---

[290] A. N. WHITEHEAD, *Modes de pensée*, Paris, Vrin, 2004, p. 102.
[291] *A priori*, je suppose qu'un thomiste « fanatique » peut tout autant qu'un théologien du *Process* être révolté par un *statu quo* injuste.

position dans une suite bien connue d'antinomies qui, pour lui, exprime une série de contrastes :

> « Il est aussi vrai de dire que Dieu est permanent et le Monde fluent, que de dire que le Monde est permanent et Dieu fluent.
>
> Il est aussi vrai de dire que Dieu est un et le Monde pluralité, que de dire que le Monde est un et Dieu pluralité.
>
> Il est aussi vrai de dire que, en comparaison avec le Monde, Dieu est éminemment actuel, que de dire que, en comparaison avec Dieu, le Monde est éminemment actuel.
>
> Il est aussi vrai de dire que le Monde est immanent à Dieu, que de dire que Dieu est immanent au Monde.
>
> Il est aussi vrai de dire que Dieu transcende le Monde, que de dire que le Monde transcende Dieu.
>
> Il est aussi vrai de dire que Dieu crée le Monde, que de dire que le Monde crée Dieu. »[292]

Pour Whitehead, la résolution de ces contrastes exige une conception renouvelée de Dieu, élaborée à partir de sa propre métaphysique[293]. Pour lui, Dieu étant un être actuel, il correspond aux principes généraux de l'actualité qu'il a mis en évidence. Vu qu'il est impossible de « s'élever au-delà de l'actualité de ce monde », la métaphysique ne découvre pas un Dieu totalement transcendant, mais un Dieu qui appartient à l'actualité[294]. Whitehead veut par-là signifier non un immanentisme total, mais que Dieu n'est jamais une exception aux principes généraux de l'actualité, il est au contraire leur exemplification idéale. Dieu est en réalité pour Whitehead l'être le plus réel qui soit car celui qui exemplifie parfaitement l'ordre cosmique. Pour Whitehead, Dieu n'a pas créé le monde depuis l'extérieur. C'est cette idée qu'il reproche fondamentalement aux monothéismes abrahamiques en général et au christianisme en particulier :

> « C'est une erreur de concevoir, comme les Hébreux ont essayé de le faire, Dieu créant le monde de l'extérieur, d'un seul coup. Un Dieu prévoyant tout, qui pourrait avoir fait le monde tel que nous le trouvons maintenant, – que penserions-nous d'un tel être ? Prévoyant tout et pourtant y mettant toutes sortes d'imperfections pour la rédemption desquelles il dut envoyer son fils unique dans le monde pour y souffrir la torture et une mort hideuse : idées outrageantes »[295].

Contre cette idée d'un Dieu qui crée l'univers de l'extérieur, Whitehead développe une conception où Dieu est un facteur agissant à l'intérieur de l'univers, et en

---

[292] A. N. WHITEHEAD, *Procès et réalité*, pp. 534-535.
[293] *Idem*, *La religion en gestation*, p. 73.
[294] *Ibid.*, p. 33.
[295] L. PRICE, *Dialogues of Alfred North Whitehead*, Boston, 1954, p. 366.

relation avec lui. Dieu sera donc, à l'image de tout ce qui est et agit dans la métaphysique du *process* : une entité actuelle. Et comme toutes les entités actuelles, Dieu est dipolaire : il dispose d'un pôle mental, appelé sa nature primordiale, et d'un pôle physique, appelé sa nature conséquente. C'est ainsi cette dipolarité caractéristique de toute entité actuelle qui doit permettre d'élaborer une conception dipolaire de Dieu, la nature primordiale correspondant au pôle transcendant, et la nature conséquente au pôle immanent.

### 1) *La nature primordiale de Dieu*

Comme nous l'avons déjà dit, l'introduction de Dieu dans la métaphysique du *process* n'est pas gratuite mais répond à un problème : comment, dans un monde soumis au procès constant de la créativité, peut émerger un cosmos. C'est à ce problème fondamental que répond la nature primordiale de Dieu.

Dieu est un facteur permettant la créativité de l'univers, il intervient dans le processus de concrétion de chaque occasion actuelle. La concrescence d'une occasion actuelle n'est pas un processus aveugle, mais téléologiquement orientée par sa visée subjective en vue de la réalisation d'une valeur. Si une occasion actuelle n'était constituée que des préhensions physiques des occasions actuelles de son passé, le monde ne serait que répétition éternelle et il n'y aurait aucune nouveauté. La nouveauté dans le monde advient grâce aux préhensions conceptuelles. En préhendant des objets éternels dans leur processus de concrescence, les occasions actuelles actualisent des possibilités et font donc advenir la nouveauté. Comment cependant les objets éternels peuvent-ils ainsi être disponibles pour les préhensions conceptuelles des occasions actuelles, étant entendu que seule une entité actuelle peut être préhendée ?

La réponse de Whitehead est simple : cela implique que les objets éternels, sont mis en ordre et actualisés par une entité dès la première phase de la concrétion[296]. Les objets éternels sont ainsi déjà actualisés et ordonnés, avant leur préhension par les occasions actuelles, dans le pôle mental d'une entité actuelle d'un genre unique : Dieu. La nature primordiale de Dieu actualise les objets éternels et les rend ainsi disponibles à la préhension par les occasions actuelles. Cependant, un autre problème se pose : comment expliquer que l'émergence de la nouveauté dans l'univers ne se traduise pas par le chaos ? La réponse de Whitehead est que la nature primordiale de Dieu ne fait pas que rendre passivement les objets éternels disponibles pour le processus de concrescence, elle agit également comme principe de limitation.

Dieu, dans sa nature primordiale, trie les objets éternels disponibles pour chaque occasion actuelle et les lui propose à travers une visée initiale. La visée initiale est la proposition de réalisation téléologique que fait la nature primordiale de Dieu à

---

[296] A. N. WHITEHEAD, *La religion en gestation*, p. 74

chaque occasion actuelle en vue de réaliser la plus grande valeur[297], c'est-à-dire une harmonie cosmique[298]. Cette harmonie cosmique est la conformité de l'actualité avec l'ordre cosmique dont Dieu est lui-même l'exemplification idéale. Ainsi, plus une occasion actuelle a de valeur, plus elle exemplifie l'ordre cosmique, et en définitive se rapproche de Dieu.

L'occasion actuelle intègre alors dans son processus de concrescence cette visée initiale à sa visée subjective. Le processus téléologique de concrescence de chaque occasion actuelle est donc déterminé à partir du projet qu'a Dieu pour elle et de sa propre auto-détermination. La nature primordiale de Dieu explique donc la disponibilité des objets éternels pour la concrescence des occasions actuelles, mais également le fait que cette disponibilité est orientée téléologiquement. Cette orientation téléologique explique pourquoi l'univers contient des éléments permanents, tels que les lois de la nature, tout en permettant l'émergence de la nouveauté. Dieu, dans sa nature primordiale, permet donc à la nouveauté d'advenir de façon ordonnée tout en assurant les éléments permanents du monde.

L'univers n'est cependant pas l'harmonie cosmique que Dieu cherche à obtenir. Cela est dû au décalage, au contraste, qu'il y a entre visée initiale et visée subjective. La forme subjective de l'occasion actuelle est le résultat d'un processus téléologique orienté par sa visée subjective. Cette visée subjective contient en elle-même la visée initiale de Dieu mais ne s'y réduit pas, le processus de concrescence demeurant libre. Chaque occasion actuelle correspond donc dans une certaine mesure au projet de Dieu, et s'en écarte dans une autre mesure. Dieu ne détermine ainsi pas seul la réalité[299]. C'est ce décalage qui est à l'origine de la dysharmonie qui constitue le mal selon Whitehead.

Cependant, Dieu s'oppose à cette dysharmonie[300]. Lui-même étant l'harmonie cosmique pleinement réalisée, il ne contient aucune contrariété. Le mal n'a donc aucune prise sur lui[301]. Dieu témoigne ainsi de l'idéal d'harmonie, et agit en même temps pour l'actualiser dans le monde. Le caractère historique et extrêmement lent de ce processus s'explique par le fait que Dieu agit non de façon coercitive, mais par persuasion via la visée initiale. L'idéal d'harmonie dont Dieu est le témoignage et la source s'actualise ainsi peu à peu[302].

Whitehead achève ainsi *Religion in the making* par ces phrases à la tonalité eschatologique :

---

[297] *Ibid.*, p. 47.
[298] En tant qu'entité actuelle, Dieu a également sa propre visée subjective qui est la pleine réalisation du monde. Voir B. SAINT-SERNIN, *op. cit.*, p. 162.
[299] WHITEHEAD, *op. cit.*, p. 45.
[300] *Ibid.*, p. 76.
[301] *Ibid.*, p. 47.
[302] *Ibid.*, p. 76.

« L'univers s'achemine ainsi, avec une lenteur que ne peuvent concevoir nos mesures du temps, vers de nouvelles conditions de création, parmi lesquelles le monde physique tel que nous le connaissons maintenant sera représenté par une ride à peine discernable du non-être »[303]

## 2) *La nature conséquente de Dieu*

La nature primordiale de Dieu demeure abstraite dans la mesure où elle n'est pas actuelle en elle-même. Pour Whitehead, l'actualité exige des préhensions physiques héritées d'autres occasions actuelles. Dieu étant une entité actuelle, il a donc un pôle physique : sa nature conséquente. Comme le note John Cobb, la nature primordiale de Dieu est semblable au premier moteur non mû dans la mesure (et dans cette seule mesure !) où elle conçoit Dieu comme un principe métaphysique. En effet, Cobb estime que la nature primordiale de Dieu n'est pas une conception religieuse de Dieu et ne peut faire l'objet d'une adoration puisque Dieu, limité à sa nature primordiale, est dans une relation à sens unique avec le monde et est indifférent à la réponse que lui fait le monde. La nature conséquente de Dieu au contraire permet de poser une réciprocité de la relation Dieu-monde[304].

Dans sa nature conséquente, Dieu préhende l'intégralité des occasions actuelles existantes. Son monde actuel s'identifie donc avec l'univers. Il est l'entité actuelle suprême car il est suprêmement relatif. Ainsi, lorsqu'une occasion actuelle parvient à sa phase de satisfaction, elle est préhendée par Dieu qui l'enregistre dans sa nature conséquente. La nature conséquente de Dieu est donc ainsi une « mémoire » de l'univers contenant toutes les occasions actuelles passées. Whitehead estime que les occasions actuelles parviennent ainsi en Dieu à ce qu'il appelle une immortalité objective. Dieu réduit à sa nature primordiale est un être purement abstrait et inconscient. Ce sont les sentirs physiques que Dieu préhende dans sa nature conséquente qui lui permettent de s'actualiser, d'être conscient du monde et de lui-même. C'est bien pour Whitehead la nature conséquente de Dieu qui lui permet d'être une personne.

Dieu diffère des occasions actuelles dans la mesure où sa nature primordiale est première et sa nature conséquente seconde : Dieu propose l'actualisation au monde et enregistre cette actualisation. À l'inverse, dans une occasion actuelle, le pôle physique est premier et le pôle mental second : l'occasion actuelle se forme des préhensions physiques héritées de son monde actuel, puis détermine sa forme subjective à partir de son pôle mental. On voit ici comment Whitehead pense le rapport dialectique entre Dieu et le monde : la nature primordiale de Dieu fait sa proposition d'harmonie aux occasions actuelles qui l'actualisent partiellement dans leurs processus de concrescence, puis la nature conséquente enregistre l'occasion actuelle arrivée à son

---

[303] *Ibid.*, p. 78.
[304] J. COBB, *A Christian natural theology*, U.S.A, John Knox Press, 2007, p. 99.

terme. Dieu s'accomplit donc dans le monde et le monde s'accomplit en Dieu. En ce sens, on peut dire que pour Whitehead, le processus de concrescence de l'univers lui-même est une forme de salut, mais un salut qui se limite à une immortalité objective très différente de la conception religieuse du salut.

Cela signifie aussi que Dieu pâtit du monde. En préhendant les occasions actuelles dans sa nature conséquente, Dieu intègre également leur valeur. La valeur réalisée par cette entité actuelle qu'est Dieu dépend donc de celle réalisée par l'intégralité des occasions actuelles passées. En ce sens, on peut dire que Dieu évolue, et que le monde est responsable de cette évolution. La réalisation de l'harmonie cosmique recherchée par la nature primordiale de Dieu a pour projet la réalisation de la plus grande valeur possible dans le monde et, conséquemment, la réalisation de la plus grande valeur possible dans la nature conséquente de Dieu. On voit donc ici à quel point la métaphysique de Whitehead lie ensemble Dieu et le monde.

### *III) Une première critique de la* Process theology

On trouvera une critique extrêmement brutale de la *Process theology* chez le théologien méthodiste Stanley Hauerwas[305]. Celui-ci brocarde la *Process theology* dans laquelle il voit une itération de ce qu'il appelle l'adaptationisme, c'est-à-dire la croyance selon laquelle le but de la réflexion chrétienne doit être d'adapter le christianisme à la modernité. Il est certain que l'objectif avoué de la *Process theology* est de réinterpréter la théologie chrétienne afin de la rendre compatible aux réquisits de la pensée moderne, et ainsi la faire sortir du « ghetto épistémique » dans lequel la modernité l'a reléguée, là où Hauerwas estime lui que le christianisme, lorsqu'il est fidèle à l'Évangile, ne peut qu'être antinomique à la modernité libérale et séculière. Il critique l'idée fondatrice de la *Process theology* selon laquelle le problème de l'athéisme serait de nature intellectuelle et réclamerait comme solution une réforme des conceptions métaphysiques fondamentales de la théologie afin de la rendre plus adaptée à l'*ethos* moderne. Hauerwas considère quant à lui que « l'incroyance est un problème politique », ou plutôt méta-politique, et non un problème métaphysique. La critique d'Hauerwas est, on le voit, beaucoup plus de nature politique que philosophique, et on pourrait même rajouter qu'elle est loin d'être exempte de toute dimension polémique. On va ici tâcher d'évaluer la *Process theology* d'un point de vue philosophique, et surtout de cerner une alternative à celle-ci.

---

[305] S. HAUERWAS & W. WILLIMON, *Étrangers dans la cité*, Paris, Cerf, 2016.

## A) *Le théisme classique : une étiquette polémique*

Nous pouvons remarquer que les théologiens du *Process* ont une conception monolithique de la tradition théologique. Tous les auteurs traditionnels sont considérés comme des représentants du théisme classique. Ce théisme classique est rendu responsable de tous les maux de la Terre par les théologiens du *Process*. La conception d'un Dieu immuable et éternel est considérée comme facteur d'intolérance, de guerres, de sexisme, d'injustice sociale, d'immobilisme politique, voire de la pollution et de la dégradation de l'environnement… Cette conception d'un Dieu immuable et éternel propre au théisme classique, origine de tous les maux, serait due à la mauvaise influence de l'hellénisme sur la pensée chrétienne antique et médiévale. Le théisme classique aurait ainsi commencé avec Philon d'Alexandrie et aurait été développé par saint Augustin, saint Anselme et saint Thomas d'Aquin, jusqu'à devenir la formulation quasi-unique de la tradition théologique chrétienne. Le théisme classique apparaît finalement comme étant pratiquement la seule conceptualisation théologique de l'histoire du christianisme (entrecoupée simplement de très rares précurseurs quasi-miraculeux de la *Process theology*). La seule alternative à ce théisme classique si mortifère est bien évidemment pour les théologiens du *Process* leur propre conception dipolaire de Dieu. Nous pouvons cependant interroger le bien-fondé de cette alternative unique imposée par les théologiens du *Process* entre théisme classique et *Process theology*. J'estime en effet que les théologiens du *Process* se trompent lorsqu'ils affirment que toute l'histoire de la théologie chrétienne peut être subsumée sous cette étiquette commode du théisme classique.

En effet, l'interprétation que font les théologiens du *Process* de la théologie traditionnelle est bien souvent largement erronée. Un bon exemple de la mauvaise lecture que font les théologiens du *Process* de la théologie traditionnelle nous est fourni par leur affirmation que les théologiens traditionnels auraient rejeté l'idée d'une immanence de Dieu dans le monde. Or, si peu de théologiens traditionnels ont effectivement opté pour une conception dipolaire de Dieu (il y en a cependant, comme nous le verrons), ils n'en ont pas pour autant rejeté toute idée d'immanence divine. Il est d'ailleurs intéressant de noter à ce propos que Whitehead reconnaissait aux Pères de l'Église le mérite d'avoir souligné l'immanence divine à travers la proclamation de la pleine divinité du Fils et du Saint-Esprit. Toutefois, les théologiens du *Process* ultérieurs, Charles Hartshorne et John Cobb en particulier, n'ont pas eu cette mansuétude. À leurs yeux, c'est bien toute la théologie traditionnelle qui rejette la notion d'une immanence de Dieu dans le monde. Le propre de ce que les théologiens du *Process* appellent le « théisme classique » est bien selon eux d'être « monopolaire », c'est-à-dire exclusivement centré sur la transcendance de Dieu.

Ce jugement est cependant faux. La théologie traditionnelle a au contraire largement relevé l'immanence de Dieu dans le monde. Saint Thomas d'Aquin est un exemple de ce fait particulièrement intéressant pour notre propos. Celui-ci a en effet très mauvaise presse au sein de la *Process theology*, qui le considère comme le parangon de tous les vices du théisme classique. Pourtant, et contrairement à ce qu'affirment les théologiens du *Process*, Thomas n'est en rien le tenant d'une conception « monopolaire » de Dieu, exclusivement transcendante. Il a en effet valorisé l'immanence de Dieu à travers, par exemple, ce qu'il affirme à propos de l'attribut d'omniprésence divine dans la question 8 de la *Prima Pars* de la *Summa theologica*, consacrée à « l'existence de Dieu dans les choses ». Le premier article de la *quaestio* est consacré à la question : « Dieu est-il en toutes choses ? ». À cette question Thomas répond :

> « Dieu est en toutes choses, non comme une partie de leur essence ni comme un accident, mais comme l'agent qui est présent à ce en quoi il agit. Il est nécessaire, en effet, que tout agent soit conjoint à ce en quoi il agit immédiatement, et qu'il le touche par l'énergie qui émane de lui ».

Le Docteur Angélique rajoute :

> « Dieu est au-dessus de toutes choses, par l'excellence de sa nature ; mais il est en toutes choses comme source créatrice de leur être à toutes, ainsi que nous venons de le dire ».

Thomas affirme donc bien la transcendance de Dieu par rapport au monde, mais il rajoute que Dieu est présent en toute chose créée, la cause étant toujours présente à son effet et Dieu étant bien la cause de toutes les créatures.

Nous trouvons donc bien sous la plume de Thomas d'Aquin une valorisation de l'immanence divine, contrairement à ce qu'affirment nombre de théologiens du *Process*. Néanmoins, cette conception thomiste de l'omniprésence ne peut être assimilée à une conception dipolaire de Dieu. En effet, dans cette conception thomiste, si Dieu est bien immanent au monde en tant qu'il est sa cause, il ne l'est pas pour autant en lui-même. Ce n'est pas en effet Dieu lui-même qui est présent au monde, mais simplement ses opérations. S'il est ainsi faux d'affirmer, comme ne cesse de le faire la *Process theology*, que Thomas élabore une conception de Dieu exclusivement centrée sur la transcendance divine, il est aussi juste de relever que, pour le Docteur Angélique, Dieu lui-même ne pénètre jamais vraiment le monde. Il demeure extérieur à lui, de la même façon que l'artisan demeure extérieur à son œuvre, et ce même s'il y imprime sa marque inimitable et y laisse ainsi ses traces. Toutefois, nous voyons que le dilemme construit par les théologiens du *Process* est faux. L'exemple emblématique de Thomas démontre bien que ne pas opter pour une conception dipolaire de Dieu ne signifie pas opter à l'inverse pour une conception « monopolaire » de Dieu. On voit ici l'effet pernicieux de l'alternative trop simpliste que pose la *Process theology* : tout ce qui n'est pas en accord avec elle est rangé sous cette étiquette trop commode de théisme classique. Or le « théisme classique » est à bien des égards une construction intellectuelle des théologiens du *Process*, utilisée à des fins polémiques, issue de leur lecture très mal orientée de certains auteurs (tels que Thomas d'Aquin).

## B) Le « *péché originel* » de la Process theology

Le « péché originel » de la *Process theology* est une thèse structurante de celle-ci, annoncée par Whitehead dès *La science et le monde moderne* : le concept de Dieu doit être élaboré comme une exemplification parfaite du schème conceptuel général. Ce schème conceptuel est pensé par Whitehead comme une explication cosmologique générale du monde et de tout ce qu'il contient. Tout ce qui existe exemplifie ainsi le schème conceptuel, y compris Dieu qui en est l'exemplification parfaite. Ce dernier est donc explicitement considéré par Whitehead et la *Process theology* comme appartenant au monde.

Dans une telle conception, Dieu n'est en rien transcendant, en dehors du monde et de l'ordre cosmique qui le sous-tend. Il est au contraire purement immanent au monde et considéré comme l'être le plus conforme à l'ordre cosmique. Dieu n'est pas l'auteur de celui-ci, c'est même l'inverse : Dieu est, pour ainsi dire, le meilleur « produit » de l'ordre cosmique. Comprendre conceptuellement l'ordre cosmique dans ses principes métaphysiques fondamentaux revient donc à comprendre tout ce qui existe, y compris Dieu. La théologie est donc pensée comme une branche de la cosmologie. Et parce que l'ordre cosmique peut être compris et décrit par la raison via la métaphysique, alors Dieu peut également être compris et décrit de la même façon. Cette thèse a de graves répercussions sur la conception de Dieu défendue par la *Process theology*. Cela signifie que cette conception de Dieu ne peut pas rendre compte d'une transcendance réelle de Dieu. La métaphysique du *process* ne peut donc aucunement servir à élaborer la conception dipolaire de Dieu que les théologiens du *Process* appellent de leurs vœux.

L'identification de Dieu à une entité actuelle, acte fondateur de la *Process theology*, rend donc impossible l'élaboration d'une conception dipolaire de Dieu. Pour Thomas Hopko[306], cette identification hautement problématique vient du fait que les théologiens du *Process* ont cru pouvoir comprendre Dieu à partir de leur conception métaphysique du monde. Il estime en effet que cette conception a le défaut d'oublier le fait que Dieu demeure inconnaissable.

## C) *L'incognoscibilité divine*

On peut trouver de nombreux textes patristiques qui soulignent le principe de l'incognoscibilité divine. Nous allons ici nous pencher sur quelques pages du *Contre Eunome* de Basile de Césarée, et en particulier sur celles constituant sa *quatrième réfutation*[307]. Eunome est un théologien arien : il cherche à démontrer que le Fils ne

---

[306] T. HOPKO, *God and the world: an eastern orthodox response to Process theology*, thèse de Ph. D non publiée, p. 336.
[307] B. DE CÉSARÉE, *Contre Eunome*, Vol. I, Paris, Cerf, 1982, pp. 181-229.

peut être Dieu. Il considère le terme « inengendré » comme décrivant bien l'essence de Dieu. Partant, il rajoute que seul le Père, qui est effectivement le seul inengendré, est véritablement Dieu, et que le Fils, qui justement est engendré par le Père, n'est donc pas véritablement Dieu. Basile conteste cependant que le terme « inengendré » puisse décrire l'essence de Dieu. À ses yeux en effet, ce terme ne permet pas de saisir l'essence de Dieu comme le prétend Eunome, pour la bonne et simple raison qu'aucun terme n'est en mesure de le faire :

> « Il n'existe pas de nom unique qui suffise à embrasser toute la nature de Dieu et à l'exprimer de manière satisfaisante. Mais des noms multiples et variés, chacun avec sa signification particulière, regroupent les composantes d'une idée qui, en regard du tout, est, il est vrai, tout à fait obscure et minime, mais, pour nous du moins, est suffisante »[308].

Le terme « inengendré » fait donc partie de ces « noms multiples et variés ». Il sert à désigner le fait que « Dieu ne dépend d'aucune cause ni d'aucun principe », de la même façon que le terme « invisible », appliqué à Dieu, désigne le fait que nous ne pouvons le percevoir. Le terme « inengendré » ne désigne donc pas ce que Dieu est, mais bien plutôt comment il est :

> « Quand notre intelligence, en effet, recherche si Dieu qui est au-dessus de tout a une cause supérieure à lui-même, ne pouvant alors en concevoir aucune, elle appelle inengendré le fait que sa vie soit sans principe »[309].

En d'autres termes, le mot « inengendré » désigne bien une propriété de Dieu, mais ne permet pas de caractériser l'essence divine comme le prétend Eunome[310] :

> « L'inengendré n'indique pas ce qui existe en Dieu »[311].

Basile juge sévèrement la prétention d'Eunome à pouvoir saisir l'essence de Dieu à travers le terme « inengendré » :

> « Penser avoir découvert la substance même de Dieu qui est au-dessus de tout, quel orgueil et quelle vanité ! »[312].

Il estime en effet que l'essence de Dieu est totalement inconnaissable. Celle-ci n'est en effet pas connaissable par la raison naturelle : « celle-ci nous indique que Dieu existe, non ce qu'il est »[313]. Elle n'est pas non plus connaissable par révélation.

---

[308] *Ibid.*, p. 205.
[309] *Ibid.*, p. 225.
[310] Du reste, le fait que le Fils soit engendré est vrai sur le plan hypostatique. Au plan essentiel, le Père et le Fils partagent la même essence inengendrée.
[311] B. DE CÉSARÉE, *op. cit.*, p. 207.
[312] *Ibid.*, p. 213.
[313] *Ibid.*, p. 213.

Il souligne à ce sujet que Paul lui-même n'a pas connu l'essence de Dieu :

« Si ces réalités sont inaccessibles à ceux qui sont arrivés à la mesure de la connaissance de Paul, quel est l'orgueil de ceux qui prétendent savoir la substance de Dieu ? »[314].

Ni le terme « inengendré » ni aucun autre terme ne sont donc propres à nommer l'essence de Dieu.

Nous pouvons donc mieux comprendre à présent le reproche qu'Hopko fait à la *Process theology*. En posant que Dieu doit être l'exemplification idéale du schème conceptuel, les théologiens du *Process* se sont contraints à penser Dieu comme l'entité actuelle la plus aboutie de l'univers, c'est-à-dire celle qui exemplifie à la perfection les principes métaphysiques fondant l'ordre cosmique. À l'instar d'Eunome qui estimait que penser Dieu comme l'inengendré lui permettrait de saisir l'essence divine, les théologiens du *Process* ont estimé que penser Dieu comme entité actuelle leur permettrait de pouvoir décrire exactement ce qu'il est à partir de la métaphysique de Whitehead. Comme nous l'avons dit, ce choix fondamental de penser Dieu comme une entité actuelle empêche les théologiens du *Process* d'élaborer une conception véritablement dipolaire de Dieu, et les contraint à ne concevoir Dieu que comme appartenant au monde et en rien transcendant au monde. La source du « péché originel » des théologiens du *Process* est donc bien, tel que le dit Hopko, qu'ils ont cru pouvoir réifier Dieu dans leur système philosophique propre, et d'avoir ainsi abandonné l'idée traditionnelle de l'incognoscibilité divine.

## IV) *La conception dipolaire d'Alston* : *une* **via media**

### A) *Théisme classique et* **Process theology**

Nous avons vu que la conception dipolaire de Dieu de la *Process theology* était gravement déséquilibrée. La compréhension de Dieu comme entité actuelle ne permet pas aux théologiens du *Process* de rendre compte de la transcendance divine. À ce titre, nous pouvons affirmer que la *Process theology* propose une conception de Dieu faussement dipolaire. Une fois cette constatation faite, notre première idée fut de corriger la *Process theology* afin de la rendre plus respectueuse de la transcendance divine (et des autres principes de la théologie traditionnelle), tout en conservant l'idée d'une conception dipolaire de Dieu. Cette démarche fut tentée par William Alston[315] (qui fut, comme John Cobb, un élève d'Hartshorne). Ce dernier propose à ce propos d'apparier *Process theology* et théisme classique d'inspiration thomiste, afin d'élaborer ainsi

---

[314] *Ibid.*, p. 215.
[315] W. ALSTON, « Hartshorne and Aquinas : a *via media* », dans *Divine nature and human language*, Ithaca, Cornell University Press, 1989.

une *via media*. William Alston propose de résumer dans un tableau les différences entre théisme classique et *Process theology*[316].

|     | **Théisme classique** | ***Process theology*** |
|-----|-----------------------|------------------------|
| (A) | Absolu | Relatif |
| (B) | Actualité pure | Potentialité |
| (C) | Nécessité totale | Nécessité et contingence |
| (D) | Simplicité | Complexité |
| (E) | Existence contingente du monde | Existence nécessaire du monde |
| (F) | Omnipotence | Omnipotence limitée par les créatures |
| (G) | Incorporéité | Corporéité |
| (H) | Atemporalité | Temporalité |
| (I) | Immutabilité | Mutabilité |
| (J) | Perfection absolue | Perfection relative |

Alston estime que le théisme classique et la *Process theology* ont chacun été la plupart du temps développés et défendus tels deux blocs, irréductiblement opposés l'un à l'autre, interdisant toute *via media*. À l'inverse de cette démarche répandue, il affirme pour sa part qu'il est possible d'adhérer à la version *Process* des lieux (A), (B), (C) et (D), et à la version classique des lieux (E), (F), (G), (H), (I) et (J). Ce « mélange » devrait permettre de souligner l'immanence de Dieu dans le monde (Dieu demeure relatif et modifiable par le monde), tout en soulignant sa transcendance (Dieu demeure en dehors du monde qu'il a créé, et n'est en rien le « produit » de l'ordre cosmique, mais en est l'auteur). Il va plus précisément s'intéresser au lien entre contingence, éternité et immutabilité (respectivement les lieux (C), (H) et (I)).

## B) *La connaissance divine des contingents*

Alston commence par reprendre l'argument d'Hartshorne au sujet de la connaissance divine des contingents. Il reconstruit ainsi l'argument en question. Par hypothèse, $W$ désigne un état contingent du monde.

(1) Si (A) Dieu sait que $W$ existe alors (B) $W$ existe.

---

[316] Ce tableau est cependant critiquable. Remarquons que le lieu théologique (A) semble erroné : la tradition de la « théologie de l'être parfait » allant, selon Katherin Rogers, de saint Augustin à saint Thomas d'Aquin en passant par saint Anselme, n'avance certainement pas que Dieu est absolu puisque si Dieu se révèle, il rentre nécessairement en relation avec le monde. L'enjeu est donc surtout de caractériser cette relation.

(2) Si (A) est nécessaire alors (B) est nécessaire.
(3) Mais (B) est contingent.
(4) Donc (A) est contingent.

Cet argument vise pour Hartshorne à démontrer que pour que Dieu puisse connaître *W*, il faut que cette connaissance de *W* soit contingente, ce qui signifie qu'il y a de la contingence en Dieu. Alston juge cet argument valide et estime que la connaissance divine des contingents implique donc qu'il y a en Dieu de la contingence, à l'inverse de ce qu'affirme le théisme classique. Alston assume donc la version *Process* du lieu théologique (C). Cependant, il estime que reconnaître de la contingence en Dieu n'oblige en rien à lui attribuer une temporalité et une mutabilité et assume donc une position classique au sujet des lieux théologiques (H) et (I).

## C) La solution d'Alston

Pour Alston, Dieu a donc bien un aspect contingent, mais il n'est pas pour autant en évolution constante. Alston estime que la notion whiteheadienne de concrescence[317] d'une entité actuelle[318] peut fournir un modèle d'intelligibilité pertinent à cette notion. Si Dieu est une entité actuelle, alors il connaît tous les contingents par ses préhensions de toutes les occasions actuelles constituant l'univers. Ses préhensions forment son pôle contingent : sa nature conséquente. Ce développement, typique de la métaphysique du *process*, semble impliquer que Dieu est temporel (les préhensions sont toujours dans le temps) et muable (Dieu évolue au fur et à mesure des préhensions qu'il effectue). Cette position est celle de tous les théologiens du *Process*. Alston rajoute cependant que Dieu est une entité actuelle éternelle, c'est-à-dire atemporelle. Cette position lui permet d'affirmer que Dieu préhende simultanément toutes les entités actuelles qui nous apparaissent passées, présentes ou futures. Dieu est donc éternel, et il connaît éternellement toutes les entités actuelles tout en étant, de toute éternité, modifié par elles. Dieu a ainsi bien une part de contingence, dans la mesure où ses préhensions introduisent des variations en lui. Si les occasions actuelles préhendées étaient différentes, alors les préhensions de Dieu seraient différentes et sa nature conséquente elle-même serait différente.

La nature conséquente de Dieu est donc bien contingente. Mais si ses préhensions sont temporelles du point de vue du monde, elles sont atemporelles du point de vue de Dieu. Katherine Rogers peut nous aider à comprendre cette conception. Elle propose, dans son livre *Perfect being theology*[319], de penser le rapport entre un

---

[317] C'est-à-dire l'actualisation.
[318] La réalité est pour Whitehead entièrement constituée d'entités actuelles. Dieu est à ce titre une entité actuelle d'un genre unique.
[319] K. A. ROGERS, *Perfect being theology*, Edinburgh University Press, 2000.

Dieu atemporel et un monde temporel à travers l'image d'un cercle. Imaginons que le cours du temps soit matérialisé sous la forme géométrique d'un cercle : chaque point du cercle représente donc un état passé, présent et futur de l'univers. Un Dieu éternel doit être compris comme au centre du cercle, c'est-à-dire en dehors du cercle (et donc du temps), et en même temps en relation par le truchement des rayons du cercle avec chacun des points du cercle (et donc chacun des points du temps). Par cette image, nous voyons que Dieu peut être éternel, et également présent à tous les points du temps. Rogers accuse finalement d'anthropomorphisme ceux considérant qu'un être éternel ne peut être une personne ou entretenir de relations avec des personnes. Au contraire, l'image du cercle met en évidence le fait que penser l'éternité comme une omnitemporalité permet de comprendre comment Dieu peut ne pas être limité à un temps précis, et en même temps en relation avec tous les temps. Cette notion d'omnitemporalité est bien ce dont parle Alston : Dieu préhende simultanément tous les états de l'univers passé, présent et futur dans sa nature conséquente. Dieu est ainsi à la fois au-delà du temps, atemporel, et en relation avec tous les états de l'univers, omnitemporel. La nature conséquente de Dieu reste ainsi contingente, mais elle n'évolue pas. La nature conséquente reflète éternellement l'intégralité de l'histoire de l'univers.

## D) *Critique de la solution d'Alston*

### *1) Retour sur la connaissance divine des contingents*

Si la conception d'Alston est ingénieuse, elle semble aussi hautement critiquable. Alston a tort de reprendre l'idée d'Hartshorne selon laquelle la connaissance divine des contingents implique qu'il y ait de la contingence en Dieu. Cette idée est pourtant le cœur de la *via media* qu'il propose. Hartshorne estime que concevoir Dieu comme parfait, et donc immuable, a d'importantes répercussions pour la compréhension de l'omniscience divine (dire que Dieu est omniscient signifie dire que Dieu connaît tout ce qui est logiquement connaissable). Le raisonnement d'Hartshorne est que la conjonction des attributs d'omniscience et d'immutabilité implique une conception de Dieu qui peut être satisfaisante sur le plan logique mais qui sera insatisfaisante sur le plan religieux. En effet, si un être immuable ne peut rien apprendre (tout apprentissage impliquant un changement)[320] et si un être omniscient sait tout ce qui est logiquement possible de savoir, un être immuable et omniscient ne peut savoir que ce qui est logiquement possible de savoir, or, estime Hartshorne, les singuliers contingents, s'ils sont réellement libres (et ils le sont pour lui), ne sont pas connaissables logiquement (à l'inverse des vérités nécessaires). Un être immuable

---

[320] C'est également la position du Docteur Angélique, voir T. D'AQUIN, *Somme Théologique*, I, Q. 14, a.15.

et omniscient connaitra donc les vérités nécessaires (et évidement ses propres actes contingents éventuels) mais ignorera les singuliers contingents, or un Dieu qui ignore les singuliers contingents ne peut être le Dieu sauveur du christianisme. À l'inverse, un Dieu en évolution constante pourra apprendre constamment, connaître les singuliers et ainsi correspondre à la conception chrétienne de Dieu.

Hartshorne pose trois propositions :

(A) Le monde est contingent et changeant.
(B) Il existe un être immuable, Dieu.
(C) Dieu a une connaissance complète du monde.

Hartshorne accepte (A) et (C), mais rejette (B) car il estime que si (B) est considéré comme vrai, alors Dieu ne peut connaître les contingents. Inversement, un être muable dispose d'aspects contingents et peut donc connaître les vérités contingentes. Hartshorne relève que Thomas d'Aquin, le champion du théisme classique à ses yeux (dont la doctrine est coupable de tous les maux de la terre), accepte chacune des trois propositions (A), (B) et (C) susmentionnées. Le Docteur Angélique considère que Dieu ne possède aucun potentiel[321], c'est-à-dire ce qu'il appelle une puissance passive[322], il ne peut donc entretenir, comme chez Hartshorne, une relation susceptible d'apporter en lui un changement. Chez Thomas, cette position est due à sa conception de Dieu comme acte pur. Dans la *Somme Théologique*, à la question de savoir si Dieu est simple[323], Thomas affirme que « l'être premier doit nécessairement être en acte et d'aucune manière en puissance » car « absolument parlant, c'est l'acte qui est antérieur à la puissance, puisque l'être en puissance n'est amené à l'acte que par un être en acte ». Dieu, parce qu'il est pur acte, ne peut donc aucunement être en puissance. Cette conception de Dieu comme acte pur est explicitement considérée comme une conséquence de l'argument du premier moteur[324].

Il affirme cependant que Dieu peut connaître les singuliers sans pour autant qu'il y ait de contingence en lui, contrairement à ce qu'avance Hartshorne. Hartshorne reconstruit ainsi l'argument[325] que Thomas propose pour résoudre ce problème de la connaissance divine des singuliers.

(1) Dieu est cause universelle de toute chose.
(2) En connaissant une cause, on connaît ses effets.
(3) Dieu a une science parfaite de lui-même.
(4) Donc Dieu connaît toute chose.

---

[321] Pour être plus précis, Thomas accepte en Dieu une forme de contingence dans le sens où il fait ses choix librement et que donc ses choix sont contingents. Il refuse en revanche, bien sûr, que la science de Dieu soit contingente car dépendante des états contingents du monde.
[322] T. D'AQUIN, *Somme contre les gentils I, Dieu*, Paris, Flammarion, 2000, ch. 16, pp. 179-181.
[323] *Idem, Somme Théologique*, Paris, Cerf, 1984, I, Q.3, a.1 (deuxième réponse), p. 175.
[324] *Ibid.*, I, Q.2, a.3, p. 172.
[325] *Ibid.*, I, Q. 14, a. 11, pp. 263-264.

Dieu peut donc connaître toute chose en se connaissant lui-même, puisqu'il est cause de toute chose, et qu'en connaissant une cause on connaît aussi ses effets. Hartshorne critique cependant cette solution. Il propose un argument[326] que nous reformulons.

(1) Si $x$ sait nécessairement $p$, alors $p$ est nécessaire.
(2) Dieu connaît nécessairement les actes libres.
(3) Donc les actes libres sont nécessaires.

Ainsi, selon l'argument d'Hartshorne, si Dieu connaît ces contingents que sont les actes libres des créatures par la science nécessaire qu'il a de lui-même, cela signifie que les actes libres sont nécessaires. Cette conclusion est problématique car évidemment paradoxale : le propre d'un acte libre est justement d'être contingent et non nécessaire. Thomas d'Aquin propose cependant une réponse à Hartshorne dans la *Somme contre les Gentils,* où il semble traiter le problème qui nous occupe plus en profondeur que dans la *Somme Théologique*. On remarque d'abord que la critique d'Hartshorne (l'immutabilité interdit la connaissance divine des particuliers) est connue de Thomas : elle constitue la deuxième voie empruntable sur les sept qu'il relève visant à nier la connaissance divine des singuliers dans la *Somme contre les Gentils*[327]. La réponse du Docteur Angélique est sensiblement la même que précédemment :

« Mais la connaissance que Dieu a de toutes choses se fait par la cause : c'est en se connaissant, lui qui est cause de tout, qu'il connaît les autres choses comme ses effets, ainsi qu'on l'a montré » (ch. 49).

Il rajoute cependant : « rien n'empêche donc qu'il connaisse ce qui n'est pas encore »[328]. Il estime donc que Dieu a la connaissance de ce qui n'est pas, c'est-à-dire la connaissance des possibles[329]. Par cette science des possibles, Dieu peut connaître les contingents, dont les actes libres. La question cependant se pose de savoir comment Dieu distingue ce qui est actuel et ce qui est possible. Comment Dieu peut-il distinguer par exemple un acte libre possible d'un acte libre actualisé ? Thomas répond en mobilisant l'éternité divine : Dieu connaît les singuliers sans changement dans sa connaissance car il connaît de toute éternité les singuliers contingents. Cette affirmation est simple à comprendre si on se souvient de la métaphore du cercle précédemment employée : Dieu connaît simultanément et éternellement tous les points du temps passé, présent et futur. Il peut donc connaître de toute éternité les vérités contingentes, sans pour autant que cela signifie une modification en lui.

---

[326] C. HARTSHORNE, *op. cit.*, p. 117.
[327] T. D'AQUIN, *Somme contre les Gentils.*, ch. 64, p. 288.
[328] *Ibid.*, p. 296.
[329] *Ibid.*, p. 290.

## 2) *Une* via media *qui mésestime la spécificité de la* Process theology

La *via media* d'Alston a été directement critiquée d'abord par Hartshorne, puis par Daniel Dombrowski, qui reprend à ce propos la critique d'Hartshorne[330]. Ces deux auteurs estiment que la proposition d'Alston est problématique car peu compatible avec la métaphysique du *process*. Et Hartshorne et Dombrowski ont quelques raisons de penser ainsi. En effet, la conception whiteheadienne de Dieu comme entité actuelle est intégrée à une compréhension plus large du fonctionnement du cosmos : Dieu donne par sa nature primordiale des visées initiales aux occasions actuelles visant à intensifier la valeur de ces dernières, qui sont ensuite préhendées par Dieu dans sa nature conséquente, le degré de réalisation des visées initiales par les occasions actuelles préhendées par la nature conséquente entraînant une croissance ou une décroissance de Dieu. C'est ce fonctionnement global de l'univers que Whitehead désigne par le terme de « créativité », et auquel Dieu lui-même est intégré. La proposition d'Alston revient à faire de Dieu une exception à la créativité, catégorie ultime du schème conceptuel de la métaphysique du *process*, alors même que, pour Whitehead, Dieu doit être une exemplification parfaite des catégories métaphysiques du schème conceptuel, et jamais une exception à celles-ci.

On voit que dans la métaphysique du *process*, Dieu est totalement intégré au processus cosmique d'avancée créatrice de valeur qu'il tâche (sans succès total, d'où l'existence du mal) de diriger de la façon la plus optimale, et dont il est en définitive le bénéficiaire. Dieu est donc un facteur pleinement inclus dans le « cosmos torrentiel »[331] qu'imagine Whitehead, à l'instar de toutes les autres entités actuelles. Dieu, pour la métaphysique du *process*, ne peut donc être que contingent, muable et temporel par sa nature conséquente, et c'est précisément par cette nature conséquente qu'il trouve son actualité. D'un point de vue whiteheadien, un Dieu immuable et atemporel ne peut être qu'une abstraction ou une possibilité non réalisée, à l'instar des objets éternels. Nous voyons que c'est bien la métaphysique du *process* elle-même qui interdit la correction que veut apporter Alston à la conception de Dieu de la *Process theology*. La solution d'Alston implique donc de réformer la *Process theology* en la faisant rompre avec les principes fondamentaux de la métaphysique du *process*. Autant dire que cela signifie abolir la nature même de la *Process theology*. Contrairement à ce qu'avance Alston, la *Process theology* est bien un bloc, ce qui est d'ailleurs à la fois le symptôme et la conséquence de son extrême cohérence interne.

---

[330] D. DOMBROWSKI, *Analytic theism, Hartshorne, and the concept of God*, State University of New York Press, 1996, pp. 128-137.
[331] L'expression est de Jean-Claude Dumoncel.

Réformer la *Process theology* comme le propose Alston semble donc impossible, et la *via media* qu'il propose paraît peu praticable[332]. Puisque la conception de Dieu de la *Process theology* n'est pas véritablement dipolaire, et qu'il semble impossible de la corriger, l'enjeu va donc être de trouver une nouvelle conception dipolaire de Dieu.

## V) *La conception palamite de Dieu comme alternative à la* Process theology

Les théologiens du *Process* défendent une conception de Dieu fondée sur une dipolarité transcendance/immanence dont ils rendent compte à travers une dipolarité nature primordiale/nature conséquente. Ils considèrent également que cette conception est la première forme achevée de conception dipolaire de Dieu dans l'histoire de la théologie. Hartshorne[333] et Dombrowski[334] ne trouvent, par exemple, à la *Process theology* que quelques précurseurs quasi miraculeux et de toute façon partiels, tels que Socinus ou Berdiaev. Dans l'ensemble, selon les théologiens du *Process*, l'histoire de la théologie chrétienne est dominée par une conception monopolaire de Dieu qui est celle du théisme classique. Nous pouvons remarquer que les théologiens du *Process* élaborent ainsi toute une histoire de la théologie dans laquelle l'idée d'une conception dipolaire de Dieu n'apparaît pour ainsi dire jamais, du moins jusqu'à Whitehead. Ce n'est cependant pas l'avis de Thomas Hopko[335], qui estime au contraire qu'une conception dipolaire de Dieu fut précisément élaborée dans le cadre de la théologie byzantine. Selon lui, cette dernière conçoit également une dipolarité transcendance/immanence en Dieu, mais en rendant bien sûr compte d'une façon très différente de la *Process theology*.

Les théologiens byzantins ont en effet cherché à rendre compte métaphysiquement de Dieu tel que la Bible le présente : inconnaissable, incommunicable et imparticipable, et pourtant en même temps connaissable, communicable et participable. Pour résoudre cette apparente aporie, ils ont développé eux aussi une conception dipolaire transcendance/ immanence de Dieu. Hopko rajoute à ce propos que les théologiens du *Process* ont donc eu tort de penser que la théologie byzantine nourrissait

---

[332] Il est d'ailleurs intéressant de remarquer qu'Alston n'a jamais répondu à Hartshorne ou à Dombrowski, et n'a jamais développé la *Via media* qu'il propose dans ses publications ultérieures.
[333] Voir toute la deuxième partie de C. HARTSHORNE, *Anselm's discovery : a re-examination of the ontological proof of God's existence*, Open Court, 1991.
[334] Voir par exemple D. DOMBROWSKI, *A history of the concept of God : a Process approach*, New York, SUNY Press, 2016.
[335] T. HOPKO, *op. cit.*, p. 120.

une conception monopolaire de Dieu[336], et de n'y voir du coup qu'une énième itération du théisme classique[337]. Dans la théologie byzantine, Dieu possède bien deux pôles : un pôle transcendant inconnaissable, incommunicable et imparticipable, et un pôle immanent connaissable, communicable et participable. La théologie byzantine a cherché à rendre compte de cette dipolarité à travers une distinction en Dieu entre l'essence et les énergies.

Pour Thomas Hopko, cette conception dipolaire de Dieu a reçu sa formulation vivante et synthétique dans l'œuvre du moine orthodoxe et évêque byzantin saint Grégoire Palamas[338]. Ce dernier ne se destinait pourtant pas à une œuvre de théologien. Ce sont certaines circonstances qui l'ont poussé ainsi à élaborer une œuvre doctrinale, afin de répondre à ceux dont il estimait l'enseignement erroné. Comme le note Jean Meyendorff, sans ces circonstances historiques particulières, Palamas n'aurait probablement rien écrit d'autres que des ouvrages de piété et d'édification. C'est en particulier pour répondre au philosophe Barlaam de Calabre qui attaquait la spiritualité des moines hésychastes que Palamas écrira ce qui peut être considéré comme son œuvre maîtresse : la *Défense des saints hésychastes*[339]. C'est bien dans ce texte que nous allons pouvoir trouver la finalisation de la distinction en Dieu entre l'essence et les énergies, déjà largement présente dans la tradition patristique[340].

En répondant à Barlaam, Grégoire Palamas a donc élaboré une conception dipolaire de Dieu. Mais celle-ci est bien évidemment fort différente de celle proposée par les théologiens du *Process*. En effet, là où les théologiens du *Process* fondent la dipolarité divine sur une distinction nature primordiale/nature conséquente, Palamas fonde, lui, la dipolarité de Dieu sur une distinction entre l'essence absolument transcendante de Dieu et ses énergies incréées et immanentes. Nous allons à présent voir, en parcourant le texte de la *Défense des saints hésychastes*, pourquoi et comment Palamas élabore une conception dipolaire de Dieu, fondée sur la distinction en Dieu entre essence et énergies.

## A) Le problème de la connaissance de Dieu

### 1) La philosophie de Barlaam

Le cœur du propos de Barlaam consistait en une défense de l'incognoscibilité divine, visant en premier lieu à favoriser la réunion des Églises d'Orient et d'Occident en désamorçant les points de désaccord, dans un contexte où l'empire byzantin restait

---

[336] Par exemple, C. HARTSHORNE, *Philosophers speak of God*, University of Chicago Press, 1969, p. 76.
[337] T. HOPKO, *op. cit.*, p. 133.
[338] *Ibid.*, p. 88.
[339] G. PALAMAS, *Défense des saints hésychastes*, Éd. par Jean Meyendorff, Louvain, 1959.
[340] Sur la distinction essence/énergies avant Palamas, on peut lire J.C. LARCHET, *La théologie des énergies divines : des origines à saint Jean Damascène*, Paris, Cerf, 2010.

constamment menacé par les Turcs et avait grand besoin d'alliés occidentaux. Le problème rémanent du *Filioque* était ainsi résolu en affirmant l'impossibilité pour la raison humaine de déterminer le caractère simple (du Père seul) ou double (du Père et du Fils) de la procession du Saint-Esprit, l'économie de la Trinité restant strictement inconnaissable. Les positions orientale et occidentale cessaient alors de constituer des points dogmatiques et étaient réduites à l'état de théologoumènes, c'est-à-dire d'opinions locales et particulières, ne constituant plus un obstacle à la réunion des Églises. On comprend que la conception de Barlaam ait pu à un moment donné recevoir le soutien politique des autorités impériales. Son agnosticisme théologique ouvrait en effet un cadre permettant d'espérer la réunion des Églises, prolégomènes nécessaires à un soutien actif des puissances occidentales en faveur de l'empire byzantin en butte contre les Turcs. Mais on comprend également que la conception sceptique (et quelque peu opportuniste) de Barlaam ait pu être contestée par Palamas qui avait qualifié ces propres travaux sur la procession simple du Saint-Esprit de *Traités apodictiques*.

Palamas remarque en effet qu'en souhaitant délégitimer la position occidentale, Barlaam délégitime du même coup la position orientale. Certes, Dieu est par nature inconnaissable du fait de sa transcendance, mais ne s'est-il pourtant pas révélé par sa grâce dans l'Histoire et dans son Église ? Comme le note Meyendorff à ce propos :

« S'il s'est révélé aux Pères, pourquoi ne se révélerait-il pas à l'Église aujourd'hui par l'intermédiaire des théologiens qui sont appelés à élucider le mystère de la Trinité avec l'aide du Saint-Esprit ? »[341].

Palamas échangea plusieurs lettres avec Barlaam, où ce dernier se moque de la conviction de Palamas sur le caractère possiblement apodictique des raisonnements théologiques. Pour lui, du fait du caractère inconnaissable et incommunicable de l'essence divine, même la grâce ne saurait illuminer l'esprit humain de façon à rendre Dieu connaissable[342].

Au vu de ces conceptions, nous pouvons comprendre que Barlaam soit par la suite rentré en conflit avec les moines dit hésychastes. Celui qui venait de rejeter dans sa discussion avec Palamas toute idée d'illumination de l'esprit humain par la grâce divine ne pouvait accepter les affirmations des moines selon lesquelles tant l'esprit que le corps peuvent participer à la divinité. Barlaam commença donc à attaquer violemment la spiritualité hésychaste, provoquant une nouvelle réaction de Palamas qui écrivit à cette occasion la *Défense des saints hésychastes*, trois séries de trois traités composés afin de répondre à l'agnosticisme théologique de Barlaam. Nous voyons que les deux controverses entre Barlaam et Palamas, celle sur la procession du Saint-Esprit et celle

---

[341] J. MEYENDORFF, *Introduction à l'étude de Grégoire Palamas,* Paris, Seuil, 1959, p. 68.
[342] *Ibid.,* p. 70.

sur la spiritualité hésychaste, ont finalement le même sujet de fond : le rapport entre Dieu et l'homme. Alors que Barlaam considère que la transcendance de Dieu rend celui-ci absolument inconnaissable et imparticipable, Palamas estime, lui, que cette transcendance de Dieu, son caractère inconnaissable et imparticipable n'empêchent pas que la divinité soit en même temps d'une certaine façon connaissable et participable, comme en témoigne l'expérience même des saints. C'est afin de résoudre cet apparent paradoxe que Palamas introduit dans sa défense des moines hésychastes la distinction en Dieu entre l'essence et les énergies.

## 2) *Les deux sagesses*

Palamas distingue deux sagesses : une sagesse profane et une sagesse sacrée. L'un des reproches fondamentaux qu'il fait à Barlaam est de nier cette distinction entre ces deux sagesses :

> « Barlaam combat ouvertement ceux qui affirment l'existence de deux ou de plusieurs sagesses sous le prétexte que personne n'a encore défini la connaissance qu'un tel ou un tel possèdent, comme une sagesse »[343].

À l'inverse de Barlaam, Palamas estime qu'il y a bien deux sagesses, et surtout qu'elles diffèrent radicalement l'une de l'autre :

> « La sagesse des prophètes et des apôtres, c'est le Verbe du Père lui-même, la Sagesse d'avant les siècles, comme le dit Paul à son sujet : Celui qui a été fait pour nous Sagesse de par Dieu. Quant à la sagesse qui provient des sciences profanes et à la santé que donnent les médecins, elles diffèrent de la sagesse de Dieu comme les prophètes diffèrent des Hellènes, comme les disciples du Christ sont différents des Galien et des Hippocrate, ou, si tu veux, comme le Christ lui-même diffère d'eux, lui qui a accepté pour nous d'être appelé Jésus »[344].

Pour Palamas, cette sagesse sacrée permet la communion à Dieu. L'erreur de Barlaam est donc double aux yeux de Palamas. D'abord, il ne reconnaît pas la possibilité d'une union à Dieu, et ensuite il reproche aux hésychastes de prétendre réaliser celle-ci :

> « Mais, après s'être rassasié de lutte contre les Pères et les prophètes, il trouve un prétexte en la personne de ceux qui ont embrassé l'hésychie, afin de s'en prendre, pour ainsi dire à toutes les choses divines ; ensuite il s'établit exégète de très mystérieuses paroles de l'Évangile et veut enseigner comment les purs de cœur voient Dieu et comment le Fils vient avec le Père et établit en eux sa demeure. Il dit : Ceux qui ont le cœur pur peuvent voir Dieu soit par analogie, soit en tant que cause, soit par négation, et non autrement »[345].

---

[343] G. PALAMAS, *op. cit.*, p. 264.
[344] *Ibid.*, p. 234.
[345] *Ibid.*, pp. 518-520.

## 3) *Le Dieu qui se cache*

Qu'est-ce alors que cette sagesse sacrée qui doit permettre le salut ? Est-ce la théologie apophatique ? Palamas et Barlaam ont en commun de considérer Dieu dans son essence comme absolument inconnaissable. La nature incréée est en effet totalement au-delà de toutes les autres natures créées. Dieu est complétement au-delà de toute affirmation positive ou négative que nous pouvons faire à son sujet. La théologie byzantine exprime cette notion en affirmant que Dieu est supra-essentiel, ou encore hypercosmique. Il y a ici une divergence radicale avec la *Process theology*. Alors que pour cette dernière Dieu doit être pensé comme l'exemplification parfaite de l'ordre cosmique, on voit que la théologie byzantine considère le Dieu incréé et créateur comme sans analogie aucune avec l'ordre cosmique créé. En conséquence de cette conception hypercosmique de Dieu, l'essence de Dieu est considérée comme incompréhensible, inconnaissable, imparticipable et incommunicable.

Palamas et Barlaam se réfèrent l'un et l'autre à la théologie apophatique comme un moyen pour la raison humaine de comprendre l'absolue incognoscibilité de Dieu. Cependant, Barlaam et Palamas ont une façon bien différente de concevoir le pourquoi de l'incognoscibilité de l'essence. Barlaam reprend la conception néoplatonicienne. Pour lui, l'incognoscibilité de Dieu est la conséquence d'une insuffisance de la raison naturelle. C'est notre nature corporelle qui limite notre raison et nous empêche ainsi de connaître Dieu. Pour Palamas, l'incognoscibilité de l'essence divine n'est pas due à une limite de notre raison, mais à la transcendance de Dieu elle-même. Un être créé ne peut espérer connaître l'unique essence incréée. L'essence divine demeure même inconnaissable aux anges, preuve s'il en est que, contrairement à ce que pense Barlaam, l'incognoscibilité de l'essence divine n'est pas la conséquence d'une limitation de l'intellect due à la corporéité[346].

Néanmoins, à l'instar de Barlaam, Palamas considère que la théologie apophatique relève de la raison naturelle. Elle fut, à ce titre, accessible aux philosophes païens :

> « Quel homme qui aurait ainsi connu Dieu, le confondrait avec l'un de ces êtres dont il est la cause ou l'une de ces choses que l'on présente comme son image ? Il possédera donc aussi la connaissance négative de Dieu »[347].

En définitive, l'essence inconnaissable de Dieu demeure pour Palamas au-delà de la voie positive comme de la voie négative :

> « L'excellence de Celui qui dépasse toutes choses n'est pas seulement au-dessus de toute affirmation, mais aussi au-dessus de toute négation »[348].

---

[346] J. MEYENDORFF, *op. cit.*, pp. 280-281.
[347] G. PALAMAS, *op. cit.*, p. 478.
[348] *Ibid.*, p. 402.

Cependant, en rester à ce constat de l'incognoscibilité de l'essence divine est impossible pour Palamas. Cela reviendrait à nier toute l'œuvre de régénération accomplie par le Christ dans l'Incarnation. En effet, avec le Péché originel, l'homme et Dieu se sont séparés. Toute possibilité de connaître et de communier à Dieu ont disparu. Ainsi, le Péché originel a corrompu l'image de Dieu sertie dans la nature humaine, et a rendu impossible la réalisation de la ressemblance divine. Mais cet effet du Péché originel a été levé par l'Incarnation du Verbe. Par l'union hypostatique des natures divine et humaine en Jésus-Christ, la nature humaine a été rendue à nouveau capable de réaliser la ressemblance divine :

> « Comment ne serait-il pas allé jusque-là dans sa condescendance, lui qui a condescendu jusqu'à la chair, jusqu'à la chair de mort, jusqu'à la mort de la croix, pour enlever le voile de ténèbres tombé sur l'âme après la chute et lui communiquer de sa lumière »[349].

Au nom de cette communion à Dieu rendue possible par le rétablissement de la nature humaine en Jésus-Christ, Palamas, contrairement à Barlaam, refuse de voir dans la théologie apophatique la dernière limite de la connaissance possible de Dieu. En effet, la théologie apophatique permet de distinguer l'être unique incréé des êtres créés, mais elle ne permet pas la communion à Dieu. La sagesse sacrée n'est donc pas la théologie apophatique :

> « Cette dernière, en effet, appartient au premier venu qui la désire ; elle ne transforme pas l'âme pour lui donner la dignité angélique ; elle libère la raison par rapport aux autres êtres, mais ne peut à elle seule lui procurer l'union avec les choses transcendantes »[350].

## B) *La connaissance par la communion*

### 1) *Le Dieu qui se révèle*

Aux yeux de Palamas, la véritable sagesse, celle qui permet l'accomplissement du salut, ne procède pas de la raison naturelle, mais bien plutôt d'une illumination supra-intellectuelle :

> « Vois-tu donc dès maintenant qu'au lieu de l'intelligence, de l'œil et des oreilles, ils acquièrent l'Esprit incompréhensible et, par lui, ils voient, ils entendent et ils comprennent ? »[351].

---

[349] *Ibid.*, p. 212.
[350] *Ibid.*, p. 154.
[351] *Ibid.*, p. 148.

Cette illumination ne procède ni des sens ni de l'intellect :

« Comment appellerons-nous cette puissance qui ne dépend ni de l'activité des sens, ni de celle de l'intelligence ? En tout cas pas autrement que Salomon, qui a été plus doué en sagesse que tous ceux qui l'ont précédé : c'est une sensation intellectuelle et divine. En accouplant ces deux adjectifs, il persuade son auditeur de ne la considérer ni comme une sensation, ni comme une intellection, car l'activité de l'intelligence n'est pas une sensation et la sensation n'est pas une intellection »[352].

Ne procédant ni des sens ni de l'intellect, cette sagesse salvatrice et sanctifiante ne peut donc être qualifiée de « connaissance » que de façon analogique :

« Mais il faut savoir que nous aussi, si nous refusons d'appeler cette contemplation "connaissance", c'est du fait de sa transcendance, comme nous disons aussi que Dieu n'est pas, car nous avons cru en lui comme à une réalité dépassant les êtres »[353].

Cette illumination procède en réalité directement de la vision par les saints d'une lumière supra-intellectuelle et suprasensible, donnée par le Saint-Esprit :

« Quelle est donc cette lumière qui, sans être sensible, se rend visible aux yeux du corps sans l'intermédiaire de l'air, par-delà toute connaissance naturelle ? N'est-elle pas la gloire de Dieu qui resplendit autour et au-dedans de l'homme ? Quelle est cette lumière qui nous permet de contempler par-delà les sens et l'intellection ? N'est-ce pas l'Esprit de Dieu qui fera que non seulement notre esprit mais notre corps-même, seront spirituels ? »[354].

Palamas insiste sur le caractère suprasensible de cette lumière, car Barlaam affirmait que les hésychastes disaient voir Dieu à travers leurs yeux charnels :

« Il s'en prend avec insolence à ceux qui n'estiment pas que l'illumination provient des seuls concepts et il les insulte par de viles appellations ; voici textuellement ce qu'il dit : Les gens qui parlent des inspirations disent que Dieu montre intelligiblement aux saints deux lumières : l'une est la lumière de la connaissance et l'autre une lumière hypostasiée qui apparaît surtout à ceux qui sont avancés dans la pratique des inspirations »[355].

Palamas récuse bien sûr cette accusation, mais il insiste aussi sur le fait que cette lumière n'est pas non plus un simple symbole :

« Comment donc cette lumière, très éclatante et très divine, qui est éternelle, qui possède l'être par excellence, l'être immuable, aurait-elle quelque chose de commun avec tous les symboles et les allusions, qui viennent à l'existence pour la quitter aussitôt, qui

---

[352] *Ibid.*, p. 152.
[353] *Ibid.*, pp. 420-422.
[354] *Ibid.*, p. 466.
[355] *Ibid.*, p. 414.

tantôt existent, tantôt n'existent pas, ou plutôt qui apparaissent parfois, sans posséder presque jamais une véritable existence ? »[356].

La lumière suprasensible est donc bien une réalité. Sa vision se fait non à l'aide des yeux corporels, mais à l'aide de l'œil intellectuel qui n'est autre que l'esprit illuminé par la lumière qu'il voit :

> « De même que l'œil sensible ne peut entrer en action à moins que la lumière ne l'éclaire de l'extérieur, ainsi l'esprit ne peut se manifester comme l'organe du sens intellectuel et entrer par lui-même en action, à moins que la lumière divine ne l'éclaire. De même que l'œil, lorsqu'il est en action, devient lui-même lumière, se confond avec la lumière et voit en premier lieu cette lumière même, déversée sur les objets qu'il voit, de même l'esprit, lorsqu'il met en activité sa sensibilité intellectuelle, est lui-même tout entier comme de la lumière ; il est alors avec la lumière et, à l'aide de la lumière, il voit clairement la lumière d'une façon supérieure non seulement aux sens corporels, mais à tous les objets connaissables et simplement à tous les êtres. Car c'est Dieu que voient ceux qui ont purifié leur cœur, selon la béatitude du Seigneur qui ne trompe pas »[357]

On le voit, Palamas a une conception on ne peut plus réaliste de la vision des saints. Mais c'est bien sûr Dieu seul, évidemment, qui détermine qui est digne de recevoir la lumière :

> « Mais ces gens dont tu parles viennent juger parce qu'ils manquent de jugement et, dans leur inexpérience, se trouvent dépouillés de ce qu'ils auraient pu avoir d'utile pour leurs frères. Impudemment, ils se saisissent du jugement qui appartient à Dieu : celui qu'ils choisissent, ils le déclarent digne de la grâce et non pas un autre. Car c'est à Dieu seul qu'il appartient de désigner ceux qui sont dignes de sa propre grâce »[358].

Néanmoins, les saints peuvent se préparer à la vision de la lumière en purifiant leur âme par la pratique des commandements. La purification de l'âme est donc une condition à la vision de la lumière supra-intellectuelle et suprasensible :

> « C'est donc le cœur purifié qui reçoit cette illumination, tandis que même un cœur impur peut recevoir ce que l'on peut dire ou connaître au sujet de Dieu. Il est donc évident que cette illumination surpasse toute parole ou toute connaissance, même si on l'appelle "connaissance" ou "intellection", parce que c'est l'esprit qui la fournit à l'intelligence »[359].

Cette illumination naît donc de la synergie de la grâce et de la liberté humaine. Si l'illumination est bien sûr le don gratuit de Dieu, il nous appartient de la faire fructifier par une vie pleinement évangélique :

---

[356] *Ibid.*, p. 428.
[357] *Ibid.*, p. 126.
[358] *Ibid.*, p. 220.
[359] *Ibid.*, p. 222.

> « Nous ne pouvons parler franchement de notre foi et de notre adhésion au Christ indépendamment de la puissance et de la collaboration qu'il nous accorde ; et le Seigneur Jésus-Christ, de son côté, ne parlera pas franchement en notre faveur dans le siècle à venir… sans avoir trouvé dans notre conduite l'occasion de cette faveur »[360].

La réception active de la lumière supra-intellectuelle et suprasensible, par la purification via la pratique des commandements, n'apporte pas seulement la connaissance, elle réalise également en l'homme qui la reçoit la ressemblance divine. C'est d'ailleurs de cet accomplissement que procède la connaissance. C'est ce processus que Palamas appelle la déification :

> « Nous pensons donc que les commandements de Dieu donnent aussi la connaissance, non pas la connaissance seule, mais aussi la déification »[361].

### *2) La déification*

Palamas insiste sur le fait que cette lumière supra-intellectuelle et suprasensible est Dieu lui-même :

> « C'est Dieu lui-même qui est vraiment une lumière mystérieuse, qui se manifeste comme lumière et qui transforme en lumière ceux qui ont le cœur pur »[362].

La vision de cette lumière est donc une participation à Dieu lui-même. Comme le dit Meyendorff : « la communion réelle de l'homme à Dieu est, selon Palamas, la condition nécessaire d'une vraie connaissance »[363]. Cette communion de l'homme à Dieu est ce que Palamas appelle la déification. Il décrit celle-ci à travers des formules très fortes[364] :

> « Et lorsque les saints contemplent cette lumière divine à l'intérieur d'eux-mêmes – ils la voient lorsqu'ils acquièrent la communion divinisante de l'Esprit par la fréquentation mystérieuse des illuminations parfaites –, ils voient le vêtement de leur déification, leur intelligence étant glorifiée et remplie, par la grâce du Verbe, d'un éclat extraordinaire dans sa beauté, de même que la divinité du Verbe, sur la montagne, a glorifié d'une lumière divine le corps qui lui était attaché »[365].

La déification est donc cette participation transfigurante à la divinité, dont procède la véritable sagesse. Cela signifie que Dieu est, d'une certaine façon, participable et connaissable. Cette communion à Dieu ne peut donc être une union avec l'essence

---

[360] Citation de Palamas dans J. MEYENDORFF, *op. cit.*, p. 234.
[361] G. PALAMAS, *op. cit.*, p. 422.
[362] *Ibid.*, p. 196.
[363] J. MEYENDORFF, *op. cit.*, p. 236.
[364] G. PALAMAS, *op. cit.*, pp. 114-116.
[365] Palamas fait ici référence au récit de la Transfiguration. La lumière déifiante vue par les saints est la même lumière qu'ont vue les apôtres sur le Mont Thabor. D'où le nom qu'il lui donne parfois de « lumière thaborique ».

divine. En effet, du fait du caractère inconnaissable et imparticipable de l'essence divine, la déification ne peut être une union de l'homme avec l'essence divine. Palamas insiste d'ailleurs particulièrement sur le fait que la lumière déifiante n'est pas l'essence divine car c'était précisément l'une des accusations que Barlaam faisait aux hésychastes :

> « Et pourquoi, ô le meilleur des hommes, si l'on affirme qu'un tel homme est un contemplatif, considérerait-on l'essence de Dieu comme une lumière de ce genre ? Personne parmi nous n'a jamais défini un "contemplatif" par le fait qu'il a vu l'essence de Dieu »[366].

La déification est donc une participation à Dieu sans être une participation à l'essence divine. Dieu est donc à la fois participable et imparticipable. Palamas en conclut qu'en Dieu, en plus de l'essence, se trouve une réalité communicable à l'homme et qui lui est participable :

> « Il y a donc une réalité entre les créatures et la Suressentialité imparticipable : non pas une seule réalité, mais beaucoup, autant que d'objets participants »[367].

Palamas va donc introduire en Dieu une distinction entre l'essence incréée et la grâce incréée.

### 3) *Les énergies divines*

Palamas établit une distinction entre deux grâces très différentes : une grâce naturelle et créée, et une grâce surnaturelle et incréée : « Il n'y a rien d'étonnant, écrit Palamas, à ce que l'on applique le terme *grâce* au créé et à l'incréé ; il n'y a rien d'étonnant à ce qu'il y ait une grâce créée et une grâce incréée »[368].

La grâce naturelle et créée désigne le rétablissement de la nature humaine accomplie dans l'union hypostatique de la nature divine et de la nature humaine en Jésus-Christ. La grâce surnaturelle et incréée est quant à elle la lumière supra-intellectuelle et suprasensible dont procède la déification. La déification est donc rendue possible par la grâce naturelle, mais elle s'accomplit par la grâce surnaturelle. Cette grâce déifiante est ce que Palamas appelle les énergies divines. Ces énergies divines émanent directement de l'essence de Dieu pour Palamas.

Il s'appuie pour cette idée sur saint Maxime le confesseur qui affirmait que la double nature du Christ impliquait qu'il y ait en lui deux énergies :

> « En effet : ou bien Dieu ne possède pas d'énergies naturelles et essentielles, et celui qui parle ainsi est un athée (cela équivaut, en effet, à nier ouvertement l'existence de Dieu,

---

[366] G. PALAMAS, *op. cit.*, p. 410.
[367] *Ibid.*, p. 686.
[368] Cité dans J. MEYENDORFF, *op. cit.*, p. 231.

car les saints Pères disent clairement, conformément au divin Maxime, qu'aucune nature ne peut ni exister, ni être connue, si elle ne possède une énergie essentielle) »[369].

Ces énergies divines émanant de l'essence sont pleinement Dieu : « Dieu est présent tout entier dans chacune des divines énergies »[370]. Alors que l'essence divine demeure absolument unique, les énergies divines se caractérisent au contraire par leur multiplicité. Chacune d'entre elles correspond à un nom divin :

> « Par ailleurs, les saints Pères affirment unanimement que l'on ne peut trouver de nom qui manifeste la nature de la Trinité incréée, mais que les noms s'appliquent aux énergies »[371].

À l'instar de l'essence, les énergies sont, comme nous l'avons déjà dit, également incréées. Palamas reproche justement à Barlaam de ne pas vouloir reconnaître ce fait et de réserver ce titre à l'essence divine :

> « Et pourtant, ce nom même d'"essence" désigne en Dieu l'une de ces énergies ! Denys l'Aréopagite dit en effet : Si nous appelons le Mystère suressentiel "Dieu" ou "Vie" ou "Essence" ou "Lumière" ou Verbe", nous ne pensons à rien d'autre qu'aux puissances déifiantes, substantifiantes, vivifiantes et donnant la sagesse qui en procèdent et viennent à nous. Donc lorsque tu dis, toi, que seule l'essence de Dieu est une réalité sans commencement, tu nous permets seulement de considérer qu'une seule puissance de Dieu est sans commencement, la puissance substantifiante, tandis que les autres appartiennent au domaine temporel. Mais pourquoi la puissance substantifiante de Dieu serait-elle sans commencement, alors que la puissance vivifiante possède un commencement temporel, aussi bien que la puissance qui féconde et donne la sagesse ? Ou bien, toute puissance divine est sans commencement, ou bien aucune ! »[372]

Cependant, ces énergies incréées ne sont pas non plus une divinité seconde et dégradée (comme dans les modèles cosmologiques émanatistes classiques). Palamas récuse les accusations de dithéisme que lui a faites Barlaam à ce propos :

> « Par ses écrits et ses paroles, il affirme et annonce que l'appellation qui nous convient le mieux est celle de "dithéiste", bien que, sans qu'il le veuille, ses propres paroles nous lavent de tout reproche : en effet, puisqu'il reconnaît que, selon nous, il n'y a qu'une réalité qui dépasse toutes choses et que cette réalité est la Suressentialité, il témoigne que nous n'avons qu'un Dieu et que, selon nous, cette lumière n'est pas une essence, mais une énergie de l'Essence divine, au sujet de laquelle nous disons qu'elle est unique et dépasse toutes choses, dans la mesure où elle agit en tout »[373].

---

[369] G. PALAMAS, *op. cit.*, p. 706.
[370] *Ibid.*, p. 656.
[371] *Ibid.*, p. 660.
[372] *Ibid.*, pp. 662-664.
[373] *Ibid.*, p. 602.

Il rappelle de plus que les énergies sont rigoureusement distinctes de l'essence divine. Cette dernière, en effet, transcende même les énergies qui émanent d'elle :

> « Ni la bonté incréée, ni la gloire éternelle, ni la vie et les choses semblables ne sont simplement l'essence suressentielle de Dieu, car Dieu les transcende, en tant que cause »[374].

Mais les énergies divines n'ont pas pour Palamas qu'un rôle sotériologique. Elles ont également un rôle cosmologique en créant le monde et le maintenant dans son existence[375]. Le rôle cosmologique et le rôle sotériologique que Palamas attribue aux énergies divines s'unifient finalement, de façon logique, dans un troisième rôle : le rôle eschatologique.

### 4) L'eschatologie palamite

Pour Palamas, le salut de l'homme s'accomplit non par une vision béatifique de l'essence de Dieu, qui reste au-delà du regard humain, mais dans une déification de l'homme. Cette déification se réalise par une participation de l'homme à la divinité à travers une communion avec les énergies divines. Pour reprendre une formule forte de Palamas, dans la déification nous devenons Dieu par la grâce :

> « Un tel homme se trouve au-dessus de la vision et de la connaissance, cela veut dire qu'il voit et agit d'une façon qui nous dépasse ; il dépasse l'humanité, il est déjà Dieu par la grâce »[376].

La déification cependant n'abolit ni la nature humaine, ni l'identité personnelle : Pierre déifié demeure l'homme Pierre. Le saint déifié demeure pleinement une personne spécifique, sans aucune dissolution de son identité, mais totalement transfigurée par le don de la grâce incréée de Dieu. C'est donc bien l'intégralité de la personne, corps et âme, qui est déifiée. Palamas, fidèle à l'anthropologie biblique, nourrit en effet une conception rigoureusement hylémorphique de la personne humaine, contre toute forme de dualisme platonicien prêchant une fuite du corps :

> « Nous qui, comme dans des vases d'argile, c'est-à-dire dans nos corps, portons la lumière du Père dans la personne de Jésus-Christ pour connaître la gloire du Saint-Esprit, manquerons-nous à la noblesse de l'esprit si nous gardons notre propre esprit à l'intérieur du corps ? Quel homme doué d'une intelligence humaine dénuée de grâce divine – je ne dirais pas quel spirituel – peut en arriver à parler ainsi ? »[377].

Il reproche à ce propos à Barlaam son spiritualisme platonisant :

---

[374] *Ibid.*, p. 656.
[375] J. MEYENDORFF, *op. cit.*, pp. 303-306.
[376] G. PALAMAS, *op. cit.*, p. 492.
[377] *Ibid.*, p. 78.

> « Il commence, en effet, par des affirmations admises par les Pères, mais il termine d'une façon qui leur est absolument opposée. Il dit au début que *celui qui s'applique à la prière doit procurer la tranquillité à ses sens* et, ayant ainsi trompé son auditeur en lui faisant croire qu'il parle en accord avec les Pères, il en conclut qu'il faut *faire complètement mourir la partie passionnée de l'âme, afin de ne mettre en action aucune de ses puissances, et aussi toute activité commune à l'âme et au corps ; car*, dit-il, chacune de ces activités est un obstacle à la prière, surtout dans la mesure où elle participe à quelque effort physique, donne du plaisir ou de la peine, et cela concerne surtout le plus grossier et le plus déraisonnable des sens, le toucher »[378].

Aux yeux de Palamas, un tel rejet du corps dans la vie spirituelle tient proprement de l'hérésie :

> « C'est aux hérétiques, frère, qu'il sied de parler ainsi, aux hérétiques qui disent que le corps est une chose maligne, qu'il est une confection du Malin. Quant à nous, nous pensons que le mauvais esprit est dans les pensées corporelles, mais qu'il n'y a pas de mauvais esprit dans le corps, puisque le corps n'est pas une chose mauvaise »[379].

À l'inverse de Barlaam, Palamas insiste sur l'importance du corps dans la vie spirituelle, et se moque avec ironie du conseil donné par le calabrais :

> « On pourrait donc dire à celui qui nous donne ces conseils qu'il ne faut plus ni jeûner, ni veiller, ni fléchir le genou, ni se prosterner à terre, ni surtout se tenir debout : celui qui s'applique à la prière intellectuelle ne doit rien faire de tel, car tout cela force le toucher à entrer en activité, en provoquant de la douleur, et introduit, comme il le dirait lui-même, du tumulte dans l'âme en prière »[380].

Si le corps est important dans la vie spirituelle pour Palamas, c'est bien parce que celui-ci est, tout comme l'âme, appelé à la déification. Finalement, pour Palamas, refuser cette dimension corporelle et matérielle du salut revient à refuser l'Incarnation du Verbe dans la chair elle-même :

> « De même, en effet, que la Divinité du Verbe incarné de Dieu est commune au corps et à l'âme, puisqu'elle a déifié la chair par l'intermédiaire de l'âme jusqu'à lui faire accomplir les œuvres de Dieu, de même, chez les hommes spirituels, la grâce de l'Esprit, transmise au corps par l'intermédiaire de l'âme, lui donne, à lui aussi, l'expérience des choses divines et lui permet d'éprouver la même passion que l'âme possédant l'expérience divine »[381].

Mais refuser la déification du corps revient aussi pour Palamas à ne pas croire à la résurrection des corps lors de la Parousie :

---

[378] *Ibid.*, p. 324.
[379] *Ibid.*, p. 74.
[380] *Ibid.*, p. 326.
[381] *Ibid.*, p. 342.

« L'âme, en effet, n'est pas seule à recevoir le gage des biens à venir : le corps le reçoit aussi, lui qui dans ce but parcourt avec elle la course de l'Évangile. Celui qui ne dit pas cela nie également la vie corporelle dans le siècle à venir »[382].

Le rappel de cette déification du corps renvoie ainsi au rôle eschatologique que Palamas assigne également aux énergies divines. Ces dernières, expérimentées par les saints d'hier et d'aujourd'hui, sont les mêmes énergies que virent les apôtres au Mont Thabor lors de la Transfiguration, et sont aussi les mêmes énergies qui déifieront l'univers entier, tant sur le plan spirituel que matériel, à la fin du monde :

« N'est-il pas évident qu'il n'y a qu'une seule et même lumière divine : celle que les apôtres virent au Thabor, celle que les âmes purifiées contemplent dès maintenant et celle qui est la réalité-même des biens éternels à venir ? »[383].

Palamas défend de plus une conception résolument dynamique de la déification. Celle-ci n'est pas un état atteint une fois pour toutes. Le saint déifié d'hier et d'aujourd'hui, et à la fin des temps l'univers entier, est en réalité engagé dans un processus infini de déification :

« Mais nous ne connaissons pas et n'avons entendu parler de personne depuis le commencement des siècles qui, l'ayant reçue sur terre, n'ambitionnerait une contemplation encore plus parfaite. Donc, puisque l'ambition de ceux qui l'ont reçue n'a point de limite, puisque la grâce qui leur est donnée auparavant leur donne la force de communier au degré supérieur, puisque Celui qui se donne lui-même est infini, puisque ses largesses sont abondantes et généreuses, comment les fils du siècle à venir ne progresseraient-ils pas jusqu'à l'infini dans cette contemplation, puisque toute grâce leur en fait gagner une autre et qu'ils s'élèvent joyeusement en une montée infatigable ? »[384].

## C) *Le palamisme : une conception dipolaire de Dieu*

À travers cette rapide exploration de l'œuvre de Palamas, nous avons vu comment ce dernier résolvait l'aporie précédemment relevée : comment Dieu peut être inconnaissable et imparticipable, et en même temps être connaissable et participable ? Palamas eut l'occasion de préciser sa pensée à l'occasion de la controverse avec le philosophe Barlaam, qui affirmait impossible la participation de l'homme à Dieu au nom justement de son caractère imparticipable. Cette position de Barlaam avait cependant le défaut aux yeux de Palamas de récuser les expériences des saints qui, justement, affirment s'unir à Dieu. Palamas répondit à Barlaam en proposant une conception dipolaire de la divinité : Dieu est inconnaissable et imparticipable dans son essence, mais connaissable et participable dans ses énergies. Cette conception d'une dipolarité essence/ énergies permet de rendre compte métaphysiquement en Dieu à la fois d'un

---

[382] *Ibid.*, p. 182.
[383] *Ibid.*, p. 204.
[384] *Ibid.*, p. 340.

pôle transcendant et hypercosmique, et d'un pôle immanent et cosmique. Les énergies pénètrent en effet le monde, le soutenant dans son existence, se communiquant aux créatures, assurant ainsi une relation déifiante entre Dieu et le monde. Palamas a donc bien élaboré une conception dipolaire de Dieu où celui-ci est transcendant par son essence, et immanent par la multiplicité omniprésente de ses énergies, déifiant le monde jusqu'à être « tout en tous » (1 Co 15.28) et en toute chose. Comme l'affirme Thomas Hopko, la conception palamite de Dieu semble donc bien constituer une conception dipolaire de Dieu alternative à la *Process theology*.

# CHAPITRE III

# La Trinité

Dans son livre fort connu *La foi orthodoxe*, saint Jean Damascène affirme une conception de Dieu traditionnelle par une longue litanie que l'on retrouve par ailleurs chez d'autres Pères de l'Église[385] :

« Nous croyons en un seul Dieu, principe unique sans principe, incréé, inengendré, indestructible et immortel, éternel, infini, incirconscrit, illimité, d'une infinie puissance, simple, excluant toute composition, incorporel, sans épanchement, impassible, immuable, sans altération, invisible, source de bonté et de justice, lumière intelligible, inaccessible, puissance qui ne connaît aucune mesure, mesurée exclusivement par son propre vouloir – car tout ce qu'il veut, il le peut – auteur de toutes les créatures visibles et invisibles, gardien de tout, pourvoyant à tout, dominant et commandant toutes choses, et dont le règne est sans fin et immortel ; rien ne s'oppose à lui, il emplit tout, n'est contenu par rien, mais plutôt il enveloppe, maintient et surpasse tout ; sans souillure il pénètre les essences tout entières et il est situé au-delà de toutes choses, il est séparé de toute essence, vu qu'il est suressentiel, au-dessus des êtres, au-dessus du divin, au-dessus du bien, au-dessus de la plénitude. Il définit tous les principes et les ordres et se situe au-delà de l'essence, de la vie, de la parole, de la pensée de tout principe et ordre ; il est lumière par soi, bonté par soi, vie en soi, être en soi, parce qu'il n'a pas reçu d'un autre l'existence ni rien de tout ce qu'il est, tandis qu'il est lui-même source de l'être pour les êtres, de la vie pour les vivants, de la raison pour ceux qui ont part à la raison ; pour tous il est la cause de tous les biens, il connaît toutes choses avant leur naissance, essence unique, divinité unique, puissance unique, volonté unique, activité unique, principe unique, pouvoir unique, seigneurie unique, royauté unique, connu en trois hypostases et adoré d'une adoration unique ».

Dans cette longue définition (qui mobilise à la fois un langage positif et un langage négatif), Jean Damascène affirme dans ses derniers mots que le Dieu unique est « connu en trois hypostases », c'est-à-dire comme Trinité. Il rajoute :

---

[385] JEAN DAMASCÈNE, *La foi orthodoxe, 1-44*, Paris, le Cerf, 2010, pp. 163-165.

> « Toute créature raisonnable croit en ces trois personnes et les vénère, unies qu'elles sont sans confusion et distinctes de façon indivise »[386].

Nous voyons donc qu'aux yeux de Damascène, Dieu doit être considéré à la fois comme une monade (une unique essence) et comme une triade (trois hypostases) : Père, Fils et Saint-Esprit. Ces trois hypostases sont personnelles et distinctes[387], et partagent une seule et même essence divine incréée[388]. Basile de Césarée dit à ce propos[389] :

> « C'est pourquoi nous reconnaissons une seule substance dans la divinité, de telle sorte qu'on ne peut donner de l'être des définitions différentes ; l'hypostase au contraire est particulière, nous le reconnaissons, pour qu'il y ait en nous sur le Père, le Fils et le Saint-Esprit une idée distincte et claire ».

Ainsi, les personnes trinitaires diffèrent quant au « qui » (hypostatique), mais sont identiques quant au « quoi » (essentiel). Afin d'expliciter ces distinctions hypostatiques, Jean Damascène présente un développement sur les relations entre les hypostases (le Fils est engendré par le père, et l'Esprit procède du Père, de toute éternité), tout en rappelant que le Fils et l'Esprit sont de même nature que le Père (ils partagent la même essence unique), qu'ils sont incréés comme le Père, et que leurs génération et procession, à l'instar de la création, n'introduisent aucun changement dans l'essence de Dieu[390]. Les trois hypostases sont donc absolument semblables du point de vue de l'essence, mais différent de par leurs caractères hypostatiques : le Père est inengendré, le Fils est généré par le Père, et le Saint-Esprit procède du Père.

> « Ainsi donc, du point de vue du premier signifié, les trois hypostases supra-divines de la sainte Trinité sont en communion (puisqu'elles sont consubstantielles et incréées), mais elles ne le sont d'aucune façon du point de vue du deuxième signifié (seul le Père n'est pas engendré : ce n'est pas en effet d'une autre hypostase qu'il tient son être). Seul le Fils est engendré (puisque c'est du père qu'il est engendré éternellement et intemporellement) et seul l'Esprit saint procède de l'essence du Père, non point par génération, mais par procession »[391].

L'unité de Dieu est ainsi assurée par cette consubstantialité des personnes trinitaires qui sont strictement identiques au plan de l'essence. L'essence est inconcevable

---

[386] *Ibid.*, p. 165.
[387] Contre ce qu'affirme le modalisme.
[388] Contre ce qu'affirme le subordinatianisme.
[389] B. DE CÉSARÉE, « Lettre CCXXXVI. À Amphiloque, évêque », dans *Lettres III*, Paris, Belles Lettres, 1966, p. 53.
[390] JEAN DAMASCÈNE, *op. cit.*, pp. 169-171.
[391] *Ibid.*, p. 175.

sans les hypostases, et chaque hypostase est inconcevable sans les deux autres. On peut ici rapporter le propos de Basile[392] :

> « Il n'est possible en aucune manière d'imaginer de coupure ou de division, de telle sorte que le Fils soit pensé sans le Père, ou que l'Esprit soit séparé du Fils ; mais on saisit à la fois en eux une communauté et une distinction inexprimables en quelque sorte et incompréhensibles, sans que la différence des hypostases rompe la continuité de la nature, sans que la communauté selon la substance élimine la particularité des marques distinctives ».

Thomas Hopko rappelle que cette doctrine de la Trinité ne s'est constituée ni en une fois ni en un jour. Son expression philosophique s'est lentement élaborée, et souvent dans un contexte difficile[393]. Cette élaboration de la doctrine de la Trinité avait ainsi une dimension affirmative et une dimension polémique : affirmative car elle a abouti à l'expression du dogme trinitaire, polémique car elle a affirmé ce que n'était pas la Trinité.

Le modalisme[394], par exemple, considère que Dieu, l'unique hypostase, se révèle comme Père, Fils, et Esprit. Les « personnes » trinitaires ne sont donc pas des hypostases mais des modes de relation. Le modalisme a été rejeté et condamné lorsque l'Église a dogmatisé que les trois personnes trinitaires constituent bien trois hypostases différentes[395]. Une autre conception, le subordinatianisme[396], qui affirme que Dieu est uniquement le Père et que le Fils et l'Esprit sont des créatures[397], fut rejetée lorsque l'Église dogmatisa que le Fils et l'Esprit sont pleinement et entièrement Dieu[398]. Hopko rapporte à ce sujet les propos de Basile[399] :

> « Nous fuyons et nous anathémisons comme impies ceux qui sont atteints du mal de Sabellios, tout autant que ceux qui défendent les dogmes d'Arios. Si quelqu'un dit que le même est Père, Fils et Saint-Esprit, posant en principe que c'est une seule chose sous plusieurs noms et qu'il n'y a qu'une seule hypostase désignée par trois appellations, nous rangeons cet homme-là dans le parti des Juifs. De même encore si quelqu'un dit que le Fils est différent du Père selon la substance, ou s'il rabaisse l'Esprit saint au rang de la créature, nous l'anathémisons et nous estimons qu'il confine à l'erreur hellénique ».

---

[392] B. DE CÉSARÉE, « Lettre XXXVIII. À son frère Grégoire », dans *Lettres I*, Paris, Belles-Lettres, 1957, p. 87.
[393] T. HOPKO, *op. cit.*, p. 198.
[394] La forme classique du modalisme est le sabellianisme.
[395] T. HOPKO, *op. cit.*, pp. 204-205.
[396] *Ibid.*, pp. 205-206.
[397] L'arianisme est probablement la forme la plus connue de subordinatianisme.
[398] Ce processus de dogmatisation eut lieu au concile de Nicée (325) et de Constantinople (380), ce dont témoigne le *Symbole de Nicée-Constantinople*.
[399] B. DE CÉSARÉE, « Lettre CCXXVI. Aux ascètes qu'il dirigeait », dans *Lettres III*, *op. cit.*, p. 28.

Le damascène rappelle qu'affirmer l'essence tri-hypostatique de Dieu ne signifie pas affirmer que Dieu est « plusieurs ». Il n'y a en effet en lui aucune pluralité, aucun « peuple de dieux ». La consubstantialité des hypostases signifie au contraire que, pour chacune d'entre elles, il y a « identité de volonté, d'activité, de puissance, de liberté, et de mouvement » avec les autres[400]. On le voit, la communion d'essence implique également la communion d'opérations. Toute opération effectuée dans le monde par une personne trinitaire l'est également par les deux autres personnes[401].

La doctrine de la Trinité affirme donc qu'il y a au cœur de l'unité de Dieu une socialité. Cette idée d'une socialité fondamentale de Dieu est aussi l'une des intuitions rectrices de la *Process theology*. Pourtant, cette dernière n'a pas adhéré à la doctrine classique de la Trinité. Plusieurs théologiens du *Process* ont même complètement rejeté toute doctrine trinitaire, tandis que d'autres, probablement conscients qu'un tel rejet les mettait trop en porte-à-faux vis-à-vis de la tradition chrétienne, ont essayé d'élaborer une doctrine trinitaire alternative à partir de la conceptualité de la métaphysique du *process*. Néanmoins, tous partagent le même projet d'exprimer la socialité fondamentale de Dieu.

La doctrine classique de la Trinité et la *Process theology* cherchent donc l'une et l'autre à exprimer la socialité fondamentale de Dieu. Dans ce chapitre, nous allons commencer par présenter les modèles trinitaires traditionnels exprimant cette socialité divine. Puis, nous verrons comment les théologiens du *Process* ont reçu la doctrine de la Trinité. Nous présenterons les modèles trinitaires proposés par la *Process theology*. Nous verrons à cette occasion qu'aucun de ces modèles ne parvient à exprimer la socialité divine. Nous verrons ensuite la proposition d'Hartshorne de penser la socialité divine à travers la relation Dieu-monde. Enfin, nous tâcherons de montrer que les modèles envisagés par les théologiens du *Process* ne sont pas adéquats à la foi chrétienne, et que, *a contrario*, il existe un modèle trinitaire traditionnel qui permet d'exprimer la socialité fondamentale de Dieu d'une façon adéquate à la foi chrétienne.

## I) *La réflexion trinitaire dans la philosophie contemporaine*

La théologie traditionnelle affirme la socialité fondamentale de Dieu à travers la relation des personnes trinitaires entre elles. Dans la réflexion contemporaine, deux modèles trinitaires dominent : le trinitarisme social (dont les origines sont à chercher dans la théologie orientale) et le trinitarisme latin (dont les origines se trouvent dans la théologie occidentale). On peut schématiser la différence d'approche entre ces deux

---

[400] JEAN DAMASCÈNE, *op. cit.*, p. 183.
[401] C'est ce qui est classiquement appelé la *Périchorèse*.

modèles trinitaires ainsi : le trinitarisme social cherche à expliquer comment trois personnes peuvent être un Dieu unique, alors que le trinitarisme latin cherche à expliquer comment un Dieu unique peut être trois personnes.

## A) *Le trinitarisme social*

### *1) La doctrine sociale de la Trinité*

Richard Swinburne définit assez simplement ce qui est pour lui la description traditionnelle de la conception chrétienne de Dieu : trois personnes en une substance[402]. Cornélius Plantinga partage cette conception, et la justifie en rappelant les versets 14 et 15 du symbole d'Athanase :

> « Le Père est Dieu, le Fils est Dieu, et le Saint-Esprit est Dieu, et pourtant il n'y a pas trois Dieux mais un Dieu »[403].

Il n'y a donc pas trois Dieux mais un Dieu, et celui-ci n'est pas une personne, mais trois personnes. Swinburne et Plantinga qualifient leur doctrine de la Trinité de sociale. Plantinga rajoute que le propre de cette conception sociale de la Trinité est d'affirmer que le terme « Dieu » se réfère à une unité sociale formée par le Père, le Fils et le Saint-Esprit, qui constituent trois centres distincts de conscience, c'est-à-dire trois centres capables de connaissance, volonté, amour et action, formant une « société ou communauté, transcendante et divine » de trois personnes divines. Les hypostases trinitaires sont donc bien trois personnes, au sens total du terme, en communion pleine et parfaite, unifiées par leur communauté de nature, mais aussi par leur communauté d'opérations. Ainsi, chaque personne trinitaire est une personne distincte mais non séparée des autres personnes trinitaires. Les Pères ont qualifié de modalistes les doctrines rejetant cette conception tri-personnelle de Dieu (Dieu-Trinité est trois personnes distinctes mais non séparées) au profit d'une conception uni-personnelle de Dieu[404].

Pour Richard Swinburne, qui défend également une conception sociale de la Trinité, les personnes trinitaires sont bien trois personnes au sens plein du terme, instanciant la même essence. Les personnes trinitaires sont bien la même substance, elles diffèrent cependant de par leurs propriétés hypostatiques. Swinburne envisage celles-ci comme des propriétés relationnelles[405]. Il propose donc, à l'instar de Jean Damascène, de distinguer les personnes divines à partir de leurs relations. Le Père, seul à être sans cause, cause le Fils, puis cause l'Esprit en coopération avec le Fils, le Fils est causé

---

[402] R. SWINBURNE, *The christian god*, Oxford, Oxford University Press, 1994, p. 169.
[403] C. PLANTINGA, « Social Trinity and tritheism », dans C. PLANTINGA & R. J. FEENSTRA (sous la dir.), *Trinity, Incarnation, and atonement*, Indiana, University of Notre-Dame Press, 1989, p. 22.
[404] *Ibid*, p. 30.
[405] R. SWINBURNE, *op. cit.* p. 188.

par le Père et cause l'Esprit en coopération avec le Père, l'Esprit est causé par le Père et le Fils et ne cause, lui, aucune personne divine[406]. La motivation qu'il voit à ces générations est tout simplement l'amour parfait que se portent mutuellement les personnes trinitaires[407].

Swinburne estime en effet que si les Pères ont adopté une telle conception trinitaire de Dieu, c'est précisément parce qu'elle permettait de concevoir Dieu comme disposant d'un amour parfait en lui-même, indépendamment de tout rapport à autre chose que lui-même (la création par exemple). Il rajoute que les Pères ont également jugé une monade solitaire inadéquate à l'expression d'un tel amour parfait car celui-ci, pour être justement parfait, nécessite une altérité : l'amour parfait n'est pas l'amour de soi-même, c'est un amour de l'autre. L'amour parfait de Dieu doit donc répondre à deux conditions qui semblent à première vue contradictoires entre elles, mais qui se résolvent dans une conception sociale de la Trinité :

(1) Aimer d'un amour parfait quelque chose qui est distinct de lui-même.
(2) Posséder l'amour parfait en lui-même, indépendamment de tout autre chose.

Le problème s'aplanit en effet si on se rappelle que le terme « Dieu » désigne la Trinité des personnes divines. L'amour parfait de Dieu s'exprime par les relations d'amour que partagent les personnes trinitaires[408] : le Père aime le Fils et l'Esprit, le Fils aime le Père et l'Esprit, l'Esprit aime le Père et le Fils[409]. Cet amour mutuel que se portent les personnes divines répond aux deux conditions posées. La condition (1) est respectée car les personnes divines sont bien des personnes distinctes, ce qui introduit l'élément d'altérité nécessaire à un amour parfait. La condition (2) est respectée car les trois personnes divines distinctes sont un seul et même Dieu. Dieu s'aime donc en lui-même d'un amour parfait par la communion des personnes divines distinctes qui le constituent.

## 2) *L'accusation de trithéisme*

Plantinga note que la doctrine sociale de la Trinité a été critiquée au XXᵉ siècle. Il rappelle par exemple que Karl Barth estimait que lorsque nous disons que le Père, le Fils et l'Esprit sont des personnes, nous ne devons pas entendre le terme « personne » dans son sens usuel. Barth estimait en effet qu'il n'y a qu'un seul « égo » divin, une seule personnalité divine. Il rajoutait qu'affirmer qu'il n'existe pas un seul « égo » divin mais trois revenait nécessairement à du trithéisme[410]. Cependant, aux yeux de

---

[406] On voit que Swinburne adhère à la doctrine du *Filioque*. Voir R. SWINBURNE, *op. cit.*, p. 176.
[407] *Ibid.*, p. 177.
[408] *Ibid.*, p. 189.
[409] C. PLANTINGA, *op. cit.*, p. 27.
[410] *Ibid.*, p. 32.

Plantinga, la doctrine sociale de la Trinité n'apparaît trithéiste aux yeux de Barth que parce que celui-ci n'a qu'une conception modaliste de la Trinité. Il estime que la conception de Barth est partiellement issue de celle de saint Augustin. En effet, Plantinga estime qu'Augustin a affirmé deux choses contradictoires au sujet de la Trinité :
- (1) Le Père, le Fils et l'Esprit ne sont que trois facultés ou noms de l'unique personnalité divine.
- (2) Les personnes trinitaires sont capables d'amour et disposent d'une volonté, et constituent donc bien une société de personnes distinctes.

Si la doctrine augustinienne de la Trinité peut ainsi paraître peu cohérente, elle n'est néanmoins pas modaliste. En effet, si (1) est clairement modaliste, ce modalisme est tempéré par (2) qui affirme une conception sociale de la Trinité. L'ambiguïté de la conception augustinienne ne se retrouve cependant pas chez Barth qui ne reprend finalement que la (mauvaise) moitié de la conception augustinienne, à savoir (1). Il apparaît donc à ce titre que la conception univoquement unipersonnelle qu'a Barth de Dieu relève clairement du modalisme[411], vu que (2) n'est plus là pour tempérer (1). C'est à cause de cette conception modaliste de la Trinité que Barth juge trithéiste la conception sociale de la Trinité. Du point de vue d'une conception unipersonnelle de Dieu, trois personnes divines ne peuvent être que trois Dieux. Mais c'est oublier la distinction entre essence et hypostases : les personnes divines sont distinctes au plan de l'hypostase, mais elles partagent la même essence divine. Il y a donc bien trois personnes constituant un même Dieu.

### 3) Peut-il exister plusieurs personnes divines ?

Richard Swinburne se pose néanmoins une question : un tel Dieu-Trinité peut-il exister ? Répondre à cette question exige de se demander s'il peut exister plus d'une personne divine. Swinburne choisit de poser cette question à travers le prisme de l'omnipotence divine (qu'il définit comme la capacité pour Dieu de faire tout ce qui est logiquement possible, moins tout ce qui pourrait être inadéquat à sa bonté)[412]. En effet, si Dieu est omnipotent, et si chaque personne trinitaire est Dieu, alors cela signifie que chaque personne trinitaire est omnipotente. Évidemment, un tel raisonnement semble à première vue absurde : si deux êtres omnipotents existaient, ils pourraient se limiter l'un l'autre, ce qui serait contradictoire avec la notion même d'omnipotence. Il semble donc impossible qu'il existe plus d'une personne omnipotente, et, partant, plus d'une personne divine.

Cependant, Swinburne estime que cet argument est fallacieux, car il oublie la pleine communion des personnes trinitaires entre elles, affirmée par la doctrine de la Trinité. Swinburne rappelle que les Pères ont récusé la conception selon laquelle les

---

[411] *Ibid.*, p. 33.
[412] R. SWINBURNE, *op. cit.*, p. 170.

personnes trinitaires pourraient être indépendantes les unes des autres, et agir indépendamment les unes des autres[413]. Ils ont au contraire souligné la *périchorèse* des personnes trinitaires, c'est-à-dire leur pleine et parfaite communauté d'opérations. Plantinga précise à ce propos que l'omnipotence (ainsi que les autres attributs divins) est un caractère de l'essence et non des hypostases. Ainsi, le Père, le Fils et l'Esprit partagent la même omnipotence. On le voit (encore une fois), la communauté d'essence implique également la communauté d'opérations[414]. Les personnes trinitaires sont donc interdépendantes les unes des autres, ce qui pour Plantinga ne constitue une imperfection que pour « les égoïstes et les individualistes ».

En définitive, l'omnipotence n'est pas un attribut particulier à chaque hypostase trinitaire (il n'y a pas trois attributs différents d'omnipotence en Dieu), mais elle est un attribut de la Trinité dans son ensemble qui, si elle n'agit pas toujours avec la même voix, agit toujours d'un seul concert. Les trois personnes trinitaires ne sont donc pas chacune omnipotente mais partagent la même omnipotence dans une communion pleine et parfaite d'amour et de volonté. Ainsi, de par la communauté d'essence et d'opérations qui les lie, il ne peut y avoir de conflits entre les personnes trinitaires[415]. À ce titre, il est cohérent d'envisager trois personnes partageant une même omnipotence et, partant, il est cohérent d'envisager trois personnes également divines.

## B) Le Trinitarisme latin
### 1) La doctrine latine de la Trinité

Brian Leftow donne la même expression de la foi trinitaire que Cornélius Plantinga, tirée du Credo d'Athanase : « le Père est Dieu, le Fils est Dieu, et le Saint-Esprit est Dieu. Et pourtant il n'y a pas trois Dieux mais un Dieu »[416]. La tâche d'une doctrine de la Trinité est donc de proposer un modèle permettant d'expliciter comment le Dieu unique peut être en même temps trois personnes. Leftow estime que le propre de la conception latine de la Trinité est de souligner fortement le monothéisme : il n'y a qu'un seul et unique Dieu, un seul et unique individu divin. Les trois personnes trinitaires ne sont ainsi pas trois individus divins différents, mais bien plutôt trois itérations distinctes du même individu divin. La spécificité du trinitarisme latin est donc que ce dernier part du principe de l'unité irréductible de Dieu, et modélise comment cette unité irréductible peut se déployer en trois personnes[417].

---

[413] *Ibid.*, p. 179.
[414] C. PLANTINGA, *op. cit.*, p. 36.
[415] R. SWINBURNE, *op. cit.*, p. 173.
[416] B. LEFTOW, « A latin Trinity », *Faith and philosophy*, Vol. 21, N° 3, 2004, p. 304.
[417] *Ibid.*, p. 304.

Selon Leftow, la doctrine trinitaire doit fondamentalement éviter trois écueils. Le premier est le trithéisme, contre lequel la doctrine trinitaire doit affirmer que les trois personnes trinitaires ne sont pas trois Dieux mais un Dieu. Le deuxième écueil est l'arianisme, qui consiste à affirmer que le Fils n'est pas Dieu, et on pourrait rajouter le macédonisme, qui affirme que l'Esprit n'est pas Dieu. La doctrine trinitaire doit, contre l'arianisme et le macédonisme, affirmer que le Fils et l'Esprit sont pleinement et entièrement Dieu. Le troisième écueil est le modalisme, qui réduit les personnes trinitaires à n'être que des modes de relation[418]. Contre le modalisme, la doctrine trinitaire doit affirmer que les personnes trinitaires sont bien des personnes et non simplement des masques que prend Dieu pour s'adresser au monde.

Le trinitarisme latin éviterait ces trois écueils. Contre le trithéisme, la doctrine latine de la Trinité rend métaphysiquement compte de l'unité irréductible de Dieu via la notion de substance : il y a un Dieu unique car il n'y a qu'une seule et unique substance divine. Contre l'arianisme et le macédonisme, le trinitarisme latin affirme qu'il y a bien trois personnes divines, qui sont chacune pleinement et entièrement Dieu. Pour sortir de ce paradoxe apparent, le trinitarisme latin va considérer que les personnes divines sont trois itérations distinctes de la même substance divine.

La doctrine latine de la Trinité évite également, selon Leftow, l'écueil du modalisme car ces trois itérations de l'unique substance divine sont bien trois personnes, et non trois masques ou trois modes de révélation de cette dernière. Leftow propose une expérience de pensée particulièrement audacieuse et basée sur l'idée du voyage temporel, afin de rendre compte de la façon dont trois itérations du même individu peuvent bien être trois personnes distinctes. Nous allons ici proposer une version modifiée et simplifiée de l'expérience de pensée de Leftow.

### 2) Le voyage temporel : une analogie de la Trinité

Imaginons un groupe de musique composé de trois musiciens : un guitariste/chanteur, un batteur et un bassiste[419]. Pourtant, en réalité, ce groupe n'est composé que d'un unique membre, que nous allons appeler l'individu $x$. Ce groupe de musique aurait à jouer un concert à $T_1$. Seulement, à $T_1$ ne serait présent que l'individu $x$ à $T_1$, que nous allons appeler $x_1$. À lui seul, $x_1$ ne peut bien évidemment pas tenir ses engagements et jouer son concert, puisque, pour ce faire, il a besoin de deux autres musiciens. Cependant, il se trouve que, par un heureux hasard, l'individu $x$ dispose d'une machine à voyager dans le temps. L'individu $x$ à $T_2$, que nous allons appeler $x_2$, se sert donc de cette machine pour remonter le temps jusqu'à $T_1$. L'individu $x$ à $T_3$, que nous allons appeler $x_3$, fait la même chose que $x_2$ et remonte lui aussi le temps jusqu'à $T_1$. L'individu $x$, l'unique membre du groupe de musique, sera donc

---

[418] *Ibid.*, p. 307.
[419] Ce qu'on appelle, dans le vocabulaire du Rock'n'roll, un *power trio*.

à $T_1$ présent en trois exemplaires : $x_1$, $x_2$, et $x_3$. Le groupe de musique sera donc à la fois constitué de trois musiciens, $x_1$, $x_2$, et $x_3$, tout en étant constitué d'un seul membre, l'individu $x$, et il pourra ainsi tenir ses engagements et jouer son concert[420].

Bien sûr, on pourra faire remarquer qu'exposer aussi simplement, l'expérience de pensée proposée peut poser divers problèmes. Elle pose par exemple le problème des paradoxes temporels (que se passerait-il en effet si par exemple $x_3$ assassinait $x_2$ à $T_1$ ?). Toutefois, rappelons que cette expérience de pensée n'a pas l'ambition de proposer une réflexion sur les conditions de possibilité du voyage temporel, mais simplement de proposer un modèle dans lequel trois itérations du même individu sont bien trois personnes distinctes, de la même façon que saint Patrick prit l'exemple du trèfle à trois feuilles pour expliciter ce que pouvait être le Dieu-Trinité aux anciens Irlandais. L'expérience de pensée n'a donc pas à être parfaite dans toutes ses dimensions, mais doit simplement atteindre son but. Or, dans le scénario que propose cette dernière, $x_1$, $x_2$, et $x_3$ seront bien chacun une personne à part entière, dotée de son propre centre de conscience. En même temps, $x_1$, $x_2$, et $x_3$ seront bien également trois itérations du même individu $x$, unique membre du groupe, provenant de trois moments différents de la vie de ce dernier, mais pouvant agir simultanément au même moment grâce à l'aide de la machine temporelle[421].

Nous pouvons appliquer ce modèle à la Trinité : Dieu existe en trois itérations, de la même façon que l'individu $x$ existe à $T_1$ en trois itérations $x_1$, $x_2$, et $x_3$. Cependant, l'analogie demeure imparfaite[422]. En effet, si $x_1$, $x_2$, et $x_3$ sont bien en même temps trois personnes et trois itérations du même individu $x$, c'est parce qu'ils sont aussi trois itérations successives dans le temps de l'individu $x$, réunies à $T_1$ à l'aide de la machine temporelle. Or, Dieu étant atemporel, le Père, le Fils, et l'Esprit ne sont certainement pas trois itérations successives dans le temps de Dieu. Les personnes divines sont finalement trois itérations éternelles du même Dieu unique qui, de par son mode d'existence, vit éternellement ainsi par les personnes divines qui sont chacune éternellement une itération distincte de son unique individualité[423].

## *II) La réception de la doctrine de la Trinité dans la* **Process theology**

Nous venons de voir que la philosophie contemporaine distinguait deux modèles trinitaires traditionnels : le modèle social et le modèle latin. Les théologiens du *Process* n'ont cependant pas distingué ces deux modèles. Il semblerait qu'aux yeux de

---

[420] B. LEFTOW, *op. cit.*, p. 309.
[421] *Ibid.*, p. 310.
[422] *Ibid.*, p. 313.
[423] *Ibid.*, p. 312.

la *Process theology*, toute la doctrine trinitaire traditionnelle soit résumable au trinitarisme latin. Ils ont par ailleurs rejeté ce modèle. Certains théologiens du *Process* ont néanmoins cherché a élaboré une doctrine trinitaire dans le cadre de la métaphysique du *process*.

## A) *La doctrine classique de la Trinité : un échec*

### 1) *Chez Whitehead*

La doctrine traditionnelle de la Trinité a souvent fait l'objet d'une réception assez négative dans la *Process theology*. Whitehead lui-même la rejette dans *Religion in the making*. S'il conçoit l'introduction dans l'Évangile selon saint Jean de la doctrine du *Logos* comme une radicale remise en cause de « la notion d'unité personnelle univoque du Dieu sémite » et comme un pas important vers l'affirmation d'une immanence de Dieu dans le monde[424], il voit cependant la conception tri-personnelle de Dieu proclamée par l'Église comme un retour à la conception sémite d'un Dieu-tyran. Il qualifie de plus la doctrine trinitaire de « conception claire, terrifiante et impossible à prouver »[425].

Nous pouvons toutefois trouver une appréciation plus positive de la doctrine trinitaire dans *Adventures of ideas*. Il y estime en effet que la conception tri-personnelle est, non plus un pas en arrière, mais bien un pas en avant vers la conception de l'immanence divine :

> « La solution en vigueur, d'une multiplicité dans la nature de Dieu, dans laquelle chaque élément est divin sans réserve, comporte une doctrine de l'immanence mutuelle dans la nature divine ».

Cette immanence en Dieu s'ouvre vers une immanence dans l'Homme et dans le monde par l'immanence des personnes trinitaires elles-mêmes :

> « Ils optèrent pour l'immanence directe de Dieu dans la personne unique du Christ. Ils optèrent également pour une sorte d'immanence directe de Dieu au monde en général. Ce fut leur doctrine de la troisième personne de la Trinité »[426].

On se gardera néanmoins de faire de Whitehead un thuriféraire de la doctrine de la Trinité. À aucun moment Whitehead ne semble réellement adhérer à la conception trinitaire de Dieu. Il estime néanmoins que les Pères de l'Église ont bel et bien fait une « découverte métaphysique » en concevant à travers la doctrine de la Trinité une immanence de Dieu dans le monde, alors que dans le platonisme, principale référence philosophique de Whitehead, une telle immanence de Dieu ne peut que

---

[424] A. N. WHITEHEAD, *La religion en gestation, op. cit.*, p. 34.
[425] *Ibid.*, p. 35.
[426] *Idem*, *Aventures d'idées, op. cit.*, p. 221.

manifester une divinité seconde et dégradée. Il affirme ainsi que les Pères sont « les seuls penseurs à avoir, sur une conception métaphysique fondamentale, amélioré Platon »[427]. Cependant à ses yeux, la doctrine trinitaire n'a pas empêché les Pères de nourrir une conception barbare de Dieu. Leur découverte de l'immanence divine dans le monde n'a pas abouti à une conception renouvelée de Dieu comme agent suprême de persuasion, les Pères ayant au contraire continué à concevoir Dieu comme un agent suprême de coercition. Whitehead explique ce blocage conceptuel, cette incapacité à généraliser cette doctrine de l'immanence divine en une métaphysique de la relation affirmant la socialité de Dieu et du monde, par leur présupposé selon lequel « la nature de Dieu était dispensée de toutes les catégories métaphysiques qui s'appliquaient aux réalités individuelles de ce monde temporel »[428].

La doctrine traditionnelle de la Trinité apparaît ainsi chez Whitehead comme une première esquisse d'une doctrine de l'immanence divine dans le monde, qui a le mérite de la novation mais qui a aussi manqué sa finalité, doctrine que sa propre métaphysique du *process* doit mener à sa pleine maturité, rendant du même coup obsolète la doctrine trinitaire. Nous voyons donc que, même si Whitehead reconnaît dans la doctrine de la Trinité un progrès métaphysique, il estime également que celle-ci fut une occasion manquée d'affirmer la socialité de Dieu et du monde. Le rôle qui échoit à la métaphysique du *process* est ainsi de penser de manière plus radicale l'immanence de Dieu dans le monde, en remplaçant la doctrine trinitaire par une doctrine de la socialité Dieu-monde. Nous verrons plus loin que cette idée sera reprise par Charles Hartshorne.

### 2) *Chez Hartshorne*

Hartshorne reproduit exactement le jugement de Whitehead dans son livre *Natural theology for our time*[429] :

> « Il semble implicite sinon explicite dans le christianisme, et dans la doctrine islamique aussi, quoique moins clairement, que la structure sociale de l'existence n'est pas l'apparence de quelque chose de plus ultime, mais un aspect de la réalité elle-même. La Trinité est une tentative, peut-être pas très réussie, d'exprimer cette idée ».

À l'instar de Whitehead, Hartshorne estime donc que la doctrine de la Trinité est allée dans la bonne direction en affirmant une socialité fondamentale en Dieu, mais, en refusant de généraliser son propos, a échoué à affirmer la socialité fondamentale de Dieu et du monde. Il met en avant que la métaphysique du *process* permet précisément d'affirmer une socialité fondamentale de Dieu, sans faire appel à la doc-

---

[427] *Ibid.*, p. 220.
[428] *Ibid.*, pp. 221-222.
[429] C. HARTSHORNE, *Natural theology for our time, op. cit.*, p. 105.

trine de la Trinité, à travers la relation Dieu-monde. Il défend cette conception, arguant que celle-ci est la seule conception réellement crédible de Dieu. Concevant ainsi la conception whiteheadienne de Dieu comme une alternative s'opposant à la conception trinitaire, Hartshorne parle du coup peu de la Trinité. Les seules références à la doctrine trinitaire qu'on trouve chez Hartshorne sont ainsi éminemment critiques (voire sarcastiques). Il écrit par exemple dans *Man's vision of God*[430] :

> « La Trinité est censée répondre à l'exigence de donner à Dieu un objet d'amour d'une manière compatible avec son absolue auto-suffisance, et qui soit "digne" de l'amour divin. Elle réalise cette exigence en affirmant que l'aimant et l'aimé sont identiques – et en même temps non identiques. Mais quelle que soit la vérité derrière cette idée – dont la signification me semble aussi problématique que la vérité, une absurdité demeure une absurdité, elle n'est qu'un brouillard dissimulant le fait qu'elle laisse le problème de l'amour divin irrésolu ».

La Trinité n'est pour Hartshorne, on le voit, qu'une tentative de la part du théisme classique pour souligner une socialité en Dieu tout en sauvegardant son indépendance ontologique. Mais cette tentative demeure pour lui vaine : on ne peut souligner une socialité en élaborant une relation de l'identique à l'identique[431]. Il réitère ce jugement dans *The divine relativity*[432] :

> « Un Dieu personnel entretient donc des relations sociales, réelles, est ainsi constitué par des relations, et est donc relatif dans un sens non prévu par la conception traditionnelle d'une substance divine totalement non relative au monde, mais contenant prétendument des relations d'amour entre les "personnes" de la Trinité ».

Nous verrons plus loin comment Hartshorne affirme la socialité fondamentale de Dieu à travers la relation Dieu-monde, dans le but de remplacer la doctrine trinitaire. Cette dernière, selon lui, ne parvient à penser qu'une fausse socialité divine, les relations entre les personnes trinitaires n'étant qu'une relation du même au même. Nous pouvons constater que cette critique est pertinente vis-à-vis du trinitarisme latin. En effet, dans ce modèle, les personnes trinitaires ne sont bien que trois itérations du même individu. Elles sont trois personnes distinctes, mais elles ne sont pas trois personnes différentes. Cependant, Hartshorne semble ignorer la distinction entre trinitarisme latin et trinitarisme social, et ce qu'il dit de la Trinité laisse penser qu'il considère que le trinitarisme latin résume toute la théologie trinitaire traditionnelle. Or, ce n'est pas le cas, et le trinitarisme social résiste justement à la critique que fait Hartshorne de la Trinité. En effet, dans ce modèle, les personnes trinitaires sont bien trois personnes distinctes et différentes, Elles ne sont pas $x_1$, $x_2$, et $x_3$, c'est-à-dire trois

---

[430] *Idem, Man's vision of God, op. cit.*, p. 164.
[431] *Ibid.*, p. 165.
[432] *Idem, The divine relativity, op. cit.*, p. X.

itérations distinctes du même individu, mais *x*, *y*, et *z*, trois personnes différentes unifiées par leur communauté d'essence et d'opérations. Dans le modèle social, les relations entre les personnes trinitaires ne sont donc pas des relations du même au même, mais bien des relations entre des personnes différentes et distinctes. La doctrine trinitaire, dans cette conception sociale, parvient donc à affirmer la socialité fondamentale de Dieu, contrairement à ce qu'avance Hartshorne.

## B) Tentatives de doctrine trinitaire alternative

Xavier Morales, dans son livre *La relativité de Dieu* (qui porte sur les rapports entre théologie trinitaire et *Process theology*)[433], relève les deux types envisageables de réinterprétation de la théologie trinitaire à partir de la métaphysique du *process*[434] :

> « 1. Soit on tente de montrer que la philosophie de l'organisme peut fonder le discours chrétien sur la Trinité. Ce qui revient à dire que la Trinité de Dieu découle de la nature-même de Dieu telle qu'elle est décrite par Whitehead. Dans ce cas, on aboutit forcément à une forme de modalisme, puisque le Dieu de Whitehead est une personne unique. Qui plus est, comme Suchocki, Cobb ou Ford l'avouent eux-mêmes, ces théologies trinitaires sont arbitraires. Au bout du compte, on est contraint de conclure que la philosophie de l'organisme n'est pas compétente pour parler de la Trinité de Dieu, ou que, si elle le fait, elle la détruit.
>
> 2. Soit on part de la Trinité comme un *fait* dont la théologie a mission de rendre compte, et on utilise les concepts de la philosophie de l'organisme pour décrire ce fait. On sera peut-être amené à corriger ou adapter ces concepts à une réalité que la philosophie de l'organisme n'avait pas incluse dans son domaine de recherche ».

X. Morales ne fait pas mystère de privilégier la seconde démarche. Il considère la métaphysique du *process* comme pouvant nourrir une démarche renouvelée en théologie trinitaire. Cependant, il reconnaît également que les théologiens du *Process* ont largement favorisé la première démarche. Il explique cette tendance lourde par « le parti pris de Whitehead en faveur d'une "philosophie spéculative" capable de produire une description systématique du monde »[435]. En effet, pour Whitehead comme pour ses disciples théologiens, le schème conceptuel de la métaphysique du *process* doit pouvoir rendre compte de toutes les réalités, y compris une éventuelle nature trinitaire de Dieu. C'est bien cette conviction qui fonde le postulat directeur de la *Process theology* selon lequel la métaphysique de Whitehead doit permettre d'élaborer une conception renouvelée et plus adéquate du Dieu chrétien. Nous allons donc passer en revue quelques développements de théologie trinitaire élaborés dans le cadre de

---

[433] X. MORALES, *La relativité de Dieu. La contribution de la Process Theology à la théologie trinitaire*, Paris, Cerf, 2017.
[434] *Ibid.*, pp. 153-154.
[435] *Ibid.*, p. 154.

la *Process theology* qui relèvent de la première démarche identifiée par X. Morales, et montrer que ces derniers relèvent, au mieux, du modalisme, au pire, d'une négation de la Trinité.

### 1) *Tentatives concordistes*

Lorsqu'un théologien du *Process* tente de donner une interprétation de la Trinité, il cherche généralement à identifier les personnes trinitaires, Père, Fils et Esprit, à d'autres concepts. X. Morales donne en exemple la démarche proposée par Laurence F. Wilmot dans son livre *Whitehead and God*[436]. Ce dernier propose d'identifier les personnes trinitaires à des concepts issus de la métaphysique du *process*. Le Père est identifié à la créativité, le Fils à la nature primordiale, et l'Esprit à la nature conséquente[437]. David Ray Griffin propose un modèle très proche. Il suggère lui aussi d'identifier le Père à la créativité. Il associe de plus le Fils à « l'amour créateur » (c'est-à-dire la nature primordiale), et l'Esprit à « l'amour réacteur » (c'est-à-dire la nature conséquente)[438]. X. Morales remarque cependant que ce concordisme est, de façon assez évidente, maladroit. La créativité désigne en effet chez Whitehead la catégorie ultime, elle est une caractéristique de l'être, alors que les natures primordiales et conséquentes sont des aspects de Dieu. En d'autres termes, en aucune façon la créativité et les natures primordiales et conséquentes de Dieu ne sont des personnes. La créativité n'est d'ailleurs même pas un être[439].

Norman Pittenger et Daniel Day Williams sont probablement les théologiens du *Process* les plus bienveillants envers la théologie traditionnelle. Ils ont eux aussi essayé de développer un modèle trinitaire dans le cadre de la *Process theology* en suivant une démarche concordiste. Pittenger développe son propos dans ses livres *God in process*[440] et *The divine triunity*[441]. Il voit dans la Trinité trois modes d'action de Dieu qui correspondent aux trois modes d'expérience que l'homme a de Dieu[442]. Le Père est Dieu dans sa transcendance. Le Fils correspond à l'amour de Dieu tel qu'il agit dans le monde. Cet amour est ainsi manifesté en Jésus. L'Esprit manifeste la réponse de Dieu à ceux qui l'aiment et le prient, actualisant ainsi son dessein dans le monde. Dieu (Père), ainsi, agit (par le Fils) et répond (par l'Esprit) dans le processus temporel du monde. Il n'est pas bien difficile de se rendre compte que la doctrine trinitaire que

---

[436] L. F. WILMOT, *Whitehead and God. Prolegomena to theological reconstruction*, Waterloo (Canada), Wilfrid Laurier University Press, 1979.

[437] X. MORALES, *op. cit.*, p. 65.

[438] D. R. GRIFFIN, « A naturalistic Trinity », dans J. A. BRACKEN et M. H. SUCHOCKI, *Trinity in process. A relational theology of God*, New York, Continuum, 1997, pp. 23-40.

[439] X. MORALES, *op. cit.*, pp. 66-67.

[440] N. PITTENGER, *God in process*, Londres, 1967.

[441] *Idem*, *The divine triunity*, Philadelphia, United Church Press, 1977.

[442] *Idem*, *God in process, op. cit.*, p. 48.

propose Pittenger n'est qu'une forme de modalisme. Dans le modèle de Pittenger, les « personnes trinitaires » ne sont tout simplement pas des personnes, mais elles symbolisent plutôt les modes de relation qu'entretient un Dieu strictement unipersonnel avec le monde.

Daniel Day Williams, dans son livre *Spirit and the form of love*, voit lui aussi dans la Trinité une doctrine pour modéliser l'amour de Dieu. La doctrine trinitaire est à ses yeux strictement symbolique et non ontologique : elle ne dit rien de l'être de Dieu, mais nous aide à mieux comprendre son amour[443]. Williams propose comme alternative à la doctrine classique (ou plutôt à ce qu'il juge être la doctrine classique) la conception d'un Dieu unipersonnel symbolisé par le Père, dont l'amour pour le monde est symbolisé par le Fils, l'Esprit symbolisant la pleine communion du Père et du Fils[444]. Là encore, il n'est pas très difficile de constater que ce modèle trinitaire est totalement modaliste.

Lewis Ford[445] propose un modèle concordiste encore différent. Le Père et le Fils sont deux aspects de la nature primordiale : le Père est l'évaluation des objets éternels dans la nature primordiale, alors que le Fils, en tant que *Logos*, est l'ensemble des visées initiales proposées aux occasions actuelles en formation[446] (le Christ désignant les visées initiales spécifiquement proposées aux êtres humains, Jésus étant un exemple de réalisation parfaite de sa visée initiale)[447]. Ford rajoute que l'Esprit est « l'inverse de la nature conséquente » : alors que cette dernière désigne l'immanence du monde en Dieu, l'Esprit désigne l'immanence de Dieu dans le monde[448]. On voit que dans le modèle de Ford, là encore, les personnes trinitaires sont des modes de relations, que ce soit aux objets éternels, à chaque occasion actuelle, ou au monde dans son ensemble.

### 2) *Le modèle non concordiste de John Cobb*

Cobb estime que la *Process theology* doit se détacher du modèle trinitaire. Il affirme, avec raison, que les tentatives étroitement concordistes sont « source de distorsion et

---

[443] D. D. WILLIAMS, *Spirit and the form of love*, New York, Harper & Row, 1968, p. 35.
[444] *Ibid.*, p. 36.
[445] L. S. FORD, « Contingent trinitarianisme », dans J.A. BRACKEN et M. H. SUCHOCKI, *Trinity in process. A relational theology of God*, New York, Continuum, 1997, pp. 41-68.
[446] *Ibid.*, p. 44.
[447] *Ibid.*, p. 43.
[448] *Ibid.*, p. 44.

un jeu artificiel »[449]. Il propose de dédoubler les natures divines du Dieu whiteheadien. Chacune des natures divines se voit ainsi dotée d'un aspect transcendant et d'un aspect immanent[450].

Chacun de ces quatre aspects est ensuite assimilé à un concept théologique. Cobb résume ce développement dans un tableau :

| Dieu | Aspect transcendant | Aspect immanent |
|---|---|---|
| Nature primordiale | Logos | Christ |
| Nature conséquente | Royaume de Dieu | Esprit |

X. Morales commente ainsi ce tableau :

« 1. La nature primordiale sous son aspect transcendant de "puissance de transformation créatrice" correspond au Logos, tandis que l'incarnation du Logos, le Christ, est "le but initial de Dieu devenu immanent dans le monde" et représente l'aspect immanent de cette nature primordiale de Dieu.

2. La nature conséquente de Dieu est le "monde comme accueilli et créativement transformé à l'intérieur de Dieu", correspondant à l'Esprit, qui est une anticipation du Royaume de Dieu dans l'histoire ».

Nous voyons facilement que Cobb ne propose absolument pas une Trinité mais bien plutôt une double binarité. Qui plus est, celle-ci ne rend pas compte de la notion de personne, les « personnes quaternitaires » que propose Cobb n'étant que des aspects, des modes de relation de Dieu.

## C) *Le problème : la conception de Dieu comme entité actuelle*

### 1) *Le jugement de Marjorie Suchocki*

La Trinité dans la *Process theology*, comme nous avons pu nous en rendre compte, est finalement soit définitivement rejetée comme une tentative qui a échoué à rendre compte de la socialité de Dieu, soit elle fait l'objet de réinterprétations modalistes. Dans un article intitulé « God, Trinity, Process »[451], Marjorie Suchocki, qui est professeure à l'Université de Claremont, propose un rapide bilan[452] de ces réflexions trinitaires menées jusqu'alors dans le cadre de la *Process theology*. Elle relève

---

[449] J. COBB, D. R. GRIFFIN, *op. cit.*, p. 109.
[450] J. COBB, « The relativization of the Trinity », dans J. A. BRACKEN et M. H. SUCHOCKI, *Trinity in process. A relational theology of God*, New York, Continuum, 1997, pp. 1-22.
[451] M. H. SUCHOCKI, « God, Trinity, Process », dans *Dialog : a journal of theology*, Volume 40, N°3, 2001, pp. 169-174.
[452] M. H. SUCHOCKI, p. 175.

que dans le livre récent *Trinity in process*[453] qu'elle a dirigé avec le jésuite américain Joseph Bracken, neuf théologiens du *Process* ont proposé neuf modèles trinitaires (nous en avons passé en revue quelques-uns déjà) différents ! Elle observe qu'il n'y a donc pas une et une seule doctrine trinitaire dans la *Process theology*. Nous pouvons rajouter que le livre *Trinity in process* démontre bien la volonté de nombre de théologiens du *Process* de rendre compte de la conception traditionnelle du Dieu trinitaire à partir de la métaphysique du *process*, ce qui est compréhensible dans la mesure où la *Process theology* se veut précisément une théologie chrétienne (et même la meilleure théologie pour le christianisme à notre époque). Toutefois, Suchocki juge cette voie finalement impraticable.

Suchocki affirme qu'il est impossible d'établir des correspondances entre la doctrine trinitaire traditionnelle et la conception de Dieu de la *Process theology*. Le modèle trinitaire traditionnel se fonde à ses yeux sur une métaphysique grecque substantialiste beaucoup trop éloignée de la métaphysique du *process* pour que ce genre de concordisme puisse être autre chose qu'un jeu arbitraire.

C'est bien la conception de Dieu comme entité actuelle nourrie par la métaphysique du *process* qui rend impossible tout discours authentiquement trinitaire dans le cadre de la *Process theology*. En effet, une entité actuelle est une synthèse unique de préhensions conceptuelles et de préhensions physiques. S'il est possible de distinguer en elle des aspects, ces distinctions ne brisent pas l'unicité univoque de l'entité actuelle. Les modèles « trinitaires » proposés, quand ils sont proposés, par les théologiens du *Process* ne peuvent donc relever d'autre chose que du modalisme. Symétriquement, la conception tri-hypostatique traditionnelle est condamnée à ne pouvoir être perçue que comme du trithéisme du point de vue de la métaphysique du *process*.

## 2) *La proposition de Grégory Boyd*

Gregory Boyd, dans son livre magistral *Trinity and process*[454], souligne que Charles Hartshorne se démarque de Whitehead lui-même et des autres théologiens du *Process* par le fait qu'il ne conçoit pas Dieu comme une entité actuelle, mais comme une société. Boyd estime qu'Hartshorne souligne ainsi une socialité fondamentale en Dieu de façon plus forte que les autres théologiens du *Process,* et affirme pour cette raison que sa conception de Dieu est la plus à même de permettre l'élaboration d'une théologie trinitaire dans le cadre de la *Process theology*. On pourrait en

---

[453] J. A. BRACKEN et M. H. SUCHOCKI, *Trinity in process. A relational theology of God*, New York, Continuum, 1997.
[454] G. BOYD, *Trinity and process. A critical evaluation and reconstruction of Hartshorne's di-polar theism towards a trinitarian metaphysics*, New York, Peter Lang Publishing, 1992.

effet faire l'hypothèse que la conception d'Hartshorne de Dieu comme société pourrait permettre d'éviter l'écueil du modalisme sur lequel se sont échoués tous les modèles trinitaires fondés sur une conception de Dieu comme entité actuelle[455].

Néanmoins, cette hypothèse rencontre elle aussi le problème du modalisme : la notion de société ne permet pas plus que celle d'entité actuelle de faire de distinctions entre les personnes trinitaires. Une société est constituée d'occasions actuelles solidaires entre elles. Une personne est une société dont les occasions actuelles sont organisées autour d'un principe directeur commun qui les unifie suffisamment pour permettre l'émergence d'une conscience, c'est-à-dire ce que la métaphysique du *process* appelle une société monarchique. Mais une telle société monarchique ne peut en aucun cas manifester trois personnes distinctes. Hartshorne estime d'ailleurs lui-même à ce propos que la congruence des occasions actuelles dans la société divine fait émerger l'unique personnalité divine. La notion whiteheadienne de société ne permet donc pas de rendre compte d'une conception tri-personnelle de Dieu.

## III) *Charles Hartshorne : une socialité divine sans la Trinité*

Marjorie Suchocki affirme, comme nous venons de le voir, que la métaphysique du *process* ne permet pas d'élaborer une conception véritablement trinitaire de Dieu. Tous les modèles trinitaires proposés par les théologiens du *Process* se sont révélés être modalistes. Ces modèles trinitaires ne respectent donc pas l'orthodoxie chrétienne. Mais, de plus, ils ne permettent pas à la *Process theology* de rendre compte de la socialité fondamentale de Dieu. Un Dieu modaliste étant par définition une individualité unique, il ne saurait être considéré comme un être social. Cela signifie-t-il que la *Process theology* est incapable de concevoir un Dieu véritablement social ? Cela serait étonnant dans la mesure où l'idée d'une socialité fondamentale en Dieu est l'une de ses intuitions rectrices. En réalité, la *Process theology* ne va pas exprimer la socialité de Dieu à travers une doctrine trinitaire, mais à travers une certaine conception de la relation Dieu-monde. Nous avons déjà vu que Whitehead estimait justement que la doctrine trinitaire devait être remplacée par une doctrine de la socialité Dieu-monde. Charles Hartshorne est celui qui a, à mon sens, le mieux développé cette dernière idée. Hartshorne a en effet élaboré une doctrine de la socialité Dieu-monde dans le cadre de sa discussion de ce qu'il appelle le paradoxe de Findlay.

---

[455] On pourrait bien sûr faire la remarque que concevoir Dieu comme une société revient à nier la simplicité divine, mais cette négation est une thèse générale de la *Process theology* qui n'est pas spécifique à Hartshorne.

## A) *Le paradoxe de Findlay*

John Findlay estime[456] que l'argument ontologique proposé par Anselme de Cantorbéry dans son *Proslogion* est en réalité (et ironiquement) un argument prouvant que Dieu n'existe pas. L'argument de Findlay peut être résumé ainsi :

(1) Dieu, pour être l'objet adéquat de nos attitudes religieuses, doit être nécessaire.
(2) Un être nécessaire ne peut être l'objet d'un jugement d'existence.
(3) Donc Dieu n'existe pas.

Findlay va dans son article longuement justifier (1). Il définit Dieu, selon une approche qu'il qualifie d'indirecte, comme l'objet adéquat des attitudes religieuses. Il définit l'attitude religieuse comme le fait de s'abaisser devant l'objet de sa dévotion, littéralement ou métaphoriquement. Findlay précise sa pensée en expliquant que le terme « attitude » désigne pour lui une certaine catégorie d'action, de pensée ou de langage. L'attitude ainsi définie doit être adéquate et régulée par l'objet qui lui donne son contexte. La peur, par exemple, nous dit Findlay, est appropriée dans les situations de danger, mais doit s'affaiblir quand l'objet du danger disparaît. Une attitude est donc normale et justifiée si elle est régulée de manière appropriée par la connaissance de son objet, et est injustifiée si elle n'est pas régulée par cette connaissance. Findlay donne la peur des souris comme exemple d'attitude injustifiée étant donné que celle-ci est la plupart du temps tout à fait disproportionnée par rapport à la dangerosité réelle du rongeur. Selon cette définition, l'attitude religieuse suppose qu'on reconnaisse à l'objet religieux en question, en l'occurrence Dieu, une certaine supériorité qui, de plus, dévoile notre infériorité. En effet, l'abaissement qui caractérise l'attitude religieuse n'est justifié que si l'objet en question nous excède absolument, et ce dans tous les domaines. Alors que de nombreux théologiens ont voulu introduire des limites en Dieu afin, par exemple, de le dédouaner du mal, Findlay affirme que la supériorité divine doit être non limitée car un objet à la supériorité limitée perdrait son statut d'objet adéquat de nos attitudes religieuses. L'objet adéquat de nos attitudes religieuses doit donc « posséder une suprématie insurpassable et dominer infiniment tous les autres objets ». Dieu doit donc différer de nous d'un point de vue quantitatif mais également d'un point de vue qualitatif : il ne doit pas être possible de concevoir quoi que ce soit sans lui, mais de plus sa propre inexistence doit être inconcevable.

De plus, si l'objet adéquat de nos attitudes religieuses ne peut exister accidentellement, de même il ne doit pas posséder ses propriétés de façon accidentelle. Un être qui posséderait certaines de ces propriétés accidentellement serait certainement respectable mais en aucun cas digne d'adoration. Findlay fait un parallèle avec les

---

[456] J. N. FINDLAY, « Can God's Existence be Disproved ? », in A. FLEW, A. MACINTYRE, *New Essays in Philosophical Theology*, London, SCM Press, 1955, pp. 47-56.

cultes de dulie et de latrie : un être possédant accidentellement ces propriétés, comme un saint, mérite un culte de dulie ; un être les possédant nécessairement, comme Dieu, mérite un culte de latrie. De la même manière, les éventuelles propriétés accidentellement manifestées par d'autres êtres dérivent de ces mêmes propriétés que Dieu manifeste nécessairement. Findlay se réfère ici à la doctrine scolastique : Dieu, par exemple, n'est pas seulement bon, il est la bonté elle-même. En définitive, Findlay affirme s'accorder avec la définition de Dieu que donne Anselme de Cantorbéry : Dieu est « quelque chose de tel que rien ne se peut penser de plus grand »[457] et doit donc à ce titre être considéré comme un être nécessaire[458].

Pour Findlay, Anselme a ainsi ironiquement conçu un argument fort en faveur de l'athéisme. Findlay justifie (2) en arguant qu'un être nécessaire ne peut être autre chose qu'une abstraction et jamais un être réel. Il reprend ici la position de Hume selon qui un jugement d'existence ne peut jamais être un jugement analytique car « aussi longtemps que nos facultés resteront ce qu'elles sont à présent. Il nous sera encore possible, à tout moment, de concevoir la non-existence de ce que nous concevions précédemment »[459]. Si la notion de nécessité peut donc décrire la valeur de vérité d'une abstraction telle qu'un théorème mathématique, elle ne saurait décrire une entité existante, ce qui existe ne pouvant être pensé autrement que contingent. La conjonction de (1) et (2) place donc le croyant en face d'un paradoxe : la condition de la dignité religieuse du concept de Dieu rend invalide l'affirmation de l'existence de Dieu. Findlay conclut donc (3), que Dieu n'existe pas.

## B) *La socialité Dieu-monde*

Hartshorne estime que l'interprétation sceptique de Findlay est la contribution la plus intéressante depuis Kant à la recherche sur l'argument d'Anselme. Il estime néanmoins que le paradoxe n'en est un que parce que Findlay continue de penser la divinité dans le cadre de la théologie traditionnelle, où Dieu est pensé comme n'ayant aucune relation réelle avec le monde. Hartshorne estime que le paradoxe disparaît dès lors que l'on abandonne cette conception, pour la remplacer par une conception de Dieu comme être surrelatif. Cette notion de surrelativisme d'Hartshorne est liée à sa théorie des relations.

Hartshorne fait la distinction entre relation interne et relation externe[460]. Une relation interne est une relation entraînant une modification chez le sujet de la relation. À l'inverse, une relation externe est une relation n'entraînant aucune modifica-

---

[457] ANSELME DE CANTORBÉRY, *Proslogion*, Paris, Flammarion, 1993, p. 41.
[458] Anselme soulignera encore ce point dans sa réponse à Gaunilon.
[459] D. HUME, *Dialogues sur la religion naturelle*, Paris, Vrin, 2005, pp. 246-247.
[460] C. HARTSHORNE, *The divine relativity*, op. cit., pp. 6-18.

tion chez le sujet de la relation. Hartshorne estime que la doctrine traditionnelle revient à considérer que Dieu n'a aucune contingence et n'a donc aucune relation interne. Il estime cependant, en accord avec Findlay, qu'un tel Dieu est une abstraction[461]. Hartshorne considère à l'inverse que le mode d'existence d'un être est d'autant plus élevé que celui-ci est capable d'engager des relations internes. Hartshorne donne un exemple : si un poète déclare le plus beau poème qui ait jamais été écrit devant une fourmi et devant une personne sensible à la poésie, cette personne sensible sera bouleversée (et donc engagée dans une relation interne avec le poème) alors que la fourmi restera de marbre (et donc engagée dans une relation externe avec le poème). Hartshorne remarque que personne n'affirmera que la fourmi a un mode d'existence supérieur à celui de la personne sensible ![462] L'être suprême doit donc pour Hartshorne être suprêmement relatif, c'est à dire surrelatif dans le langage d'Hartshorne, et donc être toujours engagé dans une relation interne avec la totalité du monde actuel[463].

Nous remarquons sans peine que ce développement d'Hartshorne reprend les conceptions de la métaphysique du *process*. Pour Hartshorne, comme pour tous les théologiens du *Process*, Dieu est en relation avec l'intégralité du monde, et évolue de façon co-dépendante avec le monde. Le procès sempiternel du monde exige en effet l'actualisation des objets éternels dans la nature primordiale de Dieu, et l'actualisation de Dieu exige la préhension de toutes les occasions actuelles constituant le monde dans sa nature conséquente.

À partir de cette conception dipolaire de Dieu qui est le propre de la *Process theology*, Hartshorne va faire une distinction en Dieu entre existence nécessaire et actualité contingente. Il affirme que Dieu dans sa nature primordiale existe nécessairement, mais, vu qu'elle n'entretient avec le monde que des relations externes (elle donne les visées initiales aux occasions actuelles, mais ne reçoit rien d'elles), il estime que la nature primordiale de Dieu demeure abstraite. Dieu s'actualise et devient concret par son pôle surrelatif, c'est-à-dire sa nature conséquente, qui n'entretient que des relations internes (par ses préhensions) avec l'intégralité des occasions actuelles constituant le monde. Ainsi, si l'existence divine est nécessaire, son actualité est contingente car liée à ses relations avec le monde actuel[464]. Hartshorne estime que cette distinction en Dieu entre existence nécessaire et actualité contingente résout le paradoxe de Findlay puisque Dieu est à la fois nécessaire dans son concept (et est donc l'objet adéquat de nos attitudes religieuses) et n'est pas qu'une simple abstraction puisqu'il s'actualise dans ses rapports avec le monde.

---

[461] *Ibid.*, p. 42.
[462] *Ibid.*, p. 48.
[463] *Ibid.*, pp. 19-22.
[464] C. HARTSHORNE, *Anselm's discovery*, Lasalle, Open Court, 1967, pp. 28-33.

En affirmant ainsi que Dieu s'actualise par les relations internes qu'il entretient avec le monde à travers sa nature conséquente, Hartshorne propose une véritable conception sociale de Dieu. Il souligne bien une socialité fondamentale de Dieu, puisqu'il envisage, à l'instar de Findlay, qu'un Dieu non social, c'est-à-dire dépourvu de relations internes avec le monde, ne serait qu'une froide abstraction et non un être concret. Cette socialité fondamentale de Dieu conçue par Hartshorne ne nécessite aucunement une conception trinitaire de Dieu, mais passe par une socialité entre Dieu et le monde, l'un et l'autre partageant une relation totale, nécessaire et éternelle. La socialité Dieu-monde envisagée par Hartshorne est donc bien une doctrine sociale de Dieu valable et alternative à la doctrine traditionnelle de la Trinité, reste à savoir si elle est compatible avec le reste de la doctrine chrétienne.

## *IV) La Trinité comme alternative à la* Process theology

### *A) La* Process theology, *la Trinité, et la socialité de Dieu : un bilan*

La *Process theology* partage avec la théologie traditionnelle l'idée que Dieu est un être fondamentalement social. Elles cherchent donc l'une et l'autre à exprimer cette socialité fondamentale de Dieu. Les théologiens du *Process* ont affirmé, avec raison, que la théologie traditionnelle modélisait cette socialité de Dieu à travers la doctrine de la Trinité. Cependant, les théologiens du *Process* ont estimé que la doctrine de la Trinité échouait à rendre compte d'une véritable socialité en Dieu. En effet, à leurs yeux, une véritable socialité ne peut être une relation du même au même, or la relation entre les personnes divines dans la Trinité leur ont semblé n'être justement qu'une relation du même au même. Cette critique des théologiens du *Process* semble valable vis-à-vis du trinitarisme latin. Dans ce dernier, les personnes trinitaires ne sont effectivement pas trois hypostases différentes, mais bien plutôt trois itérations de la même hypostase. La relation qui les lie semble donc bien être une relation du même au même. Néanmoins, la critique de la *Process theology* ne semble pas toucher le trinitarisme social pour lequel les trois personnes trinitaires sont bien trois hypostases différentes, c'est-à-dire trois individus différents, et non trois itérations du même individu.

Certains théologiens du *Process*, se rendant compte que le rejet de la doctrine de la Trinité éloigne trop la *Process theology* de la foi chrétienne traditionnelle, ont cherché à élaborer leur propre conception de la Trinité en identifiant certains concepts whiteheadiens au Père, au Fils, et à l'Esprit. Cette identification a cependant été dénoncée, avec raison, par John Cobb qui n'y voit qu'un jeu artificiel. De plus, ces modèles trinitaires échouent à être acceptables car ils ont absolument tous le défaut d'être modalistes. Ils ne sont donc pas acceptables d'un point de vue traditionnel, et ils échouent de plus à exprimer l'idée d'une socialité en Dieu (un Dieu modaliste étant par définition un Dieu individualisé, et donc non social). Marjorie Suchocki note finalement à ce propos que les instruments conceptuels de la métaphysique du *process* ne permettent simplement pas d'élaborer un modèle trinitaire non modaliste.

Cet échec de la réflexion trinitaire de la *Process theology* ne signifie cependant pas que cette dernière échoue à penser la socialité divine. Elle conçoit en effet la socialité divine à travers une relation Dieu-monde, élaborée à partir de la métaphysique de Whitehead. Cette dernière solution permet effectivement de concevoir une véritable socialité fondamentale en Dieu, sans passer par une conception trinitaire de Dieu. Nous allons cependant voir qu'elle est incompatible avec une autre doctrine chrétienne fondamentale, et que les théologiens du *Process* ont tort d'affirmer que la doctrine trinitaire ne permet pas d'exprimer la socialité de Dieu.

## B) *La critique de la socialité Dieu-monde*

Thomas Morris, dans son livre *Anselmian explorations*[465], se livre à une critique du modèle de socialité Dieu-monde proposé par Hartshorne qui est, à bien des égards, le théologien du *Process* à avoir pensé celui-ci de la façon la plus complète. Morris rejette la conception d'Hartshorne. Il reproche à celui-ci d'attribuer à Dieu et au monde une relation strictement symétrique. Si être actuel signifie être en relation, il en ressort que pour que Dieu existe nécessairement et éternellement, il faut qu'il soit en relation avec un autre être éternel et nécessaire : le monde. Et réciproquement. La conception d'Hartshorne obligerait donc à rejeter la doctrine de la *creatio ex nihilo*. En effet, si le monde est nécessaire, il n'est pas contingent et n'est donc plus la création libre de Dieu. La *Process theology*, par la voix d'Hartshorne, ne rejette donc pas seulement la doctrine traditionnelle de la Trinité, mais également celle de la *creatio ex nihilo*. La conception sociale de Dieu de la *Process theology* s'éloigne donc beaucoup de la conception chrétienne traditionnelle de Dieu.

Néanmoins, Dombrowski propose en faveur de la position d'Hartshorne un argument conçu à partir de l'omnibénévolence divine. Dombrowski estime que ne pas reconnaître que Dieu a un besoin nécessaire du monde est une entorse à son omnibénévolence. Dombrowski[466] estime, en effet, que la bonté de Dieu doit nécessairement avoir un objet, puisqu'une bonté sans objet est absurde. Il en conclut qu'il faut nécessairement que le monde existe pour qu'il puisse être l'objet d'amour de Dieu.

Morris répond à cet argument en remettant en cause l'idée que Dieu a nécessairement besoin du monde pour être bon, et en mettant en avant une conception sociale de la Trinité. Pour le trinitarisme social, les personnes trinitaires ont chacune une conscience personnelle et s'aiment mutuellement. Le trinitarisme social permet

---

[465] T. MORRIS, *Anselmian explorations*, États-Unis, University of Notre-Dame Press, 1987, pp. 124-150.
[466] D. DOMBROWSKI, *Rethinking the ontological argument. A neoclassical response*, *op. cit.*, p. 132.

à Morris d'affirmer que Dieu est bon par nature, mais n'a pas besoin du monde comme objet d'amour. Il est à lui-même son propre objet d'amour via l'amour que se portent mutuellement les personnes trinitaires. Dieu créé ainsi le monde (qui est aussi évidemment un objet d'amour de Dieu) par bonté, mais n'a en rien besoin du monde pour être bon.

À l'instar de Morris, Hopko[467] voit aussi dans la doctrine sociale de la Trinité un modèle qui affirme la socialité fondamentale de Dieu, sans sacrifier au passage la doctrine de la *creatio ex nihilo*, comme le fait la *Process theology*. Il relève que l'élaboration de la doctrine trinitaire a nécessité la réinvention de tout un langage conceptuel hérité de la philosophie grecque. Le Père, le Fils, et l'Esprit sont trois hypostases personnelles distinctes[468], qui partagent une seule et même essence divine incréée[469]. Ainsi, les personnes trinitaires diffèrent quant au « qui » (hypostatique), mais sont identiques quant au « quoi » (essentiel). L'unité de Dieu est assurée par cette consubstantialité des personnes trinitaires qui sont strictement identiques au plan de l'essence[470] et qui ne diffèrent entre elles que par leurs caractères hypostatiques. Cependant, le plan de l'essence n'est pas un plan supérieur qui subsumerait celui de l'hypostase, ouvrant la voie à une conception impersonnelle de la divinité. De même que les hypostases ne sont pas concevables sans l'essence, l'essence est inconcevable sans le Père, le Fils et l'Esprit. La Trinité forme ainsi une unité sociale parfaite : les personnes trinitaires ont bien trois vies personnelles distinctes, mais sont reliées les unes aux autres de par leur consubstantialité. De plus, les énergies émanant de l'*ousia* (et non de l'hypostase[471]), la communion d'essence implique également la communion d'opérations. Les trois personnes trinitaires partagent donc aussi les mêmes énergies[472].

Hopko[473] note, avec probablement un peu d'ironie (ce qui serait une réponse légitime aux sarcasmes d'Hartshorne), que la Trinité constitue dans une certaine mesure une « exemplification idéale » au sens que la *Process theology* donne à cette expression. Elle constitue en effet l'archétype parfait de la notion de « société relationnelle ». Cependant, une différence de taille est que dans la conception trinitaire, Dieu n'a pas besoin du monde pour être une « société relationnelle » parfaite. Il est déjà, en lui-

---

[467] T. HOPKO, *op. cit.*, p. 183.
[468] Contre ce qu'affirme le modalisme.
[469] Contre ce qu'affirme le subordinatiannisme.
[470] Saint Grégoire Palamas relève trois types d'union avec la divinité. D'abord, l'union selon l'essence, qui concerne les personnes trinitaires. Ensuite, l'union selon l'hypostase, qui concerne le Christ. Enfin, l'union selon les énergies, qui concerne les hommes.
[471] C'est pour cela que l'unique hypostase du Christ possédant deux natures, elle possède également deux énergies.
[472] T. HOPKO, *op. cit.*, pp. 207-223.
[473] *Ibid.*, pp. 223-231.

même, nécessairement et de toute éternité une « société relationnelle » parfaite puisqu'il est une union consubstantielle et tri-personnelle. Il y a donc une socialité fondamentale en Dieu, constituée par la communion d'essence et d'énergies des personnes trinitaires, et cela que le monde existe ou non. Dieu n'a donc aucunement besoin du monde pour être un être social. La création du monde ne répond ainsi à aucune nécessité du point de vue de Dieu, elle est un acte purement libre et gratuit de donation.

## C) *Le problème de la souffrance de Dieu*

Dombrowski répond très rapidement à Morris[474]. Il estime que si Dieu est à lui-même son propre objet d'amour de toute éternité, ce qui est conforme à ce qu'avance le trinitarisme social, alors Dieu est indifférent à la souffrance du monde. Son argument, estime-t-il, demeure donc pertinent car le trinitarisme social peut certes appuyer l'idée que Dieu est à lui-même son propre objet d'amour, mais au prix de la relation d'amour entre Dieu et le monde. On voit cependant que Dombrowski fait ici une confusion. On ne voit pas pourquoi, si Dieu est son propre objet d'amour, il ne pourrait pas aussi aimer le monde et souffrir avec lui.

Hopko[475] estime que l'accent mis sur l'impassibilité de Dieu dans les textes des Pères s'explique par la nécessité historique d'alors de lutter contre le théopascisme. Les Pères ont ainsi affirmé que rien ne peut affecter Dieu. Dieu ne peut donc pas souffrir. Par exemple, durant la Passion, le Christ ne souffre que dans sa nature humaine. Le Fils ne souffre à aucun moment dans sa nature divine ni, bien sûr, par extension, le Père. Les formulations traditionnelles ainsi dirigées contre le théopascisme et le patripassianisme ont pu, selon Hopko, induire les théologiens du *Process* en erreur, ce qui expliquerait leur rejet de l'impassibilité divine au nom du fait qu'un Dieu qui aime vraiment le monde doit souffrir solidairement avec lui.

Hopko estime cependant que l'impassibilité bien comprise n'implique nullement que Dieu ignore les souffrances du monde. Le désaccord entre la théologie traditionnelle et la *Process theology* ne porte pas sur le fait de savoir si Dieu connaît la souffrance et la peine des êtres humains. Pour l'une comme pour l'autre, Dieu est solidaire des souffrances du monde. Le désaccord porte sur la question de savoir si Dieu peut être ontologiquement appauvri par les souffrances du monde. La *Process theology* répond positivement à cette question, dans la mesure où elle affirme que Dieu est co-dépendant au monde, à travers un processus interactif par lequel Dieu croît et/ou décroît dans son actualité en fonction des réalisations de valeurs qu'il préhende dans le monde. La souffrance dans le monde est donc un facteur faisant décroître son

---

[474] D. DOMBROWSKI, *op. cit.*, p. 133.
[475] T. HOPKO, *op. cit.*, pp. 308-326.

actualité. Inversement, la théologie traditionnelle, par l'affirmation de l'impassibilité divine, estime que, Dieu restant éternellement identique à lui-même dans son essence, il ne peut être affecté par quoi que ce soit, et rien ne peut s'ajouter à lui. Il ne peut être enrichi ou appauvri par les actions des créatures. Les relations réelles qu'il entretient avec le monde ne modifient donc en rien sa nature.

Cependant, cette conception de l'impassibilité ne signifie en rien que Dieu demeure passif devant la souffrance du monde. Dieu en effet souffre en solidarité avec le monde. Il ne souffre pas dans sa nature propre, mais dans sa volonté. Il souffre ainsi par empathie, par amour pour le monde, sans que cela n'affecte sa nature. Cette conception paraît en fait assez évidente : chacun a pu faire l'expérience de souffrir par empathie pour ceux qu'il aime (j'espère). La souffrance de Dieu n'est donc pas ontologique, mais existentielle. Elle est aussi éternelle, c'est-à-dire que Dieu souffre éternellement avec toutes les souffrances passées, présentes et futures. Par ailleurs, finalement, le Dieu chrétien traditionnel est plus solidaire des souffrances du monde que le Dieu de la *Process theology*. En effet, ce dernier n'a pas le choix de souffrir ou non avec le monde, il y est contraint de par les lois métaphysiques qui sont les siennes : il doit préhender les occasions actuelles pour s'actualiser. Le Dieu de la théologie traditionnelle n'est absolument pas contraint de souffrir avec le monde. C'est librement qu'il choisit de souffrir empathiquement avec le monde qu'il a créé tout aussi librement. De plus, Hopko rappelle que, dans la christologie traditionnelle, Jésus est bien pleinement Dieu. Dans l'Incarnation, Dieu a donc bien assumé une nature humaine. Or, si le Christ n'a pas souffert dans sa nature divine qui est impassible, il a bien souffert dans sa nature humaine, cette même nature humaine pleinement assumée par Dieu dans l'Incarnation. Ainsi, en Jésus-Christ, nous pouvons dire que Dieu a bien souffert dans sa nature humaine.

# CHAPITRE IV

# L'Incarnation

La plus grande controverse christologique de l'Antiquité fut celle opposant le monophysisme (une nature composée divino-humaine en Jésus-Christ), le dyophysisme (deux natures, divine et humaine, en une hypostase composée divino-humaine, celle du Fils, deuxième personne de la Trinité), et le nestorianisme (deux natures, divine et humaine, en deux hypostases, divine et humaine). En 451, au concile de Chalcédoine, le dyophysisme devint la christologie canonique de l'Église. Le concile affirma ainsi que Jésus-Christ est à la fois vrai Dieu et vrai Homme car possédant une nature divine complète et une nature humaine complète, unies en une hypostase, de par l'Incarnation du Fils dans le sein de Marie. Plus précisément, le concile de Chalcédoine définit le Christ dans le court texte qui suit :

> « Suivant les saints Pères, nous enseignons tous unanimement un seul et même Fils Notre Seigneur Jésus-Christ, le même parfait dans sa divinité et le même parfait dans son humanité, le même Dieu en vérité et homme en vérité, (composé) d'une âme raisonnable et d'un corps, consubstantiel au Père selon sa divinité et, le même, consubstantiel à nous selon son humanité, semblable à nous en tout hormis le péché, né du Père avant les siècles selon la divinité et, le même, dans les derniers temps, né de Marie, la Vierge, Mère de Dieu, pour notre salut, selon l'humanité, un seul et même Christ, Fils, Seigneur, Monogène, reconnu en deux natures sans mélange, sans transformation, sans division, sans séparation, sans que l'union supprime en rien la différence des natures, mais chacune conservant sa manière d'être propre et rencontrant l'autre dans une unique personne et une unique hypostase, (un Christ) qui n'est pas partagée ou divisée en deux personnes, mais qui est l'unique et le même Seigneur Jésus-Christ, Fils, Monogène, Dieu Verbe, comme les prophètes jadis l'ont annoncé, comme Jésus-Christ lui-même nous l'a enseigné et comme le symbole des Pères nous l'a transmis ».

Nous allons voir dans ce chapitre que les théologiens du *Process* ont repoussé cette christologie traditionnelle, et ont proposé à la place leurs propres conceptions christologiques. L'ambition des théologiens du *Process* n'a en effet jamais été d'élaborer une philosophie déiste, aussi subtile soit-elle. Leur but était bien de faire de la théologie chrétienne, et plus précisément de réformer en profondeur celle-ci afin de faire sortir le christianisme du « ghetto épistémique » dans lequel la modernité l'a enfermé. On trouve d'ailleurs, comme nous l'avons déjà vu, la première formulation de ce projet sous la plume de Whitehead lui-même. Il est bien évident qu'un tel programme de réforme de la théologie chrétienne ne peut faire l'économie d'une réflexion christologique. Whitehead affirme d'ailleurs à ce sujet que « l'essence du christianisme est le recours à la vie du Christ comme étant la révélation de la nature de Dieu ainsi que de son activité dans le monde »[476]. La *Process theology* doit ainsi expliciter, à partir de son propre schème conceptuel, en quoi Jésus-Christ est le dévoilement en acte de « l'élément divin dans le monde »[477]. Toutefois, ni Whitehead ni Hartshorne ne produiront réellement de christologies, en dehors de quelques réflexions éparses proposées « en passant ». Ce sont les générations suivantes de théologiens du *Process* qui se saisiront vraiment de la problématique christologique, en particulier Lewis Ford[478], David Ray Griffin[479], et, surtout, John Cobb[480].

Depuis Wolfhart Pannenberg, la distinction entre christologie « d'en haut » (ou « ontologique ») et christologie « d'en bas » (ou « empirique ») est connue. Ces deux christologies correspondent non à des écoles mais bien plutôt à des méthodes distinctes. La christologie ontologique commence avec le Verbe incréé et procède ensuite de façon « descendante » jusqu'à la personnalité de Jésus de Nazareth. La christologie empirique commence avec la personnalité de Jésus de Nazareth et procède ensuite de façon « ascendante » jusqu'au Verbe incréé. Ces deux méthodologies sont donc a priori complémentaires et non opposées. On pourrait dire que le propre de la christologie ontologique est de fonder son discours avant tout sur la métaphysique, et que le propre de la christologie empirique est de fonder son discours avant tout sur l'herméneutique biblique.

La méthode employée par Lewis Ford, David Ray Griffin et John Cobb relève clairement de la christologie ontologique. Nous n'allons donc pas ici faire de l'exégèse biblique, mais bien plutôt tâcher de cerner comment ces trois auteurs comprennent le rapport singulier qui, selon eux, lie Dieu et le Christ. Nous tâcherons d'abord de montrer que les reproches qu'ils formulent à l'encontre de la christologie traditionnelle sont infondés. Puis, nous présenterons les modèles christologiques de Ford, Griffin et Cobb, en tâchant de mettre en exergue leur logique commune. Enfin, nous montrerons que ces modèles christologiques ne permettent pas de rendre compte de la divino-humanité du Christ.

---

[476] A. N. WHITEHEAD, *Aventures d'idées, op. cit.*, p. 220.

[477] *Ibid.*, p. 219.

[478] L. S. FORD, *La séduction de Dieu. Un fondement biblique au théisme du Process*, traduction non publiée de H. VAILLANT.

[479] D. R. GRIFFIN, *A process christology*, Westminster Press, 1973.

[480] J. COBB, *Christ in a pluralistic age*, 1975.

## I) La critique de la christologie traditionnelle

### A) La critique de John Cobb

John Cobb[481] ne ménage pas la christologie traditionnelle, telle que celle-ci s'est définie au concile de Chalcédoine (451). Il estime que cette dernière est une synthèse de deux positions christologiques historiquement adverses : celle de l'école d'Alexandrie et celle de l'école d'Antioche. Il estime que les écoles d'Alexandrie et d'Antioche souhaitaient toutes les deux rendre compte de l'immanence de Dieu en Jésus[482]. Cependant, aucune des deux n'est parvenue selon Cobb à rendre compte de cette intuition de façon pertinente. À ses yeux, l'erreur de l'école d'Alexandrie est d'avoir conçu en Christ une assomption totale de la nature humaine dans la nature divine. Elle est ainsi parvenue à rendre compte d'une relation ontologique, et donc « forte », entre Dieu et le Christ, mais au détriment de l'humanité du Christ. Inversement, la limite de l'école d'Antioche est de ne pas être parvenue à penser l'habitation du *Logos* en Jésus autrement que sous la forme d'une union morale, d'une harmonie des volontés. Elle est ainsi parvenue à rendre compte de l'humanité du Christ, mais en n'élaborant qu'une conception existentielle, et donc « faible », de la relation entre Dieu et le Christ[483]. Ainsi, tant l'école d'Alexandrie que l'école d'Antioche ont finalement échoué à rendre compte en même temps de l'immanence de Dieu en Jésus à travers une relation ontologique, et de la pleine et entière humanité du Christ.

Cobb affirme lapidairement que le compromis final de Chalcédoine selon lequel les deux natures existent en Jésus « sans confusion, sans changement, sans division, sans séparation » est inintelligible et ne résout absolument pas le problème. Sur le plan historique, celui-ci n'est pas réellement parvenu à réconcilier les deux camps, et, sur le plan spirituel, il n'aurait pas particulièrement aidé et éclairé les croyants. La raison principale de cet échec est selon lui que la christologie affirmée au concile fut surtout tributaire de l'école d'Alexandrie, et souffre donc du même problème : la négation de l'humanité du Christ.

Pour Cobb, le concile de Chalcédoine a décrit le Christ comme un être radicalement surnaturel. Bien que le concile ait bien affirmé que le Christ est aussi pleinement et entièrement humain qu'il est pleinement et entièrement Dieu, cela n'a pas empêché de considérer que ce mystérieux Dieu-homme n'avait rien à voir avec l'expérience que pouvait faire le croyant de sa propre existence. Jésus n'est ainsi plus l'homme en qui s'est incarné le *Logos*, mais un être transcendant, omnipotent et omniscient, dirigeant le monde, qui donne les lois et juge les hommes, qui ne fait que

---

[481] J. COBB, « Christ and the creeds », dans *Christ in a pluralistic age*, sur *Religion-Online*.
[482] *Ibid.*, p. 4.
[483] *Ibid.*, p. 5.

marcher parmi nous sous forme humaine, mais sans réellement partager notre commune humanité. Le Christ, critère fondateur et ultime de la foi chrétienne, est ainsi devenu, selon Cobb, un être aussi surnaturel que mystérieux, totalement opaque à l'esprit du croyant.

## B) Le « néo-nestorianisme » de la Process theology

Pour Cobb, la christologie chalcédonienne relève donc, pour ainsi dire, d'une sorte de néo-docétisme : Jésus y serait conçu tel un être totalement surnaturel dont l'humanité n'est qu'une illusion. John Cobb, et par extension les théologiens du *Process*, reproche ainsi à la christologie traditionnelle d'avoir échoué à rendre compte philosophiquement de l'humanité du Christ. Les théologiens du *Process* vont donc chercher à élaborer une nouvelle christologie, à partir des instruments conceptuels propres à la métaphysique du *process*, qui puisse rendre compte de façon adéquate de l'humanité du Christ. Ce projet christologique élaboré par les théologiens du *Process* peut être assimilé à ce que Richard Swinburne appelle une christologie « humaniste ». Ce dernier estime que la dernière grande querelle christologique classique fut la querelle monothélite au VIIe siècle. Après ce dernier conflit doctrinal, les grands points de la christologie traditionnelle étaient fixés et ne furent plus contestés, du moins jusqu'à l'époque contemporaine. Le XIXe siècle vit ainsi l'émergence de nouveaux modèles christologiques que Swinburne qualifie d'« humanistes », car s'attachant particulièrement à affirmer la dimension humaine de Jésus[484]. La christologie du *Process* s'inscrit donc bien dans cette filiation « humaniste ».

Swinburne qualifie ces christologies « humanistes » de nestoriennes[485]. Nous pouvons définir ce « néo-nestorianisme », de façon probablement un peu vague, comme le fait d'affirmer que Dieu agit totalement en Jésus, mais que Dieu n'est pas Jésus[486]. Swinburne rajoute que la popularité, toujours non démentie aujourd'hui, de ce genre de christologie « néo-nestorienne » tient à deux raisons : d'abord, beaucoup pensent que la christologie chalcédonienne ne permet pas de rendre compte de l'humanité de Jésus, ensuite les mêmes nourrissent souvent une certaine hostilité à une conception véritablement surnaturelle de Dieu[487]. Là encore, nous ne pouvons que constater que le projet christologique du *Process* exemplifie tout à fait le « néo-nestorianisme » que décrit (et dénonce) Swinburne.

Les motivations des théologiens du *Process* correspondent bien à celles que décrit Swinburne. Ces derniers considèrent en effet que la christologie chalcédonienne ne rend pas compte de l'humanité de Jésus. Ils vont en réaction penser Jésus non comme

---

[484] R. SWINBURNE, *op. cit.*, p. 225.
[485] *Ibid.*, p. 225.
[486] *Ibid.*, p. 227.
[487] *Ibid.*, p. 229.

Dieu fait homme, mais bien plutôt comme la manifestation privilégiée et totale de l'interaction permanente entre Dieu et le monde. De plus, les théologiens du *Process* vont toujours considérer Jésus comme n'agissant pas de façon surnaturelle, à l'instar, comme le note Swinburne, de toutes les christologies « humanistes »[488]. Dans la métaphysique du *process*, Dieu agit en vue de modifier le monde, de le mener vers plus d'harmonie, mais cette action est conçue comme un processus extrêmement long et intégré au fonctionnement naturel de l'univers, et qui plus est à la réussite aléatoire. Dieu, en effet, pour les théologiens du *Process*, ne peut à aucun moment contrôler véritablement le monde, puisque son action est toujours le fruit d'une « négociation » entre la nature primordiale de Dieu et les entités actuelles en formation. Pour citer Whitehead : Dieu est conçu comme un « agent de persuasion », et non comme un « agent de coercition ».

Le problème de cette conception métaphysique est qu'elle interdit à Dieu d'agir à travers, par exemple, une modification ou une suspension localisée et ponctuelle des lois naturelles : Dieu ne peut plus faire de miracles, et par extension le Christ non plus. Le Christ dépeint par le « néo-nestorianisme » ne ressemble donc en rien à celui dépeint par le Nouveau Testament, et cette christologie « humaniste », quelles que soient ses éventuelles qualités par ailleurs, ne peut être jugée qu'en rupture profonde avec ce que le christianisme estime être la Révélation.

## C) *Défense de la christologie chalcédonienne*

La motivation première du modèle christologique du *Process* est, comme nous l'avons dit, de rendre compte de l'humanité de Jésus, cette dernière n'étant supposément pas rendue de façon adéquate par la christologie chalcédonienne. Cependant, cette accusation est tout simplement fausse. La christologie chalcédonienne rend en effet compte de la pleine et entière divinité du Christ, mais également, contrairement aux allégations de la *Process theology*, de sa pleine et entière humanité, conformément au Nouveau Testament.

### 1) *L'humanité du Christ*

La christologie fixée au concile de Chalcédoine de 451 s'appuie entre autres sur le *Tome à Flavien* du pape Léon le Grand. Dans ce texte daté de 449 et adressé au patriarche de Constantinople Flavien, Léon cherche à récuser la christologie d'Eutychès qui affirmait qu'en Jésus-Christ la nature divine absorbe totalement la nature humaine, ce qui revient à nier la pleine humanité du Christ. Contre Eutychès, Léon va donc affirmer qu'en Christ se trouvent bien deux natures, humaine et divine, qui

---

[488] *Ibid.*, p. 228.

communiquent tout en ne se mélangeant pas, ce qui signifie que Jésus reste bien à la fois homme et Dieu.

Fondamentalement, Léon estime que Dieu a pleinement assumé la nature humaine dans l'Incarnation afin de sauver l'humanité :

> « Nous ne pouvions en effet l'emporter sur l'auteur du péché et de la mort, si celui-là n'avait pas assumé notre nature et ne l'avait faite sienne, lui que ni le péché n'a pu contaminer, ni la mort retenir ».

Nous pouvons trouver la même idée exprimée sous la plume de Grégoire de Nazianze :

> « Ce qui n'est pas assumé n'est pas guéri, et ce qui est uni à Dieu est sauvé »[489].

Dieu doit ainsi devenir pleinement homme, et non un ersatz[490], pour sauver l'humanité. Dans l'Incarnation, la nature divine doit donc s'unir pleinement à la nature humaine, mais sans cependant abolir celle-ci. Léon affirme à ce propos :

> « La nature inviolable s'est unie à la nature passible ».

Ainsi, en Jésus-Christ « est né le vrai Dieu, complet dans ce qui lui est propre, complet dans ce qui nous est propre ». Cependant, la nature humaine à laquelle s'est unie la nature divine n'est pas la nature humaine déchue, mais la nature humaine originelle, d'avant le péché ancestral commis par Adam. Léon précise à ce propos :

> « Par "ce qui nous est propre", j'entends la condition dans laquelle le Créateur nous a établis à l'origine et qu'il a entrepris de restaurer : car de ce que le Trompeur a apporté et que l'homme abusé a accepté, il n'y a nulle trace dans le Sauveur ; et comme Il ne s'était point soumis aux infirmités humaines, Il vécut parmi nous sans participer à nos fautes ».

Néanmoins, si le Christ n'a pas assumé une nature humaine déchue, Léon précise qu'il a bien assumé, par charité pour l'humanité, les conséquences de la chute. Jésus souffre ainsi des conséquences du péché originel, bien que sa nature demeure, elle, immaculée. Léon affirme ainsi :

> « Il a assumé la forme d'esclave, sans la souillure du péché, enrichissant l'humain sans diminuer le divin, parce que cet anéantissement, par lequel l'Invisible est rendu visible, et le Créateur et Maître de l'univers a voulu être l'un des mortels, fut une condescendance de miséricorde, non une déficience de Puissance ».

---

[489] Cité dans J. MEYENDORFF, *Le Christ dans la tradition byzantine*, Paris, Cerf, 1969, p. 13.
[490] Grégoire de Nazianze écrit à l'origine contre Apollinaire, qui avançait que le Christ possédait bien un corps humain mais était dépourvu d'âme humaine, le *Logos* divin lui en tenant lieu. Grégoire répond que cela signifierait que le Christ n'a jamais été pleinement humain, et affirme qu'en Christ se trouve une nature humaine complète, à savoir un corps et une âme.

Jésus est donc bien un homme semblable à nous, qui nous est pleinement consubstantiel, même si sa conception n'est évidemment pas la même que la nôtre :

« De ce que sa naissance est miraculeuse, il n'en résulte pas que sa nature soit différente de la nôtre ».

Il est même plus véritablement humain que nous tous, dans la mesure où sa nature humaine n'est pas corrompue par le péché originel. Dans le Christ, se réalise donc l'union de la nature divine avec une véritable, pleine et entière nature humaine. C'est là pour Léon le cœur de la foi chrétienne :

« L'Église catholique vit et prospère par cette foi que [dans notre Seigneur Jésus Christ] l'humanité ne va pas sans la vraie Divinité, et que la Divinité ne va pas sans une vraie humanité ».

## 2) *Communication et distinction des natures*

Dans les Évangiles, Jésus semble parfois agir comme un Dieu (par exemple quand il fait des miracles), et parfois comme un homme (par exemple lorsqu'il souffre de l'angoisse). L'image de Jésus élaborée dans le Nouveau Testament semble donc être quelque peu paradoxale. Les Évangiles nous présentent un Christ profondément humain, mais qui en même temps dispose de capacités surnaturelles dont les autres hommes ne peuvent disposer. Ces capacités surnaturelles ont du coup entraîné une question simple : un tel Christ peut-il encore être dit humain ? Cette interrogation est probablement à l'origine des christologies « humanistes », telles que la christologie du *Process*. Les tenants de ce type de christologies ont estimé qu'un modèle christologique dans lequel Jésus dispose de propriétés divines et possède la capacité de faire des miracles ne pouvait rendre compte de l'humanité du Christ, et ont donc opté, *a contrario*, pour une christologie non surnaturaliste seule à même, selon eux, de rendre compte de l'homme Jésus. Le problème est que cette dernière christologie n'est pas conforme au Nouveau Testament où Jésus est bien décrit comme disposant de capacités surnaturelles, se traduisant, par exemple, par une connaissance du futur ou, évidemment, par la capacité à faire des miracles. En même temps, Swinburne note que, comme nous l'avons dit, dans le Nouveau Testament, Jésus semble ressentir des sentiments bien humains : il est pris par l'angoisse, et il souffre[491]. La volonté des théologiens du *Process* de rendre compte de l'humanité de Jésus est donc parfaitement légitime, mais ne doit pas se faire au détriment de sa divinité.

Le modèle christologique de Chalcédoine permet de rendre compte de l'ensemble de ces données bibliques. Swinburne résume ainsi la doctrine chalcédonienne : Dieu intervient de façon unique et décisive dans l'histoire humaine par l'Incarnation de la deuxième personne de la Trinité, le Fils, en Jésus-Christ. Le concile de

---

[491] R. SWINBURNE, *op. cit.*, p. 199.

Chalcédoine (451) a ainsi proclamé que le Christ est à la fois pleinement Dieu et pleinement homme. Ce dernier possède deux natures, humaine et divine, unies en une hypostase, sans que l'union n'annule la distinction des natures, alors que les caractéristiques des natures sont communes à la même hypostase[492]. Cela signifie que l'hypostase « Jésus-Christ » dispose tout autant des propriétés humaines que des propriétés divines. Cependant, cette communauté des propriétés au niveau hypostatique ne signifie pas qu'il y ait un mélange des natures. Les natures restent différentes : la nature humaine ne devient, par exemple, pas incorporelle comme la nature divine, et la nature divine ne devient pas passible comme la nature humaine[493].

Le pape Léon dans le *Tome à Flavien* rappelle également qu'en Christ les natures divine et humaine communiquent chacune à l'hypostase « Jésus-Christ » leurs propriétés respectives, sans pour autant que cela signifie une confusion des natures et de leurs propriétés. Léon précise ainsi :

> « Ainsi donc, étant maintenues sauves les propriétés de l'une et l'autre nature, et ces propriétés se réunissant dans une seule et même personne ».

C'est pour cela que le Christ peut être dit à la fois Dieu (et donc aussi, par exemple, immuable et impassible) et homme (et donc aussi, par exemple, muable et passible). Cependant, Léon précise aussi que « les propriétés de la nature divine et les propriétés de la nature humaine demeurent distinctes en Lui ». Cette distinction rigoureuse des deux natures et de leurs propriétés permet à Léon de faire l'affirmation suivante :

> « Chaque nature accomplit ce qui lui est propre en communion avec l'autre nature, en ce sens que le Verbe opère ce qui est du Verbe, et la chair met à exécution ce qui est de la chair ».

Ainsi, toute action effectuée par le Christ exprime l'une ou l'autre des deux natures, sans que cela n'empêche cette action d'être attribuable à l'unique personne du Christ, qui est à la fois homme et Dieu. Léon insiste longuement à ce sujet :

> « Homme, Il est tenté par le diable ; Dieu, Il est servi par les anges. Avoir faim, avoir soif, être fatigué et dormir sont manifestement des traits humains, mais nourrir cinq mille hommes avec cinq pains, donner à la Samaritaine de l'eau vive dont les gorgées font que celui qui boit n'a plus jamais soif, marcher sur la mer avec des pieds qui n'enfoncent pas, aplanir les hautes vagues des flots par une invective à la tempête, c'est sans ambiguïté divin. Pour m'arrêter à ces derniers exemples, ce n'est pas la même nature qui pleure sur la mort de son ami Lazare, le fait sortir du sépulcre et le ressuscite quatre jours après ; qui se laisse attacher à la croix et change le jour en ténèbres et bouleverse les éléments ; qui, fixée par des clous, ouvre les portes du Ciel au bon larron. Ce n'est

---

[492] *Ibid.*, p. 192.
[493] *Ibid.*, pp. 208-210.

pas la même nature qui dit : "Moi et mon Père ne sommes qu'un" (Jn 10, 30) ; et ensuite : "Mon Père est plus grand que Moi" (Jn 14, 28) ». »

Dans la vie de Jésus, certaines actions peuvent donc relever de la nature divine (par exemple, les miracles) et d'autres peuvent relever de la nature humaine (par exemple ; les moments d'angoisse), mais, de par l'union hypostatique, l'intégralité des actions relevant des deux natures peuvent être attribuées à l'unique hypostase « Jésus-Christ »[494]. Le modèle christologique chalcédonien permet ainsi de rendre compte et de la pleine divinité et de la pleine humanité de l'unique individu Jésus, tel qu'il apparaît dans le Nouveau Testament. Le Christ est ainsi pleinement humain et pleinement divin, vrai Dieu et vrai homme.

## *II) La christologie du* Process

Nous allons passer en revue trois modèles christologiques issus des réflexions de trois théologiens du *Process* parmi les plus importants : Lewis Ford, David Ray Griffin, et John Cobb. L'intérêt de ce « catalogue » n'est pas celui d'une simple énumération, mais de montrer que ces trois modèles christologiques sont, au-delà de leurs différences, fondés sur une même logique commune, élaborée à partir des concepts whiteheadiens de visée initiale et de visée subjective. Dans cette logique, l'Incarnation résulte de la visée initiale décidée par la nature primordiale de Dieu et offerte spécifiquement à l'homme Jésus, qui est pleinement réalisée dans la visée subjective librement décidée par l'homme Jésus au cours de son processus d'auto-actualisation.

## *A) La christologie de Lewis Ford*

### *1) Le projet christologique de Ford*

Ford rappelle que selon Pannenberg, « le type de réponse susceptible d'être apporté au témoignage du Nouveau Testament sur la résurrection dépend en grande partie des catégories d'interprétation que nous choisissons pour l'évaluer »[495]. Pannenberg lui-même propose de comprendre la résurrection du Christ comme une anticipation de la résurrection des morts. Ford, cependant, ne croit pas nécessaire de comprendre la résurrection du Christ à partir d'un tel contexte eschatologique.

Ford remarque que les premiers chrétiens ont cru en la résurrection car ils faisaient « l'expérience de l'Esprit du Christ vivant et actif parmi eux »[496]. Cette expérience était réelle et en même temps non perceptible. Il rapproche celle-ci de celle de saint Paul sur le chemin de Damas qu'il rapporte en 1 Co 15. Ford fait l'hypothèse

---

[494] *Ibid.*, p. 202.
[495] L. S. FORD, *op. cit.*, p. 101.
[496] *Ibid.*, p. 104.

que le Christ est apparu à Paul comme « vivant mais non perceptible », ce qui implique que les moyens par lesquels « le Christ s'est rendu audible et (peut-être) visible à Paul étaient essentiellement hallucinatoires »[497]. Ford estime que les premiers chrétiens faisant l'expérience du Christ vivant, tout en sachant que celui-ci était passé par la mort, en concluaient que ce dernier était ressuscité. Les visions comme celle de saint Paul venaient alors confirmer ce fait. C'est seulement lorsque ce « sentiment de la présence immédiate du Christ s'est atténué »[498] que des récits ont été élaborés.

Ford souhaite proposer un modèle permettant de rendre compte de ces « expériences non perceptuelles du Christ vivant ». Pour ce faire, il propose de repenser la notion de « corps spirituel ». Il estime que par « corps spirituel », on entend usuellement un corps qui n'est pas matériel « mais composé de quelque substance plus éthérée ». Ford en donne une autre interprétation : le « corps spirituel » est ce qui anime le corps physique, il est son *anima* en quelque sorte. Il rajoute que les actions du « corps spirituel » sont dirigées par le dernier Adam dont saint Paul parle en 1 Co 15.45 : « le dernier Adam est devenu un esprit qui donne la vie ». Ce dernier Adam est selon Ford une nouvelle réalité émergente : le « corps du Christ ». Ce « corps du Christ » en émergence est donc composé de nombreux membres humains qu'il guide en vue de constituer « un organisme vivant », un « phénomène biologique » que Ford considère comme « la phase suivante de l'évolution émergente du monde, et l'incarnation de la parole divine »[499].

## 2) *La visée initiale de Dieu*

Le Christ est ainsi conçu comme une « parole créatrice », s'adaptant toujours à chaque situation humaine, et dont le but est de transformer l'homme afin « d'établir une nouvelle unité organique transcendant la fragmentation des hommes ». Ford rajoute que c'est bien là, manifesté dans le Christ, le dessein de Dieu pour toute la création tel qu'il s'exprime de façon appropriée à l'homme.

Ford relève que le monde est entraîné dans un processus évolutif. Aux organismes unicellulaires ont succédé les organismes pluricellulaires, permettant l'advenue d'« animaux munis de systèmes nerveux centralisés rendant possible l'activité autonome, et de la floraison de l'humanité avec sa culture très étendue »[500]. La construction de sociétés humaines toujours plus complexes s'est accompagnée, selon Ford, de nouvelles structures sociales contraignant la liberté humaine. Le paradoxe du développement humain est ainsi que « ces traditions sociales qui rendent possible la com-

---

[497] *Ibid.*, p. 103.
[498] *Ibid.*, p. 104.
[499] *Ibid.*, p. 106.
[500] *Ibid.*, p. 108.

munauté humaine, restreignent de plus en plus l'initiative de l'homme qui veut prendre des directions nouvelles »[501]. Le Christ est précisément la solution à ce paradoxe, il est « une action dynamique et responsable », capable de coordonner les activités de la société humaine « comme un tout, au sein duquel les individus humains puissent arriver à être les instruments volontaires et librement responsables d'une volonté supérieure »[502]. À ce titre, le Christ fait émerger le prochain niveau évolutif de l'homme.

Ainsi, Ford considère que « le Christ ressuscité sert de canal pour l'intensification des buts divins ». Il rajoute :

> « Dieu peut être à l'œuvre à travers nous de manière directe par l'actualisation individuelle que nous donnons à ses desseins, mais encore bien plus puissamment par l'action médiatrice du Christ ».

Le Christ est ainsi cette visée initiale spécifique de Dieu permettant de faire émerger une nouvelle humanité, le « corps du Christ », pouvant actualiser de nouveaux buts divins toujours plus ambitieux :

> « En tant que membres du corps du Christ, les hommes peuvent très bien accomplir des desseins qui transcendent de très loin l'imagination humaine »[503].

Ford affirme donc que le « corps du Christ » est « l'Église, comprise comme la communauté d'amour émergente, guidée par l'action dynamique de l'esprit du Christ »[504].

### 3) *La visée subjective de Jésus*

Ford rappelle que dans la métaphysique du *process*, Dieu propose sa visée initiale à toutes les occasions actuelles. Il propose donc à chaque instant des myriades de visées initiales différentes. Mais pour Ford, toutes ces visées initiales répondent au même but ultime de Dieu :

> « Il cherche notre bonheur, à la fois pour notre salut et en tant que condition de son propre bonheur »[505].

Cependant, ce but ultime s'exprime de façon spécifique pour chacun, en fonction des différents contextes dans lesquels nous évoluons tous. Nous pouvons alors plus ou moins actualiser dans notre vie concrète les desseins que Dieu nourrit pour nous et qu'il nous propose.

---

[501] *Ibid.*, p. 109.
[502] *Ibid.*, p. 110.
[503] *Ibid.*, p. 111.
[504] *Ibid.*, p. 112.
[505] *Ibid.*, p. 107.

Ford estime que le propre de Jésus est qu'il réalise pleinement le dessein divin. Ford estime que Jésus manifeste une visée initiale unique dont l'émergence s'est préparée de longue date dans l'histoire du peuple d'Israël[506] : la visée « Christ ». Cette dernière vise, comme il l'a déjà dit, « l'émergence d'une nouvelle unité organique incorporant l'homme », et il rajoute que « cette visée a été réalisée dans la vie, la mort et la résurrection de Jésus de Nazareth »[507].

L'Incarnation n'est donc pas selon Ford réductible à l'évènement originel de la vie de Jésus. Elle est bien plutôt « l'évènement total de l'émergence du corps du Christ »[508]. Ford rajoute qu'une telle incarnation nécessitait une « vie humaine totalement ouverte au projet divin » afin d'actualiser la visée « Christ », mais également « l'émergence d'une nouvelle communauté soudée par la puissance de Dieu », à même de « soutenir la subjectivité renouvelée du Christ ressuscité ». Le Christ annonce donc une création nouvelle, nous dit Ford : « cette création nouvelle commence avec la vie humaine de Jésus, mais culmine dans son existence de "ressuscité" ». En tant que « ressuscité », Jésus est en effet le principe structurant de cette nouvelle humanité émergeant dans le « corps du Christ », et demeure en plus un « moyen privilégié d'interaction et de médiation entre Dieu et l'homme ».

## B) La christologie de David Ray Griffin

### 1) Le projet christologique de Griffin

David Ray Griffin affirme que le projet de rendre compte de façon renouvelée et intelligible de la divinité et de l'humanité de Jésus est l'un des plus difficiles problèmes de la théologie contemporaine[509]. Il pose trois exigences que devra remplir cette nouvelle christologie.

(1) Permettre de penser métaphysiquement une comparaison entre l'action humaine et l'action divine. L'action humaine est en effet la seule expérience que nous connaissons et pouvons connaître. Nous sommes donc « condamnés », selon Griffin, à ne pouvoir penser l'action divine qu'à partir de l'action humaine. Ainsi, sans une comparaison ontologiquement fondée de l'action humaine et de l'action divine, nous n'avons aucun moyen de penser cette dernière.

(2) Penser l'action divine sans que celle-ci implique une interruption du cours normal de la causalité naturelle.

(3) Expliquer en quoi Jésus est un « acte spécial » de Dieu.

---

[506] *Ibid.*, p. 108.
[507] *Ibid.*, p. 107.
[508] *Ibid.*, p. 113.
[509] D. R. GRIFFIN, *op. cit.*, p. 206.

Griffin considère que la métaphysique du *process* est la plus à même de remplir ces trois conditions. Aux yeux de Griffin, la métaphysique de Whitehead remplit le premier critère pour la raison qu'elle attribue à toutes les entités actuelles le même statut ontologique. Une action humaine et une action divine sont ainsi toutes deux des occasions actuelles, partageant le même statut ontologique. À ce titre, la métaphysique du *process* permet de penser l'action divine à partir de l'action humaine.

La métaphysique du *process* remplit également la deuxième condition selon Griffin. En effet, Dieu n'étant, selon la conception de Whitehead, rien d'autres que la source des visées initiales des occasions actuelles, son activité n'implique donc jamais une suspension du cours normal de la causalité naturelle, mais est au contraire toujours intégrée au processus de fonctionnement normal de l'univers[510]. Griffin va ensuite consacrer sa réflexion à démontrer que la métaphysique du *process* remplit la troisième exigence : elle permet de parler de l'action spéciale de Dieu réalisée en Jésus.

David Ray Griffin note que les théologiens ont toujours été conscients de la nécessité de parler de Dieu à partir de l'expérience humaine, seule façon à ses yeux de rendre la théologie intelligible. Historiquement, Griffin note que cette analogie a été faite entre Dieu et l'homme dans son entier, c'est-à-dire corps et esprit, quand bien même la dogmatique traditionnelle affirmait avec force l'incorporéité et l'immatérialité de Dieu. Il rajoute que cette analogie classique a été cause de difficultés. Il ne dénonce pas ici la tendance qu'ont pu avoir certains auteurs à parler de « l'œil » ou de la « main » de Dieu. Après tout, la Bible elle-même se sert souvent de ce genre d'image, et Griffin est tout à fait conscient que les théologiens traditionnels ne voient dans ces expressions que des métaphores. Il ne leur fait donc pas ce mauvais procès. Le problème qu'il relève est que, selon lui, alors qu'ils concevaient toujours Dieu comme incorporel, les théologiens traditionnels ont pensé l'action divine incorporelle à partir de l'action humaine corporelle. Cette direction de leur pensée les a poussés à attribuer à l'action divine les caractéristiques qui sont celles d'une action corporelle, et donc à l'envisager sous une forme coercitive et déterministe. Cette conception renforça, selon Griffin, l'idée que certains événements pouvaient être intégralement causés par Dieu, sans aucune participation d'une causalité naturelle[511].

Griffin estime que cette analogie trompeuse n'est pas la seule possible, et propose de penser l'action divine à partir d'une analogie non avec le corps, mais avec l'esprit. Il rappelle que, selon la métaphysique de Whitehead, la personne humaine est une société d'occasions actuelles de type monarchique. Ce que nous appelons l'esprit est le principe structurant de cette société. Ce dernier n'est cependant pas un monarque impassible. Griffin rappelle ainsi que l'esprit est de façon nécessaire et cons-

---

[510] *Ibid.*, p. 207.
[511] *Ibid.*, p. 208.

tante en interaction avec le corps. Il en partage les expériences positives comme négatives. Cette analogie de l'action divine avec l'esprit permet selon Griffin de penser l'action de Dieu en interaction avec les processus causaux naturels, de la même façon que l'esprit est en interaction avec le corps[512]. C'est à partir de cette base qu'il va ensuite pouvoir définir ce qu'est un « acte spécial » de Dieu.

Pour ce faire, Griffin estime qu'il faut tout d'abord définir ce qu'on appelle une action personnelle. Le premier acte personnel selon Griffin est celui de l'auto-constitution de l'esprit à chaque moment. Cet acte d'auto-constitution se fait à partir du propre passé de l'esprit, de ses visées subjectives, et en réponse aux impulsions du corps. L'esprit se constitue ainsi en interaction avec le corps, puis devient pour ce dernier à son tour une cause efficiente. L'action d'une main par exemple, dépend d'une décision de l'esprit qui agit à son égard en tant que cause efficiente. Le corps influence ainsi l'esprit en lui transmettant son *datum* constitutif, alors que l'esprit influence le corps en lui transmettant ses buts. Il n'y a, aux yeux de Griffin, aucune coercition ou déterminisme dans ce fonctionnement, tout n'est qu'influence et persuasion[513].

Si tout acte naît ainsi de l'interaction entre le corps et l'esprit, certains reflètent plus que d'autres la personnalité de leur agent. Ces actes peuvent être qualifiés d'actes spéciaux. Ces derniers révèlent en profondeur la personnalité d'une personne. Un tel acte spécial ne peut être qu'intentionnel, dans la mesure où, selon Griffin, seul un acte intentionnel peut exprimer en profondeur la personnalité d'un individu. De plus, un acte, pour être qualifié de spécial, doit être actualisé au plus haut degré par le corps. En effet, si le corps se conforme généralement au but de l'esprit, ce n'est pas toujours le cas. Griffin donne l'exemple du danseur de ballet devant longuement s'entraîner pour que son corps lui obéisse tout à fait. Un acte spécial est donc un acte intentionnel, qui exprime profondément la personnalité de l'agent, et qui est actualisé à un degré élevé par le corps[514].

Cette notion d'« acte spécial » peut être employée analogiquement pour concevoir ce que pourrait être une conception de Jésus comme « acte spécial » de Dieu. Jésus, pour être considéré comme un acte spécial de Dieu (et ainsi valider l'exigence (3)), devra exprimer la nature et le but éternel de Dieu, et actualiser ce dernier à un haut degré dans son humanité. Griffin rajoute que si un acte spécial reflète à un degré insurpassable le but éternel de Dieu et l'actualise à un degré indépassable, alors il peut être dit « acte suprême de Dieu »[515].

---

[512] *Ibid.*, p. 209.
[513] *Ibid.*, p. 210.
[514] *Ibid.*, pp. 212-213.
[515] *Ibid.*, pp. 215-216.

## 2) La visée initiale de Dieu

Pour Griffin, Jésus est précisément dans sa vie un tel acte suprême de Dieu. D'abord, son message et sa vie contiennent une nouvelle vision du monde qui exprime la nature et le but éternel de Dieu. Cette vision du monde n'est évidemment pas totalement nouvelle, elle s'enracine dans les conceptions qui étaient déjà celles d'Israël, telles que la création du monde par un Dieu personnel qui est concerné par ses créatures, qui a un but pour elles, et les guide en fonction de ce but. Sa nouveauté se trouve dans le fait qu'elle met l'accent sur des dimensions négligées jusque-là. En termes métaphysiques, nous pouvons dire que Jésus reçoit de Dieu une visée initiale unique. Évidemment, toute visée initiale que donne Dieu à chaque occasion actuelle est unique puisque liée à son contexte. Cependant, la visée initiale que donne Dieu à Jésus est unique dans un sens plus fort : elle exprime pleinement le but éternel de Dieu pour le monde[516]. De plus, cette visée initiale unique est parfaitement actualisée par Jésus.

## 3) La visée subjective de Jésus

Griffin rappelle en effet que le ministère de Jésus ne doit pas être envisagé comme déterminé exclusivement par Dieu. En effet, Jésus, en tant qu'acte suprême de Dieu, actualise au plus haut degré le but éternel de Dieu qu'il exprime. Cependant, c'est bien Jésus qui, par sa décision, permet ce degré d'actualisation. Griffin relève que la notion traditionnelle d'obéissance du Christ a ici toute sa pertinence : c'est par sa parfaite obéissance au dessein que Dieu nourrit pour lui que Jésus actualise au plus haut degré le but éternel de Dieu, ce qui fait de lui un acte suprême de Dieu[517].

# C) La christologie de John Cobb

## 1) Le projet christologique de Cobb

L'objectif que Cobb se donne est d'élaborer une christologie renouvelée permettant de penser le Christ à la fois comme incarnation du *Logos* et comme pleinement humain. Il estime que ce projet réclame en amont d'adopter des conceptions métaphysiques renouvelées de la notion de *Logos* et d'humanité, issues de la métaphysique du *process*.

### a) Le Logos

Cobb pense que les problèmes que rencontre la christologie traditionnelle viennent précisément de son emploi d'une métaphysique substantialiste peu adaptée à la tâche de rendre compte du mystère de l'Incarnation du *Logos* en Jésus-Christ. Cobb

---

[516] *Ibid.*, p. 217.
[517] *Ibid.*, p. 218.

reconnaît toutefois que les Pères ont essayé de comprendre la notion de *Logos* telle qu'elle apparaît dans le Nouveau Testament, c'est-à-dire comme très liée à la personne spécifique de Jésus. L'école d'Antioche a conçu le *Logos* comme la sagesse et la volonté immuable de Dieu. Jésus, en incarnant ce *Logos*, est donc pensé comme manifestant la vérité et révélant le but divin. La conception que propose Cobb est proche, du moins l'estime-t-il, de celle de l'école d'Antioche, mais il l'exprime dans un langage philosophique très différent, mobilisant les catégories de la métaphysique de Whitehead.

Cobb[518] commence par noter que dans la tradition chrétienne, le *Logos* désigne « le principe cosmique d'ordre, l'origine de toute signification, et la source des buts ». Il remarque ensuite que dans la métaphysique du *process*, cette description correspond à la nature primordiale de Dieu. Il propose donc de considérer le terme « *Logos* » comme désignant cette nature primordiale de Dieu, c'est-à-dire le pôle abstrait et éternel de Dieu, qui est la source des visées initiales conditionnant toutes les occasions actuelles[519]. À ce titre, le *Logos* est présent dans toutes les occasions actuelles constituant le monde. Il permet l'émergence de la nouveauté dans le monde en organisant l'incorporation des objets éternels dans le processus d'auto-constitution des occasions actuelles, en vue de l'actualisation et de l'intensification de la valeur.

### b) L'humanité de Jésus

Cobb commence par rappeler que selon la tradition chalcédonienne, Jésus a certes une nature humaine, mais qu'il n'en est pas pour autant semblable à nous. Il possède une deuxième nature, qui est divine. Cobb considère que la doctrine de l'union hypostatique des deux natures, humaine et divine, dans l'unique hypostase de Jésus-Christ dogmatisée à Chalcédoine, fait de Jésus un être surnaturel sans rapport avec l'humanité. Cependant, cette doctrine, même s'il la juge bancale, exprime à ses yeux une intuition juste : l'Incarnation du *Logos* n'abolit pas la pleine humanité de Jésus.

Toutefois, Cobb remarque également que la doctrine traditionnelle considère que même la nature humaine de Jésus n'est pas semblable à la nôtre. Ce dernier est consubstantiel à notre humanité en tous points, sauf en ce qui concerne le péché originel. Jésus est en effet considéré comme n'étant pas marqué par ce dernier. Cobb rajoute que cette conception christologique signifie que la nature humaine peut exister sous deux formes : avec-péché et sans-péché. Il en conclut que cela signifie que la chute consécutive au péché originel n'a pas touché à la nature humaine elle-même, puisqu'une nature humaine sans-péché demeure possible et est actualisée en Jésus.

---

[518] J. COBB, « Creative transformation as the Logos », *Christ in a pluralistic age*, sur *Religion-Online*.
[519] *Ibid.*, p. 8.

Cependant, il estime que cette conception rend l'universalité du péché fort mystérieuse. Si le péché originel n'a pas corrompu la nature humaine elle-même, comment expliquer que tous les hommes, sauf Jésus (ainsi que Marie selon le catholicisme) soient pécheurs ? Il rajoute que si la nature humaine peut exister sous une forme sans-péché, celle-ci devrait apparaître de la même façon que la forme avec-péché. Surtout, Cobb affirme que cette doctrine souligne la singularité totale de la nature humaine de Jésus, ce qui a pour effet de le rendre toujours plus étranger à nous[520].

À l'inverse, Cobb est soucieux de ne faire aucun compromis sur le principe de l'humanité du Christ. Pour lui, Jésus doit être conçu, dans absolument tous ses aspects, comme un être humain. Cobb comprend l'affirmation de cette pleine humanité à partir de la métaphysique du *process*, qu'il estime bien mieux adaptée que la métaphysique substantialiste classique pour exprimer le mystère de l'Incarnation[521]. Jésus, comme tout être humain, est donc conçu comme une société d'occasions actuelles de type monarchique, c'est-à-dire organisée autour d'un centre qui sert de principe hiérarchisant. Les occasions actuelles constitutives de cette société entretiennent de fortes relations d'hérédité entre elles, se transmettant un *datum* permettant l'émergence d'une personnalité. Tout être humain, y compris Jésus, est ainsi une société d'occasions actuelles fortement hiérarchisées, et organisées autour de sa visée subjective. La visée subjective de toute la société conditionne ainsi toute cette organisation relationnelle des occasions actuelles. On qualifie cette organisation relationnelle de forme subjective. Cobb estime que ce qui distingue Jésus des autres hommes n'est pas une différence d'ordre ontologique, il est en effet ontologiquement pleinement humain. La différence entre Jésus et les autres hommes se situe au niveau de sa forme subjective.

### 2) *La visée initiale de Dieu*

Cobb affirme que la christologie traditionnelle a toujours envisagé l'Incarnation comme étant strictement à l'initiative de Dieu. Il note que l'Église a condamné comme adoptianiste toute conception affirmant que c'est en réponse à sa grande vertu que Dieu a adopté Jésus comme son Fils. Pour renforcer cette idée d'une initiative divine absolue dans l'Incarnation, la théologie traditionnelle a diminué le rôle de la nature humaine en Jésus, jusqu'à la confiner dans un rôle exclusivement passif. Cobb, au contraire, estime que l'idée d'une initiative humaine de Jésus dans l'Incarnation est une clé pour comprendre celle-ci, et que cette dernière est au moins aussi importante que l'idée de l'initiative divine[522].

---

[520] J. COBB, « Christ and the creeds », *op. cit.*, p. 8.
[521] *Ibid.*, p. 9.
[522] *Ibid.*, pp. 7-8.

Toute occasion actuelle est liée au *Logos* (la nature primordiale de Dieu). Le *Logos* participe ainsi à chaque actualisation, en vue d'optimiser l'intensité de valeur. Cette participation n'est cependant jamais entière car la visée subjective de l'occasion actuelle ne réalise jamais parfaitement et entièrement la visée initiale que Dieu lui donne. En effet, il y a toujours une différence plus ou moins grande entre la visée initiale proposée par Dieu et la visée subjective constitutive de la forme subjective de l'occasion actuelle. Cette différence explique le contraste entre le monde tel qu'il est et le monde tel que Dieu voudrait qu'il soit, elle est l'origine du mal et du péché. Le *Logos* n'est cependant jamais absent, même dans les occasions actuelles qui résistent le plus à sa visée initiale. La visée initiale que donne Dieu à chaque occasion actuelle est unique puisque liée à son contexte. Cependant, la visée initiale que donne Dieu à Jésus est unique dans un sens plus fort. Celle-ci exprime de façon singulière et unique la nature de Dieu et le but que celui-ci nourrit pour le monde. Elle est, de façon littérale, une révélation du *Logos*. Mais la spécificité de Jésus n'est pas seulement de recevoir une visée initiale suréminente. Cobb estime, à l'instar de Griffin, que chez les animaux conscients et évolués comme les humains, ce que nous pensons, faisons et décidons peut affecter notre réception du *Logos*, son incarnation en nous. Jésus ne se contente pas ainsi de recevoir passivement sa visée initiale exceptionnelle, il l'actualise également au plus haut degré dans sa forme subjective propre.

### 3) *La visée subjective de Jésus*

#### a) *Pluralité des formes subjectives humaines*

Cobb[523] remarque que lorsque nous nous posons la question de la forme subjective (ce qu'il appelle la « structure d'existence ») de Jésus, deux réponses nous viennent spontanément à l'esprit : ou bien Jésus est un homme comme les autres, ou bien il n'est en rien un homme comme les autres[524]. Cobb rajoute que ces deux réponses font la même erreur : elles estiment qu'il n'y a qu'une seule et unique structure d'existence humaine possible. Il n'y a donc qu'une seule structure d'existence que Jésus est susceptible de partager ou de ne pas partager. Or, Cobb affirme au contraire qu'il existe une grande pluralité de structures d'existence possibles, et que, parmi celles-ci, se trouve celle de Jésus.

Les chrétiens libéraux ont affirmé que Jésus était un homme comme les autres, certes, mais un homme admirable en tous points. Il était donc un exemple humain de bonne conduite et de bonne vie[525]. Cobb estime cependant que cette conception de Jésus est une « projection sentimentale » ne rendant absolument pas compte des

---

[523] J. COBB, « Jesus's person as Christ », dans *Christ in a pluralistic age*, sur *Religion-online*.
[524] *Ibid.*, p. 1.
[525] En France, on retrouve aussi ce genre d'idées sous la plume d'un positiviste comme Ernest Renan.

données scripturaires[526]. En effet, dans le Nouveau Testament, Jésus n'apparaît pas comme un doux auteur de livres de développement personnel, mais comme une personne provocatrice, au verbe volontiers tranchant, voulant annoncer l'absoluité du Royaume, et non participer à un énième consensus « modéré » et bourgeois.

Cobb rappelle que, selon Bultmann, on doit comprendre Jésus par rapport à sa judaïté. Cobb interprète cette position de Bultmann comme l'affirmation du fait que Jésus aurait partagé la structure d'existence habituelle des Juifs de son époque. Bultmann attribue ainsi à Jésus une conscience prophétique typiquement juive. Cobb cependant remarque que cela ne semble pas être une bonne description de Jésus. En effet, le prophète parle au nom de Dieu, or Jésus agit non au nom de Dieu, mais en lieu et place de Dieu. Cobb rajoute que la structure d'existence de Jésus ne ressemble pas non plus à celle des chrétiens. Il ne témoigne pas en effet de conscience de son péché et de son besoin de pardon. Si Jésus ne peut être compris comme un prophète juif ou un saint chrétien, il ne peut pas non plus selon Cobb être compris comme un mystique. En effet, Jésus n'affirme pas sa stricte identité avec Dieu, et ne fait pas de l'union extatique avec la divinité la finalité de son message[527].

Certains ont envisagé de comprendre Jésus comme un révolutionnaire ayant raté sa révolution. Le Christ aurait souhaité agir en vue de la justice sociale, de l'émancipation politique des hommes et des femmes, et chasser l'occupant romain[528]. Le problème, là encore note Cobb, est que le Nouveau Testament ne nous offre pas l'image d'un Jésus révolutionnaire ou militant politique[529]. Il refuse, par exemple, de prendre parti contre l'occupant romain. On pourrait rajouter que si Jésus exprime bien dans les Évangiles des préoccupations sociales et politiques, ces dernières sont subsumées dans la préparation spirituelle de la venue du Royaume.

Cobb, on le voit, rejette donc toute tentative d'identifier la structure d'existence de Jésus en la rabattant vers un type de structure d'existence connue. La structure d'existence de Jésus n'est ni celle d'un honnête homme, ni celle d'un prophète, ni celle d'un saint, ni celle d'un mystique, ni celle d'un révolutionnaire. La structure d'existence de Jésus est aux yeux de Cobb absolument unique. Elle exprime le fait que Jésus est lui-même la présence de Dieu sur Terre.

---

[526] Il y aurait probablement beaucoup à dire sur les liens entre le libéralisme théologique et la formation au XIXᵉ siècle d'une certaine éthique bourgeoise.
[527] J. COBB, « Jesus's person as Christ », *op. cit.*, p. 3.
[528] De façon aussi surprenante qu'incongrue, le cinéaste Paul Verhoeven a par exemple écrit un livre défendant cette thèse.
[529] J. COBB, « Jesus's person as Christ », *op. cit.*, p. 3

*b) Le **Logos** et Jésus*

La spécificité de Jésus est que sa forme subjective (ce que Cobb appelle sa « structure d'existence ») est totalement centrée sur Dieu. Jésus s'est pleinement ouvert au *Logos*, et c'est en cela selon Cobb que nous pouvons dire qu'il y a eu incarnation. Jésus intègre le *Logos* dans sa structure d'existence d'une façon très spécifique. Cobb remarque que Jésus ne fait pas que proclamer le Royaume, il rajoute qu'il est lui-même le Royaume. Il ne transmet pas le *Logos*, il est le *Logos*. Dans la structure d'existence de Jésus, le *Logos* constitue le centre autour duquel la société monarchique d'occasions actuelles « Jésus » s'organise, c'est-à-dire que sa visée subjective réalise pleinement et entièrement la visée initiale que Dieu lui octroie. Jésus, par l'identité parfaite de sa visée initiale et de sa visée subjective, est donc libre du péché, et rend, dans et par ses actes, Dieu immédiatement actif et présent. Sa forme subjective est ainsi de façon éminente co-constituée par Dieu puisqu'elle dérive directement de la visée initiale, mais Jésus demeure totalement humain, même sur le plan métaphysique. Il n'est pas ontologiquement différent des autres nexus d'occasions actuelles, mais il en est le pinacle[530].

Dire que le *Logos* s'est incarné en Jésus est juste mais insuffisant. Le *Logos* s'incarne en effet en toutes choses. Pour Cobb, le terme « Christ » ne désigne pas une personne spécifique, mais l'action du *Logos* dans le monde, c'est-à-dire la réalisation toujours partielle par le processus constitutif des occasions actuelles des visées initiales issues de l'arrangement des objets éternels effectué dans et par le *Logos*. Ainsi, si la nature conséquente de Dieu est l'immanence du monde en Dieu, le Christ est, lui, l'immanence de Dieu dans le monde[531]. La spécificité de Jésus peut être exprimée à partir de ce concept de Christ. Si le Christ est le *Logos* incarné, c'est-à-dire le *Logos* tel qu'il est présent dans le processus de concrétion de chaque occasion actuelle, son degré de présence dans chaque occasion actuelle varie cependant en fonction de la proximité entre la visée subjective librement décidée par l'occasion actuelle et la visée initiale que cette dernière reçoit de Dieu. Lorsque Jésus décide de réaliser totalement la visée initiale de Dieu dans sa propre visée subjective, il s'identifie pleinement avec le Christ, l'action du *Logos* dans le monde, qui est présent en toutes choses, mais pleinement réalisé en Jésus[532].

## III) *Critique de la christologie du* **Process**

Si les modèles christologiques proposés par les théologiens du *Process* peuvent différer entre eux, ils sont tous basés sur les concepts whiteheadiens de visée initiale et

---

[530] *Ibid.*, p. 4.
[531] J. COBB, « Creative transformation as the Logos », *op. cit.*, p. 12.
[532] *Idem*, « Jesus's person as Christ », *op. cit.*, p. 6.

de visée subjective. En effet, dans ces christologies, Jésus est spécifiquement élu par Dieu, et reçoit à ce titre une visée initiale spécifique. Jésus, pour sa part, réalise intégralement cette visée initiale d'origine divine dans sa visée subjective propre. Il y a normalement un gap entre la visée initiale donnée à l'entité actuelle par la nature primordiale de Dieu, et la visée subjective choisie par l'entité actuelle devant guider téléologiquement son processus de concrescence. Et c'est précisément ce gap qui est la cause du mal, c'est-à-dire de la disharmonie dans l'ordre cosmique. Or, en Jésus, visée initiale d'origine divine et visée subjective d'origine humaine s'identifient parfaitement l'une à l'autre. Jésus réalise totalement ainsi dans sa personne même, dans son humanité, le dessein divin. Il manifeste et est parfaitement conforme à l'harmonie cosmique voulue par Dieu, dépourvu de tout mal, et peut à ce titre être dit « Christ ». Le problème est que si ce modèle parvient effectivement à respecter l'affirmation de l'humanité du Christ, il ne parvient pas à rendre compte de sa divinité.

Dans son ouvrage classique *La foi orthodoxe*, saint Jean Damascène écrit cette phrase capitale pour la compréhension théologique de la personne de Jésus-Christ :

« Aussi ne parlons-nous pas d'homme divinisé, mais de Dieu fait homme »[533].

Il définit un « Dieu fait homme » comme consubstantiel à la fois à la divinité et à l'humanité, et un « homme divinisé » (qui désigne en fait chez lui la conception monophysite du Christ) comme n'étant consubstantiel ni à la divinité ni à l'humanité, car étant un mélange des deux et donc ni vraiment l'un ni vraiment l'autre. Nous allons reprendre ici cette distinction du Damascène, mais en la modifiant. Nous définirons le propre du « Dieu fait homme » de la même façon que Jean Damascène : à la fois pleinement Dieu et pleinement homme, consubstantiel à la divinité et consubstantiel à l'humanité. Nous définirons, en revanche, « l'homme divinisé » comme un homme qui entretient certes une relation privilégiée avec Dieu, mais qui n'est pas Dieu lui-même. Nous allons voir que dans la christologie traditionnelle, Jésus est bien « Dieu fait homme », alors qu'il n'est qu'un « homme divinisé » dans la christologie du *Process*.

## A) *Jésus : « Dieu fait homme »*...

Jean Damascène rejette ceux qui interprètent le terme « Christ » comme se référant à une unique nature née de la composition de l'humanité et de la divinité. Cette conception d'une nature composée du Christ pose en effet un problème :

---

[533] JEAN DAMASCÈNE, *La foi orthodoxe, 45-100*, Paris, Cerf, 2011, p. 17.

« Une nature composée, en effet, ne peut être consubstantielle à aucune des deux natures dont elle a été composée, puisqu'à partir d'êtres différents elle a été constituée comme quelque chose de différent »[534].

Nous le voyons, si le terme « Christ » se référait ainsi à une nature composée, mélange de divinité et d'humanité, le Christ ne serait ni consubstantiel à la divinité, ni à l'humanité. Un tel Christ ne serait alors ni Dieu ni homme. De plus, Jean Damascène rappelle que du fait de la simplicité de la nature divine, celle-ci ne peut entrer en composition avec quoi que ce soit, une telle « nature composée » en Christ est donc impossible[535].

Pour le Damascène, le terme « Christ » ne désigne donc pas une « nature composée », mais l'hypostase composée d'un Dieu fait homme, le Fils incarné. Cette hypostase se compose plus précisément d'une nature humaine (héritée de Marie) et d'une nature divine (la personne trinitaire du Fils) :

« C'est pourquoi nous déclarons qu'à partir de deux natures parfaites, la divine et l'humaine, l'union s'est produite non pas en vertu d'une mixture, d'une confusion ou d'un mélange (…). C'est au contraire une union par composition ou selon l'hypostase, sans changement, sans confusion, sans altération, sans division, sans interruption. Et dans deux natures parfaitement constituées nous confessons une unique hypostase du Fils de Dieu même dans son incarnation, ce tout en disant identique l'hypostase de sa divinité et de son humanité, en confessant aussi qu'en lui se maintiennent après l'union les deux natures ; non que nous placions chacune à part et de son côté : elles sont unies l'une à l'autre en une unique hypostase composée »[536].

Nous voyons que si le Damascène insiste pour souligner l'union hypostatique des deux natures, divine et humaine, en Jésus-Christ, il insiste également sur le fait qu'en aucune façon la nature divine n'entre en composition avec la nature humaine. Il rajoute à ce propos :

« De plus, nous définissons que leur différence substantielle est sauvegardée : le créé est demeuré créé et l'incréé incréé, le mortel mortel et l'immortel immortel, le circonscrit circonscrit et le non circonscrit non circonscrit, le visible visible et l'invisible invisible »[537].

---

[534] *Ibid.*, p. 19.
[535] Dans la mythologie mésopotamienne, l'illustre roi Gilgamesh d'Ourouk est dit deux tiers dieu et un tiers homme. On peut donc dire, de façon certes probablement anachronique, que la conception mésopotamienne de la divinité n'implique pas la simplicité de l'essence divine, puisque celle-ci peut rentrer en composition avec la nature humaine pour former la personne de Gilgamesh. Dans la conception chrétienne, la simplicité de l'essence divine interdit ce genre de composition. Jésus n'est donc pas similaire à Gilgamesh. Il jouira soit d'une nature divine pleine et entière, en plus de sa nature humaine (sans que la première n'entre en composition avec la seconde), soit il n'aura aucune nature divine.
[536] JEAN DAMASCÈNE, *op. cit.*, p. 23.
[537] *Ibid.*, p. 25.

Cependant, cette distinction rigoureuse des deux natures n'est plus valable sur le plan hypostatique. Au niveau de l'hypostase, l'union des deux natures implique la communion des propriétés. Jésus-Christ est donc à la fois « Dieu et homme, créé et incréé, passible et impassible ».

De plus, ce qui est dit de l'une des natures peut être attribué à l'hypostase entière :

> « Tel est le mode de l'échange : chaque nature transfère à l'autre ses propriétés à cause de l'identité d'hypostase et de leur mutuelle *périchorèse*. C'est en application de cela que nous pouvons dire du Christ : *Dieu est apparu sur la terre* et : cet homme est incréé, impassible, incirconscrit »[538].

Nous voyons donc que le Damascène nous dit que le propre de Jésus, « Dieu fait homme », est de résulter de l'union hypostatique des natures divine et humaine, ces dernières communiquant sans se mélanger. Dans cette christologie traditionnelle, Jésus est donc bien à la fois véritablement homme et véritablement Dieu, pleinement consubstantiel à la divinité et pleinement consubstantiel à l'humanité.

## B) ... et non un « homme divinisé »

Dans la christologie du *Process*, Jésus est l'homme qui accomplit la visée initiale exceptionnelle que Dieu lui a proposé dans sa visée subjective propre. Il s'auto-constitue ainsi intégralement autour du dessein spécifique que Dieu lui a octroyé. Cette auto-constitution de Jésus autour du dessein divin n'est pas originelle, elle est bien le fruit de l'ouverture de celui-ci à la visée initiale divine. Jésus manifeste et accomplit ainsi pleinement la volonté divine au cours de sa vie, en alignant sur celle-ci sa visée subjective propre.

Le problème évident est que dans un tel modèle, Jésus n'est pas Dieu, il est simplement un homme qui manifeste et accomplit totalement et parfaitement la volonté divine. À la rigueur et en étant bienveillants, nous pourrions dire que, dans la christologie du *Process*, Jésus « incarne » la volonté divine. Mais il est évident que cette « incarnation » n'est pas l'Incarnation : Jésus n'est pas Dieu lui-même, il est le plus grand des serviteurs de Dieu. Dans ce modèle christologique, Jésus semble ainsi être le plus grand des prophètes, ou le premier parmi les saints. À bien des égards, cette conception du Christ ressemble à la façon dont la théologie traditionnelle conçoit la Vierge Marie.

Cette analogie entre le Christ et un saint est encore renforcée par le fait que, pour la *Process theology*, tout homme peut devenir un « christ ». Dans la métaphysique du *process*, toutes les entités actuelles reçoivent d'abord une visée initiale de la part de

---

[538] *Ibid.*, p. 33.

Dieu, puis réalisent plus ou moins celle-ci dans la visée subjective qu'elles choisissent librement durant le processus de concrescence. Les entités actuelles, et par extension les personnes qu'elles constituent, sont donc toutes plus ou moins conformes au dessein divin, à l'harmonie cosmique voulue par Dieu. La spécificité de Jésus est qu'il reçoit une visée initiale exceptionnelle, et qu'il réalise pleinement celle-ci dans sa visée subjective. C'est à ce titre que Jésus peut être qualifié à la fois de manifestation du dessein divin, et de pleinement conforme au dessein divin. Si Jésus se distingue donc par sa visée initiale spécifique, il y a néanmoins un continuum entre les personnes « normales » et Jésus : chacune incarne plus ou moins la volonté divine, là où Jésus l'incarne parfaitement. Dans un tel modèle christologique, tout homme est donc susceptible de devenir pleinement un christ, à l'égal de Jésus. Il lui suffit de recevoir, à l'instar de Jésus, une visée initiale spécifique « Christ », et de la réaliser pleinement dans sa visée subjective propre. Cobb affirme d'ailleurs à ce propos que d'autres hommes que Jésus, tels que Bouddha ou Gandhi, ont pu aussi être des « christs ».

Nous voyons donc que si la christologie du *Process* souligne l'humanité de Jésus, elle échoue complètement à rendre compte de sa divinité. Jésus y est simplement conçu comme un homme qui « incarne » et accomplit pleinement et parfaitement la volonté divine, et non Dieu lui-même incarné. De plus, la singularité historique de Jésus y est totalement diluée, tout homme étant susceptible de l'égaler, et certains hommes l'ayant d'ailleurs peut-être déjà égalé. La christologie du *Process* ne permet donc pas de rendre compte de Jésus-Christ, à la fois vrai homme et vrai Dieu, d'une façon unique.

# CHAPITRE V

# L'ESCHATOLOGIE

Le Nouveau Testament s'achève sur le livre de l'Apocalypse. Probablement peu de livres ont, dans l'histoire humaine, autant échauffé les imaginations que celui-ci, avec trop souvent des conséquences tragiques. Sans rentrer dans les détails nombreux du déroulement de ce complexe récit, nous pouvons noter que ce livre annonce un jugement des vivants et des morts, où le juste sera récompensé et l'injuste puni :

> « J'ai vu aussi les morts, les grands et les petits, debout devant le Trône. On ouvrit des livres, puis un autre encore : le livre de la vie. D'après ce qui était écrit dans les livres, les morts furent jugés selon leurs actes. La mer rendit les morts qu'elle retenait ; la Mort et le séjour des morts rendirent aussi ceux qu'ils retenaient, et ils furent jugés, chacun selon ses actes. Puis la Mort et le séjour des morts furent précipités dans l'étang de feu – l'étang de feu, c'est la seconde mort. Et si quelqu'un ne se trouvait pas inscrit dans le livre de la vie, il était précipité dans l'étang de feu » (Ap 20.12-15).

Ce Jugement dernier précède une régénération de l'univers entier (« Alors j'ai vu un ciel nouveau et une terre nouvelle, car le premier ciel et la première terre s'en étaient allés et, de mer, il n'y en a plus » Ap 21.1), et est lui-même précédé d'une défaite définitive du diable :

> « Et le diable qui les égarait fut jeté dans l'étang de feu et de soufre, où sont aussi la Bête et le faux prophète ; ils y seront torturés jour et nuit pour les siècles des siècles » (Ap 20.10).

C'est d'ailleurs dans cet étang de feu qui accueille déjà le diable que les hommes mauvais doivent être jetés lors du Jugement dernier :

> « Quant aux lâches, perfides, êtres abominables, meurtriers, débauchés, sorciers, idolâtres et tous les menteurs, la part qui leur revient, c'est l'étang embrasé de feu et de soufre, qui est la seconde mort » (Ap 21.8).

Ces quelques citations expriment une conviction profonde du christianisme : l'Histoire aura une fin et aboutira au triomphe définitif de Dieu sur le mal. Cette conviction d'une fin de l'Histoire s'accomplissant par la défaite de la mort, du diable et du mal se retrouve dans l'un des plus vieux textes chrétiens en dehors du Nouveau Testament, la *Didaché des apôtres*.

« Car dans les derniers jours les faux prophètes et les corrupteurs se multiplieront, les brebis se changeront en loups et l'amour se changera en haine ; car, l'iniquité ayant augmenté (les hommes) se haïront les uns les autres et se persécuteront et se trahiront. Alors paraîtra le Séducteur du monde (se donnant) comme fils de Dieu et il fera des signes et des prodiges et la terre sera livrée entre ses mains et il commettra des forfaits tels qu'il n'y en a point eu depuis l'origine des temps. Alors toute la création humaine entrera dans le feu de l'épreuve et beaucoup succomberont et périront ; mais ceux qui auront persévéré dans leur foi seront sauvés de cet anathème. Et alors paraîtront les signes de la vérité ; d'abord le signe de l'ouverture du ciel, puis le signe du son de la trompette et troisièmement la résurrection des morts, non de tous, il est vrai, mais comme il est dit : "Le Seigneur viendra et tous les saints avec Lui !". Alors le monde verra le Seigneur venant sur les nuées du Ciel » (*Didaché*, XVI.3-7).

Même si le scenario eschatologique que propose la *Didaché* est bien moins développé et diffère peut-être sur certains points de celui du livre de l'Apocalypse, il est certain que l'un et l'autre partagent cette conviction selon laquelle la fin de l'Histoire s'accompagnera d'une défaite du mal. Cette conviction parachève d'ailleurs le symbole d'Athanase :

« Il siège à la droite du Père, d'où il viendra juger les vivants et les morts. À sa venue, tous les hommes ressusciteront avec leurs corps et rendront compte de leurs propres actes : ceux qui ont bien agi iront dans la vie éternelle, ceux qui ont mal agi, au feu éternel ».

Nous pourrions multiplier les textes et références montrant que, au-delà des divers scénarios décrivant la fin du monde, la victoire définitive de Dieu sur le mal à l'occasion de la fin des temps est une conviction fondamentale du christianisme. La fin du monde apparaît ainsi comme la réalisation eschatologique du projet de Dieu pour l'homme et la création. Certains théologiens du *Process* ont également essayé de développer une eschatologie à partir des outils conceptuels que leur offrait la métaphysique de Whitehead. Cependant, le grave défaut de leur modèle eschatologique est de ne pas rendre compte de cette conviction chrétienne fondamentale d'une victoire définitive de Dieu sur le mal. Dans ce chapitre, nous allons commencer par présenter cette eschatologie du *Process*, puis nous verrons qu'elle échoue à rendre compte de la conviction du triomphe final de Dieu sur le mal pour la simple raison qu'elle rejette la notion d'omnipotence divine. Nous verrons ensuite qu'ils justifient cette position par le fait qu'ils estiment que seul un Dieu non omnipotent est compatible avec la présence du mal dans le monde. Nous finirons en montrant qu'ils se trompent et qu'un Dieu omnipotent, pouvant donc triompher du mal à la fin des temps, est compatible avec la présence du mal.

## I) L'eschatologie de Lewis Ford

### A) L'opposition dans la Bible entre le genre apocalyptique et le genre prophétique

Le théologien du *Process* à avoir le plus développé une réflexion eschatologique est probablement Lewis Ford. Cependant, ce dernier rejette fortement l'eschatologie traditionnelle. Ford estime que si Dieu a le pouvoir d'actualiser souverainement le bien, sa bonté exige qu'il le fasse dès le commencement[539]. Or, on peut constater que le monde n'actualise pas le bien, du moins pas dans le sens absolu dont parle Ford. Ce dernier juge cette tension, entre l'omnipotence divine et le mal dans le monde, qu'il voit à l'œuvre dans le théisme classique, comme totalement insoluble[540]. Cette tension insoluble en amont de l'Histoire oblige le théisme classique à élaborer une résolution de celle-ci en aval de l'Histoire. La souveraineté de Dieu sur toutes choses doit ainsi s'exprimer définitivement non à la création, mais à la fin du monde. La toute-puissance et la bonté de Dieu s'exprimeront définitivement dans une apocalypse grandiose, où le bien sera enfin triomphant et le mal aboli. Ford estime cependant que la *Process theology* ne peut partager cette vision des choses[541].

En effet, pour cette dernière, la réalisation du plan divin est toujours irréductiblement liée aux vicissitudes de la réponse des créatures. Il n'est pas le déroulement d'une histoire déjà écrite. Ford donne comme exemple la façon dont il comprend la prophétie : elle n'est pas une prédiction du futur destinée à se réaliser nécessairement, mais une interpellation proclamant une intention divine appelant obéissance. Ford estime que pour les prophètes, l'agir divin ne se déploie pas dans l'Histoire de façon tyrannique, mais en osmose avec l'agir humain. L'Histoire n'est plus ainsi la pure projection de la volonté divine comme dans le théisme classique. Elle est autant, si ce n'est plus, le fruit du libre choix des créatures que de la volonté divine. Elle est également cependant la seule voie par laquelle Dieu travaille à l'accomplissement de son dessein, en ne cessant jamais de tenter de persuader les créatures de suivre librement sa volonté[542].

Mais Ford note qu'on peut aussi faire une autre interprétation : Dieu connaît le futur parce qu'il a le pouvoir de le diriger intégralement. Les prédictions ne sont pas des promesses que Dieu va tenir, mais se fondent sur une connaissance certaine d'un avenir déjà écrit. La conception coercitive de la puissance divine sert donc à fonder la prescience divine par le truchement d'une conception intégralement déterministe de

---

[539] L. S. FORD, *La séduction de Dieu*, traduit par H. Vaillant, 1990, p. 32.
[540] *Ibid.*, p. 26.
[541] *Ibid.*, p. 46.
[542] *Ibid.*, pp. 42-44.

l'Histoire. Dans l'apocalyptique[543], Dieu agit ainsi directement (ou par l'intermédiaire d'anges totalement soumis à sa volonté). Les réalités historiques n'ont plus d'importance puisque Dieu agit justement de façon à les court-circuiter. L'Histoire est ainsi réduite à n'être plus qu'un intervalle entre la création et la fin. La tâche du visionnaire de l'apocalypse n'est pas comme pour le prophète d'expliciter la présence de Dieu dans les méandres du processus historique, mais d'indiquer les signes de la venue prochaine de Dieu[544].

Ford oppose de cette façon la prophétie et l'apocalyptique. Dans la prophétie, Dieu agit par persuasion en réalisant ses desseins via les forces et les réalités historiques en place, les façonnant dans le sens désiré. Il lit par exemple dans Is 41.21-24 l'affirmation que Dieu, contrairement aux idoles, remplit les promesses qu'il a faites à Israël. Ainsi interprété, le texte s'inscrit dans le cadre de la tradition prophétique : la promesse divine est fiable et peut se réaliser par des moyens historiques (Cyrus par exemple) via la persuasion divine[545]. Au contraire, dans l'apocalyptique, Dieu accomplit directement l'Histoire en la court-circuitant, de par sa puissance souveraine. Le Dieu à l'œuvre dans l'apocalyptique est une divinité disposant de ce que Ford appelle une puissance coercitive, et correspond à ce que Whitehead appelle un Dieu-ennemi. Le Dieu à l'œuvre dans la prophétie dispose quant à lui de ce que Ford appelle une puissance persuasive, et correspond à ce que Whitehead appelle un Dieu-compagnon.

## B) *Puissance coercitive et puissance persuasive*

Whitehead cerne le passage de la croyance en un Dieu-ennemi (un Dieu qu'on craint et dont on cherche à attirer les faveurs et à limiter la colère) à un Dieu-compagnon (un Dieu qu'on aime et qu'on cherche à imiter) à travers une analyse diachronique de l'histoire des religions. Il affirme que la Bible témoigne de ce passage. On trouve selon lui dans le texte biblique des marqueurs de la croyance au Dieu-ennemi et de la croyance au Dieu-compagnon, ainsi que du passage de l'une à l'autre. Whitehead lui-même voyait la tendance de l'Ancien Testament à célébrer la puissance coercitive et guerrière de Dieu comme le symptôme d'une « conception barbare de Dieu » (qu'il relevait par exemple dans le Psaume 24). Inversement, il rendait grâce à Platon pour avoir décrit l'action divine sous la forme de la persuasion. Ford relève également que la Bible a largement mis l'accent sur une conception coercitive de la puissance divine, puisant largement dans toute une symbolique militaire et politique.

---

[543] On appelle ainsi les textes religieux, canoniques ou extra-canoniques, qui décrivent la révélation, souvent de nature eschatologique, faites à un visionnaire.
[544] L. S. FORD, *op. cit.*, pp. 45-46.
[545] *Ibid.*, p. 44.

C'est là pour Whitehead, comme nous l'avons déjà souligné, une forme d'idolâtrie qui consiste à se façonner une image de Dieu à partir de celle d'un empereur[546].

Lewis Ford retrouve également ces marqueurs dans la Bible. Il voit la conception du Dieu-ennemi à l'œuvre dans les passages où Dieu est décrit comme un agent suprême de coercition, et la conception du Dieu-compagnon à l'œuvre dans les passages où Dieu est décrit comme un agent suprême de persuasion. On voit donc que pour Ford la distinction entre un Dieu-ennemi et un Dieu-compagnon se joue dans la description de l'expression de sa puissance : coercition ou persuasion.

## *1) La puissance divine comme coercition*

Ford note que si la notion de coercition prise au sens social, physique, ou politique, est relativement claire, ce n'est pas le cas de cette même notion prise dans un sens métaphysique. D'abord, il rappelle que toute limitation n'est pas nécessairement une coercition. Les lois fondamentales de la logique, de la métaphysique ou de la nature sont certes des limitations, mais elles n'en sont pas coercitives pour autant. Comme le dit Ford, nul n'est opprimé par les exigences de la cohérence, la loi de la gravitation, ou son inaptitude à voler. Ces lois limitent certes le champ des possibilités, mais elles le structurent également. Whitehead note par ailleurs à ce propos qu'il ne peut y avoir d'actualisation sans limitation de la possibilité. De la même façon que les lois logiques, métaphysiques ou naturelles, le passé limite également le champ des possibilités. En effet, la totalité des événements passés conditionne l'émergence du présent. Ford se donne ainsi lui-même comme exemple : du fait de son passé personnel, il y a peu de chances qu'il devienne astronaute. Une telle limitation peut dans la vie de chacun être mal vécue ou être source de regrets, mais elle n'est pas coercitive au sens métaphysique du terme. Elle est simplement le résultat du conditionnement du présent par le passé.

Ford propose de définir la coercition comme une restriction qui rend inaccessible une possibilité réelle, c'est-à-dire une possibilité actualisable même en prenant en compte les différentes limitations déjà mentionnées. Il relève que le champ des possibilités réelles peut être restreint par l'action causale efficiente, c'est-à-dire la détermination extérieure des conditions causales initiales. Cette détermination extérieure entraîne une perte de possibilités et est donc à ce titre coercitive. Cette forme de coercition se retrouve selon Ford dans le théisme classique. Ce dernier pense en effet Dieu comme cause efficiente de l'univers et de tout ce qu'il contient, et affirme à ce titre qu'il constitue toute chose telle qu'elle est. Dans cette conception, c'est la

---

[546] *Ibid.*, pp. 19-21.

volonté divine qui décide intégralement du champ des possibilités qui s'offre à chacun. Ford en conclut que l'action de Dieu telle que conçue dans le théisme classique peut être décrite comme coercitive[547].

Ford estime qu'on a trop souvent compris l'œuvre créatrice de Dieu à travers cette notion de cause efficiente : Dieu est la cause efficiente du monde et, partant, le monde est donc sous son contrôle total. On a ainsi envisagé Dieu comme tirant le monde du néant, puis aménageant un espace de liberté pour l'homme en renonçant à appliquer son contrôle dans certains cas, sans que cela ne remette en cause son contrôle total. Le problème selon Ford est que concevoir l'action créatrice de Dieu à travers ce prisme de la causalité efficiente rend insoluble le problème du mal, car Dieu opérant un contrôle total aurait pu et pourrait toujours faire que le monde contienne moins de mal (voire pas du tout). Cela fait de Dieu le responsable direct du mal naturel, et indirect du mal moral[548].

## 2) *La puissance divine comme persuasion*

Ford avance que la proposition de Platon de comprendre l'activité créatrice de Dieu par le prisme de la notion de causalité finale est plus pertinente que de la comprendre par le prisme de la causalité efficiente, comme l'a fait le théisme classique. Dans ce cadre platonicien, Dieu cherche à façonner le meilleur monde possible en persuadant une matière récalcitrante de suivre son plan, ce qui signifie que le monde témoigne de l'action créatrice divine sans s'y conformer exactement, ce qui explique la présence du mal dans le monde.

Comprendre l'action de Dieu comme une persuasion nous fait envisager une nouvelle compréhension étendue de la notion de liberté. D'abord, la liberté n'est plus limitée à l'homme. Elle n'est pas un privilège dont il jouirait car Dieu accepterait de relâcher spécifiquement son contrôle sur l'agir humain, tout en gardant fermement la main sur les processus naturels. La liberté devient pour Ford une caractéristique de l'être qui concerne l'intégralité du créé, jusqu'au plus petit atome. Ensuite, la liberté n'est plus une caractéristique seconde qui viendrait après la création, de façon à ce que la créature soit d'abord créée, puis décrétée libre ensuite. La liberté de la créature devient, pour Ford, un facteur intrinsèque de la création elle-même. La créature participe ainsi à sa propre création qui est donc, dans une certaine mesure, une autocréation. Ce processus participé de création est téléologiquement orienté par Dieu vers un but, lequel est plus ou moins actualisé par la créature. Cette réponse de la créature à la visée initiale que lui impulse Dieu est bien sûr minime dans le cas des particules élémentaires, mais peut, chez les êtres conscients, être vécue sous la forme d'aspirations éthiques et religieuses. La persuasion divine concerne donc non seulement l'homme,

---

[547] *Ibid.*, pp. 22-24.
[548] *Ibid.*, pp. 25-26.

mais également l'intégralité du créé, chaque chose y répondant à sa façon, consciemment ou non[549].

La création n'est pas un événement unique et primordial, mais un processus constant à la fois de réajustement du monde et d'émergence de la nouveauté. Ford donne comme exemple l'apparition de la vie terrestre qui, lorsqu'elle apparaît, est une nouveauté radicale, un nouvel ordre du créé, mais qui se fonde sur un ajustement du substrat organique déjà existant. Ford ne conçoit donc pas la création comme une création *ex nihilo*, mais comme la fusion d'une nouveauté induite par Dieu avec un matériau préexistant et ajusté à celle-ci, via la décision libre de la créature qui ainsi participe de façon capitale à son autocréation. Cependant, si Ford rejette la création *ex nihilo*, il lui reconnaît aussi le mérite d'avoir historiquement permis d'éviter que l'acte créateur de Dieu soit conçu de façon dualiste comme le résultat d'un conflit entre Dieu et des puissances maléfiques et/ou chaotiques[550]. Il note toutefois par ailleurs que sa propre conception de la création rejoint et poursuit cette intuition historique du christianisme ancien mieux que ne le fait la doctrine classique de la *creatio ex nihilo*. Cette dernière, en effet, évite que le mal ne soit substantialisé dans des divinités maléfiques/chaotiques, mais rendrait du même coup inexplicable, selon Ford, la présence du mal dans le monde. Or, dans le cadre de la conception que nourrit Ford de la création, le mal n'est pas non plus substantialisé, mais est défini comme la réponse incomplète que fait la créature, au cours de son processus constitutif, à l'impulsion créatrice et téléologiquement orientée venant de Dieu[551].

## C) *Le Royaume de Dieu*

### *1) La persuasion divine dans la Bible*

Ford avance que concevoir la puissance divine sous le prisme de la persuasion peut renouveler notre compréhension de la parole créatrice de Dieu. Dans le prologue de l'Évangile selon saint Jean, la parole créatrice est assimilée au *Logos*, principe qui ordonne l'univers et lui permet d'être un cosmos et non un chaos. De même, dans le premier chapitre de la Genèse, les huit paroles de la création soulignent le caractère dynamique de celle-ci. Elles symbolisent les impulsions par lesquelles Dieu ordonne l'univers. Ford cite Gn 1.11-12 comme la réponse du monde à ces impulsions divines : la croissance de la végétation est à la fois la réponse et l'assentiment de la terre à l'ordre divin. La Bible garde ainsi, selon Ford, mémoire que la parole divine appelle toujours pour être efficiente une réponse d'obéissance. Le récit du Buisson ardent, ou le don des commandements au Sinaï, montre bien que l'alliance de Dieu et d'Israël

---

[549] *Ibid.*, pp. 27-28.
[550] Conceptions habituelles des religions antiques.
[551] L. S. FORD, *op. cit.*, pp. 28-30.

exige une impulsion divine suivie d'une réponse positive de la créature. Ainsi, la création d'Israël exige à la fois, et conjointement, la parole divine qui la suscite, et la réponse humaine qui, par sa fidélité, agrée. L'alliance du Sinaï devient ainsi, aux yeux de Ford, le paradigme nous permettant de comprendre l'activité créatrice de Dieu.

La parole divine impulse ainsi non seulement des processus cosmiques, tels que l'ordonnancement du monde, mais également des événements « historiques » tels que la libération des Hébreux de l'esclavage en Égypte. Ces deux types d'impulsion doivent toutefois se comprendre selon Ford comme relevant de la même catégorie de la visée initiale de Dieu. Ford remarque d'ailleurs à ce sujet que les psaumes 135 et 136 juxtaposent la création et la naissance d'Israël, montrant par-là que les deux événements se situent dans la continuité de l'agir divin. De la même façon, Is 51.9-10 construit une continuité entre la victoire de Dieu sur des monstres marins symbolisant le chaos, et la séparation des eaux lors de la fuite des Hébreux d'Égypte. L'ordonnancement du monde et la fondation d'Israël à la suite de l'Exode sont ainsi tous deux interprétés par Ford comme relevant conjointement de l'action persuasive de Dieu, c'est-à-dire de sa visée initiale, et de la réponse de la créature à celle-ci, c'est-à-dire de l'intégration de la visée initiale de Dieu dans la visée subjective constitutive des occasions actuelles[552].

### 2) *La prédication de Jésus*

Les deux modèles de la puissance divine, coercition ou persuasion, peuvent chacun éclairer des textes bibliques différents. Ford estime cependant que l'image biblique du Dieu-roi est à cheval sur les deux modèles. En effet, Ford affirme que l'image du Dieu-roi n'est pas une image de la cause efficiente ou du fabricateur unique de toutes choses. Cette image biblique laisse donc un espace pour comprendre l'action divine sous la forme de la persuasion. Cependant, il note également que le Dieu-roi peut aussi se faire coercitif pour punir ceux qui lui ont désobéi. Ford en conclut que l'image du Dieu-roi met en tension les modèles de la persuasion et de la coercition. Il rajoute toutefois que dans son expérience historique, le peuple d'Israël a fini par privilégier le modèle de la coercition et à envisager Dieu comme exerçant un contrôle total de l'Histoire, ne laissant aucune place pour une conception de Dieu comme agent suprême de persuasion[553].

Mais l'image du Dieu-roi connaîtra selon Ford un renouvellement en profondeur dans la prédication de Jésus qui, contrairement à Israël, va interpréter cette image à partir du modèle de la persuasion. Selon Ford, la prédication du Royaume par Jésus introduit une nouveauté : la conception de la souveraineté divine comme puissance du futur. Il rajoute que le modèle de la persuasion, s'il ne peut rendre compte de

---

[552] *Ibid.*, pp. 30-32.
[553] *Ibid.*, pp. p40-42

certaines images bibliques de Dieu, est particulièrement adéquat pour rendre compte de cette conception de Dieu comme puissance du futur[554].

Ford remarque que Jésus, dans son annonce du Royaume, ne partage pas l'intérêt de l'apocalyptique pour les signes annonciateurs. Seul le Père sait quand le Royaume sera prêt. Mais en même temps, ce Royaume à venir exerce déjà une influence sur le présent. C'est cette irruption inattendue qui marque le présent d'un caractère d'urgence prophétique. L'urgence des temps exige de ne pas en perdre. Jésus refuse par exemple à son disciple le droit de prendre le temps d'enterrer ses parents, comme le veut la tradition juive (Lc 9.60)[555].

Le Royaume, dans la prédication de Jésus, ne peut être simplement vu comme futur ou vu comme présent. C'est dans la tension entre présent et futur qu'il se déploie, brisant le cadre traditionnel de l'apocalyptique. Lorsque Jésus annonce que « le Royaume de Dieu est proche », cette proximité désigne une puissance d'affecter le présent. Si, du fait des attentes apocalyptiques propres à cette époque, cette proximité a aussi pu être envisagée comme chronologique, cette proximité peut aussi être intérieurement vécue indépendamment de toute spéculation sur sa réalisation historique imminente. Elle renvoie avant tout à l'influence de ce futur proclamé sur le présent. Cette proclamation n'est en effet pas une information neutre. Elle s'adresse à nous et à notre liberté, et suscite en nous une réponse d'acceptation ou de refus. La proclamation du Royaume a ainsi nécessairement besoin de notre liberté pour fonctionner, car elle nous appelle à une transformation de toute notre personne[556].

Selon Ford, dans la métaphysique du *process*, le monde actuel résulte de la triple influence du passé, du présent et du futur. Plus précisément, une entité actuelle vient à l'existence par un processus d'inclusion et d'exclusion dans le présent de données offertes par le passé, dirigé par une visée se réalisant dans le futur. Pour Ford, dans Ga 5.16-24, le mot « chair » renvoie ainsi à l'influence du passé, alors que le mot « esprit » renvoie lui à l'influence du futur. Chair et esprit demeurent en tension car tout ce que nous sommes est lié au résultat de cette tension entre le passé dont nous héritons à chaque instant, et la visée future qui nous dirige. C'est donc au présent de donner une unité à cette tension entre passé et futur au cours du processus d'actualisation de l'entité actuelle[557].

Le futur cependant n'est pas une actualité. Si tel était le cas, estime Ford, le futur serait fermé et tout serait déjà écrit. En même temps, le futur exerce une influence sans être actuel. Ford affirme que nous pouvons cerner la puissance de persuasion de Dieu en comprenant comment un futur comme le Royaume est à la fois à venir et

---

[554] *Ibid.*, p. 42.
[555] *Ibid.*, pp. 46-47.
[556] *Ibid.*, pp. 48-49.
[557] *Ibid.*, pp. 49-51.

déjà présent. Ford cite à ce propos les exorcismes en Lc 11.20 et Mtt 12.28. L'exorcisme est le signe de la proximité du Royaume, son irruption locale et ponctuelle dans le présent. Parce que le règne futur de Dieu peut déjà ainsi s'actualiser localement et ponctuellement dans le présent, il est possible de vivre par anticipation le Royaume dès à présent. Le Royaume n'est donc ni une réalité parmi d'autres, ni une possibilité parmi d'autres. Il désigne à la fois l'intensification de la valeur et l'ouverture de possibilités nouvelles réalisées par l'agir divin, en vue de la réalisation d'une harmonie cosmique.

Le fait que la persuasion divine corresponde à l'influence du Royaume explique que celle-ci soit difficilement discernable. En effet, l'influence du Royaume ne nous apparaît pas à l'état brut car c'est toujours le présent qui l'actualise, or cette actualisation est toujours fragmentaire. De plus, le présent doit également composer avec l'influence du passé, limitant du même coup encore la marge d'actualisation du Royaume. Dieu est ainsi agissant en toute chose, mais il n'est jamais le seul agent à l'œuvre. Toute chose témoigne ainsi du dessein divin sans être jamais sa pleine réalisation. Cependant, le Royaume en tant que réalisation du dessein divin s'est pleinement manifesté en Jésus qui, à travers son obéissance, a permis au Royaume d'être pleinement présent[558].

## *II) L'omnipotence de Dieu dans la* Process theology

Nous pouvons constater que l'eschatologie que propose Lewis Ford diffère de l'eschatologie traditionnelle sur un point majeur : absolument rien n'y garantit une victoire définitive de Dieu sur le mal. Tout ce que le modèle eschatologique de Ford propose, c'est un progrès du dessein divin, actualisant toujours un peu plus le Royaume, mais sans que rien ne garantisse que Dieu puisse triompher de façon définitive. Ford est cependant cohérent avec lui-même : son eschatologie est en effet la seule cohérente avec la conception de la puissance divine comme persuasion qu'il propose. Cette conception de la puissance divine est partagée par tous les théologiens du *Process*.

## *A) La nature de l'omnipotence divine selon* Whitehead

Whitehead n'a pas vraiment traité la question de l'omnipotence divine de façon vraiment systématique, mais il propose une série de remarques portant sur Dieu, l'histoire et la puissance divine.

---

[558] *Ibid.*, pp. 52-54.

Il propose une typologie des concepts de Dieu dans *Procès et réalité*[559] :

« Dans la grande période de formation de la philosophie théiste, qui, contemporaine de la civilisation, se termine avec l'émergence du mahométisme, trois courants de pensée apparaissent : avec de nombreuses variations de détails, ils représentent Dieu à l'image du dirigeant impérial, de l'énergie morale personnifiée, ou d'un principe philosophique ultime ».

Il estime que c'est la première conception qui a été historiquement adoptée par le christianisme, où elle s'est mélangée avec l'héritage sémite d'un Dieu créant l'univers depuis l'extérieur :

« Quand le monde occidental accepte le christianisme, César s'impose par la conquête et le texte reçu de la théologie occidentale est édité par ses juristes. Le code et la théologie de Justinien sont deux œuvres exprimant un même mouvement de l'esprit humain. La brève lueur d'humilité venue de Galilée vacille, incertaine, tout au long des siècles. Dans la formulation officielle de la religion, elle se réduit à l'insignifiante accusation adressée aux Juifs d'avoir chéri une conception erronée de leur Messie. Mais l'idolâtrie la plus profonde, celle qui consistait à se faire un Dieu à l'image des dirigeants impériaux égyptiens, perses et romains, demeure ».

Ainsi, Whitehead retourne curieusement la thèse de Carl Schmitt selon laquelle les concepts politiques modernes sont des concepts théologiques sécularisés[560], et affirme que le concept théologique classique de Dieu est un concept politique sacralisé :

« L'Église donne à Dieu les attributs qui appartiennent exclusivement à César ».

Nous ne discuterons pas la pertinence historique de la reconstruction de Whitehead, nous noterons simplement que celle-ci exprime bien l'une de ses intuitions profondes : l'attribution de l'omnipotence à Dieu relève d'une idolâtrie consistant à concevoir Dieu sur le modèle d'un potentat oriental ou d'un empereur romain, c'est-à-dire que cela participe à une conception erronée qui fait de Dieu un souverain et les créatures ses sujets.

*Adventures of Ideas* apporte des éléments d'explication à cette position de Whitehead. Ce dernier y affirme que « les rapports entre individus et entre groupes sociaux revêtent l'une ou l'autre de ces deux formes : la force ou la persuasion »[561], et que « ainsi se trouve justifiée la parole de Platon : la création du monde – je veux dire de l'ordre civilisé – est la victoire de la persuasion sur la force »[562]. Il rajoute que « le

---

[559] A. N. WHITEHEAD, *Procès et réalité, op. cit.*, p. 527.
[560] C. SCHMITT, *Théologie politique*, Paris, Gallimard, 1969. L'identification de Dieu à l'empereur, et inversement, a été critiquée dans E. PETERSON, *Le monothéisme : un problème politique*, Paris, Bayard, 2007.
[561] A. N. WHITEHEAD, *Aventures d'idées, op. cit.*, p. 133.
[562] *Ibid.*, p. 69.

commerce est l'exemple par excellence de relations fondées sur la persuasion »[563], commerce qu'il définit comme « l'échange des produits matériels et leur fabrication en vue de cet échange » et « le maniement de la monnaie, produit conventionnel et qui possède éventuellement, mais non pas nécessairement, une valeur intrinsèque indépendamment de son emploi comme monnaie »[564]. Nous voyons donc que Whitehead considère l'emploi de la coercition comme moralement inférieur à l'emploi de la persuasion, d'où son rejet d'une conception « impériale » de Dieu et de l'omnipotence divine, un Dieu bon ne pouvant donc qu'utiliser la persuasion et jamais la force. Dieu tâche de faire advenir le bien dans le monde en « persuadant » les créatures de se conformer à sa volonté.

## B) *La nature de l'omnipotence divine chez Charles Hartshorne*

La critique de Whitehead est reprise par Charles Hartshorne. Ce dernier définit l'omnipotence divine comme le fait que Dieu est cause de toute chose :

« Si je meurs d'un cancer, cette malchance est le fait de Dieu »[565].

Hartshorne explique l'origine de cette conception par le fait que la puissance divine a été traditionnellement conçue comme la puissance la plus grande possible, or la puissance la plus grande possible est celle qui détermine absolument toute chose et tout événement, d'où une conception de Dieu et de sa puissance qu'Hartshorne qualifie de tyrannique[566]. Pour ce dernier, l'attribution de l'omnipotence à Dieu est donc incompatible avec la liberté des créatures. Cependant, pour Hartshorne, comme pour Whitehead, un Dieu véritablement bon ne saurait être tyrannique, mais au contraire chercherait à persuader ses créatures de s'améliorer librement. La puissance de Dieu ne doit donc pas s'exprimer par la force mais par la persuasion.

## C) *La nature de l'omnipotence divine chez John Cobb*

John Cobb[567] reprend la question en l'appliquant au problème de la théodicée. Il reconnaît que « la douleur, la souffrance, l'injustice et le caractère transitoire du monde mettent radicalement Dieu en question » et pense que « la réponse chrétienne au problème du mal se trouve dans une juste conception de la puissance divine ». Pour Cobb, c'est précisément de la mauvaise conception de Dieu nourrie par le théisme classique que naît le problème du mal. La question pour Cobb est de savoir

---

[563] *Ibid.*, p. 133.
[564] *Ibid.*, p. 120.
[565] C. HARTSHORNE, *Omnipotence and other theological mistakes*, State University of New York, 1984, p. 3.
[566] *Ibid.*, pp. 10-26.
[567] J. COBB, *Dieu et le monde*, Paris, Van Dieren, 2006, pp. 91-106.

de quoi nous parlons lorsque nous utilisons le concept de puissance. Le problème tient au fait que si l'on définit la puissance comme une capacité d'action, sa mesure lui est fournie par la capacité de ce sur quoi elle agit à lui résister. Ainsi, la toute-puissance sera définie comme la « capacité à déterminer ce qui doit être et comment cela doit être » sans que rien ne puisse entraver cette capacité. C'est justement de cette conception de la puissance et donc de l'omnipotence que naît le problème du mal. De plus, Cobb estime que, finalement, cette conception de la puissance implique pour affirmer l'omnipotence divine de nier la puissance de tout ce qui n'est pas Dieu[568].

Comme solution, Cobb propose de repenser la puissance à partir de la métaphysique de Whitehead. Il critique à partir de ce point de vue le fait qu'on a classiquement défini la puissance divine comme une forme de coercition, alors qu'utiliser la contrainte est précisément pour lui toujours l'aveu d'un échec, d'un manque de puissance véritable. Il propose de définir la puissance divine à partir de la notion de persuasion car, alors que la contrainte ne peut s'exercer que sur une impuissance, la persuasion peut quant à elle s'exercer sur d'autres puissances[569]. L'omnipotence ne signifie donc plus que Dieu a pouvoir sur tout, mais que sa puissance est une pression vers le bien et vers le développement de la puissance, et donc de la liberté, de la chose qu'il cherche à persuader. En d'autres termes, le « contrat d'omnipotence » implique que si la créature est réellement libre, alors elle peut résister à Dieu.

On peut facilement rendre compte des propos de Cobb dans l'idiome philosophique de la métaphysique du *process*. La persuasion de Dieu s'exprime dans le choix des objets éternels qu'il effectue et qu'il propose à l'occasion actuelle en formation par la visée initiale, dans le but que celle-ci actualise la plus grande valeur et s'inscrive du mieux possible dans l'harmonie cosmique que Dieu cherche à créer. La liberté de la créature s'exprime par le fait que la visée subjective de l'occasion actuelle ne répète pas nécessairement (en fait pratiquement jamais) la visée initiale que Dieu lui propose. Dans son processus d'auto-formation, l'occasion actuelle a toujours le choix de suivre ou non la visée initiale. La visée subjective reproduit ainsi partiellement, mais pas totalement, la visée initiale, et c'est ce décalage qui est à l'origine du mal.

## III) *La théodicée du* Process

### A) *Le problème du mal*

John Cobb justifie sa conception de la puissance divine (qui est la même que celle de Lewis Ford) par le fait que seul un Dieu disposant d'une puissance persuasive

---

[568] Cobb, on le voit, réduit toute la Tradition à une conception occasionaliste de la puissance divine.
[569] Cobb estime de plus que cette conception de la puissance est validée par le Nouveau Testament.

est compatible avec le mal dans le monde. Inversement, l'existence d'un Dieu disposant d'une puissance coercitive est tout simplement réfutée par le mal présent dans le monde. C'est donc avant tout pour répondre au problème du mal que Cobb développe sa conception persuasive de la puissance divine.

Le rhéteur chrétien Lactance (260-340) exprime ce problème du mal en ces termes qu'il attribue (faussement) au philosophe Épicure[570] :

« Dieu, ou bien veut supprimer les maux et ne le peut, ou bien le peut et ne le veut, ou bien il ne le veut ni ne le peut, ou bien il le veut et le peut. S'il le veut et ne le peut, il est faible, ce qui ne peut échoir à Dieu ; s'il le peut et ne le veut, il est jaloux, ce qui est également étranger à Dieu ; s'il ne le veut ni ne le peut, il est tout à la fois jaloux et faible, et partant n'est pas Dieu ; s'il le veut et le peut, ce qui seul convient à Dieu, quelle est donc l'origine des maux, et pourquoi ne les supprime-t-il pas ? »[571].

Paul Clavier[572] propose de résumer le texte de Lactance dans un tableau.

| Dieu | Veut supprimer le mal | Ne veut pas supprimer le mal |
|---|---|---|
| Peut supprimer le mal | Alors d'où vient le mal et pourquoi ne le supprime-t-il pas ? | Dieu est méchant |
| Ne peut pas supprimer le mal | Dieu est incapable | Dieu est incapable et méchant |

Les cases nord-est et sud-est, qui envisagent la malice de Dieu, ne sont défendues par personne, à part quelques littérateurs en mal de romantisme noir[573]. La ligne de partage se situe non entre ceux croyant en un Dieu bon et ceux croyant en un Dieu mauvais, mais entre ceux croyant en un Dieu bon et entre ceux ne croyant en l'existence d'aucun Dieu. En revanche, comme le note Paul Clavier, la question de la case nord-ouest soulève le problème du mal, alors que la case sud-ouest, l'impuissance de Dieu, est une réponse à celui-ci très répandue aujourd'hui.

Saint Thomas d'Aquin résume dans la *Somme Théologique* avec une formule claire et synthétique le problème soulevé par Lactance :

---

[570] En réalité, il semblerait que la paternité du problème revienne au philosophe sceptique Sextus Empiricus.
[571] LACTANCE, *La colère de Dieu*, Paris, Cerf, p. 159-161.
[572] P. CLAVIER, *L'énigme du mal ou le tremblement de Jupiter*, Paris, Desclée de Brouwer, 2010, p. 29.
[573] Les divers mythes gnostiques avancent souvent que l'univers matériel a été créé par un démiurge mauvais, ce qui explique le mal dans le monde. Cependant, le démiurge n'y est jamais considéré comme le vrai Dieu mais toujours comme une version émanée et dégradée de celui-ci.

« De deux contraires, si l'un est infini, l'autre est totalement aboli. Or, quand on prononce le mot Dieu on l'entend d'un bien infini. Donc, si Dieu existait, il n'y aurait plus de mal. Or l'on trouve du mal dans le monde. Donc Dieu n'existe pas »[574].

Démontrer que la constatation empirique du mal n'est pas nécessairement contradictoire avec l'existence de Dieu est le but des théodicées. Depuis Kant[575], il est parfois de bon ton de considérer le problème de la théodicée avec un certain dédain : celui-ci n'aurait fait que faire perdre leur temps à quelques philosophes précritiques. Cependant, je voudrais contre cette idée avancer deux rapides objections afin de réhabiliter le problème de la théodicée tel que le Docteur Angélique l'a posé. D'abord, il me semble, comme nous le verrons, que l'argument du mal est un argument antithéiste valide et soulève donc un véritable problème pour le croyant et appelle une réponse de sa part s'il veut maintenir sa foi dans ses droits[576]. Ensuite, le problème de la théodicée n'est pas qu'un problème philosophique dans le sens où le dieu qui y est contredit n'est pas le dieu abstrait des philosophes mais bien celui d'Abraham, d'Isaac et de Jacob.

Une solution simple au problème du mal pourrait être ce que Cioran appelait le disthéisme : le mal existe car Dieu est mauvais et jouit d'un plaisir pervers à nous regarder souffrir (c'est la case nord-est du tableau précédent). Une autre solution est d'imaginer un dieu indifférent au monde, par exemple un premier moteur non mû indifférent à ce qu'il meut. Enfin, une troisième solution que je propose à titre de curiosité de mauvais goût est celle du médecin Woods Hutchinson[577] : Dieu permet le mal pour sélectionner les forts et faire périr les faibles afin d'améliorer l'espèce dans une perspective eugéniste. Si ces trois théodicées répondent effectivement au problème du mal, elles sont cependant inacceptables d'un point de vue chrétien. Contre ces conceptions d'un dieu malveillant, indifférent ou impitoyable, le christianisme affirme que « Dieu a tant aimé le monde qu'il a donné son Fils unique, pour que quiconque met sa foi en lui ne se perde pas, mais ait la vie éternelle » (Jn 3.16). Le dieu chrétien est donc un dieu bon, charitable et triomphant du mal, en un mot un Dieu providentiel. La théodicée doit donc démontrer que l'existence du mal est compatible non pas avec l'existence de n'importe quel Dieu, mais bien avec l'existence de ce Dieu providentiel. Le problème de la théodicée du *Process* est bien qu'elle aussi ne

---

[574] T. D'AQUIN, *Somme Théologique*, Paris, Cerf, 1984, partie I, Q. 2, a. 3, p. 171.
[575] E. KANT, *Sur l'insuccès de toutes les tentatives philosophiques en matière de théodicée*, dans *Œuvres complètes t. II*, Paris, Gallimard, coll. La Pléiade, 1984.
[576] De nouveaux essais de théodicée sont ainsi apparus dans le cadre de la philosophie analytique pour répondre à cette aspiration. Pour un état de la question voir R. GLAUSER, « Le problème du mal dans la philosophie analytique de la religion », dans *Revue internationale de philosophie*, n°225, 2003, pp. 285-313.
[577] W. HUTCHINSON, *The Gospel according to Darwin*, Chicago, The open court, 1898.

rende pas le mal compatible avec ce Dieu providentiel, mais avec un Dieu ne pouvant triompher du mal.

## B) L'argument du mal

Dans un article connu de 1955[578], John L. Mackie reprit ce problème du mal pour en faire un argument antithéiste. En effet, le tenant de l'hypothèse théiste serait obligé d'abandonner sa conviction car celle-ci est réfutée par des croyances que lui-même tient pour vraies, ce qui le place face à un paradoxe. On peut résumer l'argument de Mackie comme suit :

(1) Dieu est omnipotent.
(2) Un être omnipotent peut supprimer le mal autant qu'il le veut.
(3) Dieu est omnibénévolent.
(4) Un être omnibénévolent veut supprimer le mal autant qu'il le peut.
(5) Il est logiquement possible d'éliminer totalement le mal.
(6) Donc Dieu veut et peut éliminer totalement le mal.
(7) Or le mal existe.
(8) (6) et (7) sont contradictoires.
(9) Donc Dieu n'existe pas.

Répondre à cet argument est le rôle de la théodicée[579]. Le souci est que celui-ci semble à première vue particulièrement solide. (1) et (3) relèvent de la définition classique de Dieu. (2) et (4) précisent les conséquences sur le mal de l'omnibénévolence et de l'omnipotence. Ces quatre premières prémisses sont tout à fait traditionnelles. De même, (5) exprime la spécificité de la conception chrétienne du mal qui voit en lui un phénomène contingent que Dieu peut vaincre définitivement[580]. (6) est la conclusion logique des prémisses, contredite par la constatation empirique de l'existence du mal dans le monde. De cette contradiction entre ce qu'appelle nécessairement le concept de Dieu et la réalité naît la conclusion que Dieu n'existe pas. En conclusion de son article, Mackie estime qu'il n'existe aucune solution pertinente au problème du mal, du moins aucune qui n'exige de modifier les conceptions d'omnipotence et

---

[578] J. L. MACKIE, « Evil and omnipotence », *Mind*, New Series, vol. 64, n°254 (1955), p. 200-1212, traduit dans C. MICHON, R. POUIVET, *Philosophie de la religion, approches contemporaines*, Paris, Vrin, 2010, pp. 215-234.

[579] Pour un classement typologique des théodicées et leur discussion voir P. CLAVIER, « Les théodicées, entre mauvaises excuses et fin de non-recevoir », revue *Klesis*, n°17, 2011, pp. 54-64. Pour un état de la question voir R. GLAUSER, « Le problème du mal dans la philosophie analytique de la religion », dans *Revue internationale de philosophie*, n°225, 2003, pp. 285-313.

[580] Whitehead voit même dans cette conception chrétienne du mal comme phénomène contingent une différence fondamentale avec le bouddhisme, qui lui voit dans le mal une composante nécessaire du monde. *La religion en gestation*, *op. cit.*, p. 23.

d'omnibénévolence qui constituent le cœur de l'hypothèse théiste. Il note qu'une solution usitée est d'ailleurs d'abandonner l'idée d'omnipotence divine, ou du moins de restreindre sa portée[581]. Nous pouvons remarquer que c'est précisément cette solution qui est celle de la *Process theology*.

## C) *La théodicée de David Ray Griffin*

David Ray Griffin est le théologien du *Process* à avoir fourni le travail le plus complet sur le problème du mal[582]. Il commence par rappeler que Leibniz estimait qu'il existait des arguments apodictiques en faveur de l'existence de Dieu, ainsi que des raisons suffisantes d'accepter l'autorité des Écritures saintes (qui attestent de l'existence de Dieu). Cet ensemble de raisons en faveur du théisme donnait à Leibniz de bonnes raisons de ne pas être exagérément troublé par l'argument du mal[583]. Les défenseurs actuels de la position leibnizienne (par exemple Nelson Pike) estiment de la même façon que le problème du mal n'a pas nécessairement l'importance qu'on lui prête, pour peu qu'il y ait à côté des raisons fortes en faveur du théisme.

Griffin rappelle cependant que nous ne sommes plus au temps de Leibniz. La croyance en un Dieu omnipotent et absolument bon n'a plus le caractère d'évidence qu'elle avait alors au XVIIe siècle. Les « preuves de l'existence de Dieu » ne sont par exemple plus considérées aujourd'hui comme apodictiques, mais plutôt comme des arguments probabilistes. Dans ce nouveau contexte, il n'est plus possible de procéder comme Leibniz et de poser premièrement le problème de l'existence de Dieu, puis secondairement celui de la présence du mal dans le monde. Aux yeux de Griffin, simplement démontrer la compatibilité de l'existence de Dieu et du mal ne suffit plus. Il faut, pour justifier le théisme, concevoir un argument global démontrant que le théisme interprète mieux notre expérience globale, y compris celle du mal, que l'athéisme[584]. Pour mener à bien ce projet, il se propose de construire une théodicée en se fondant sur la pensée développée par Alfred North Whitehead et Charles Hartshorne, tout en incluant certaines idées présentes dans la pensée hébraïque et la pensée grecque, mais qui n'ont pas été retenues par les théodicées traditionnelles. Griffin reconstruit ainsi l'argument classique du mal[585] :

(1) Dieu est une réalité parfaite (définition).
(2) Une réalité parfaite est un être omnipotent (par définition).

---

[581] C'est par exemple la solution de Hans Jonas dans son très fameux essai *Le concept de Dieu après Auschwitz*.
[582] D. R. GRIFFIN, *God, power, and evil*, U.S.A, WJK, 2004.
[583] *Ibid.*, p. 255.
[584] *Ibid.*, p. 256.
[585] *Ibid.*, p. 1.

(3) Un être omnipotent peut unilatéralement faire que le monde actuel soit dépourvu de mal (par définition).
(4) Une réalité parfaite est un être moralement parfait (par définition).
(5) Un être moralement parfait veut que le monde actuel soit dépourvu de mal (par définition).
(6) S'il y a du mal dans le monde, alors il n'y a pas de Dieu (conclusion logique de (1) à (5)).
(7) Il y a du mal dans le monde (jugement de fait).
(8) Il n'y a donc pas de Dieu (conclusion logique de (6) et (7)).

Griffin va chercher à réfuter l'argument en contestant la prémisse (3). Il estime qu'un être peut être omnipotent sans pour autant pouvoir contrôler chaque aspect de la réalité, et donc sans pouvoir supprimer totalement le mal quand bien même il le souhaiterait.

## 1) *Dieu veut-il vraiment que le monde soit dépourvu de mal ?*

Griffin remarque qu'une voie praticable pour construire une théodicée est probablement de contester (5). Il est en effet possible d'affirmer que Dieu puisse vouloir et faire le mal, mais exclusivement si c'est pour en tirer un plus grand bien. Il est ainsi impossible d'affirmer que la constatation factuelle du mal dans le monde soit, *prima facie*, logiquement incompatible avec l'existence d'un être omnipotent et absolument bon. Il faudrait pour ce faire prouver qu'il existe un mal injustifiable par un plus grand bien, ce qui semble impossible. M. B. Ahern affirme ainsi que démontrer l'existence d'un mal injustifiable exigerait une connaissance exhaustive de tout le bien possible, ainsi que de la connexion de celui-ci avec le mal actuel. Or, nous ne disposons évidemment pas de cette connaissance[586]. Ahern en conclut donc qu'affirmer l'existence d'un mal injustifiable, et donc incompatible avec un Dieu omnipotent et absolument bon, implique une évaluation dont les données fondamentales nous échappent[587].

Griffin n'accepte toutefois pas cette solution simple pour deux raisons. D'abord, il affirme que cela revient à nier l'existence du mal en tant que tel, ce qui rend du même coup superfétatoire une croyance théiste fondamentale : il existe bien un mal dont Dieu nous sauve. Ensuite, il estime que cette négation est tout de même extrêmement éloignée de l'expérience de myriades de gens pour qui le mal, dans toute son horrible absurdité, est une réalité beaucoup plus concrète que celle d'un Dieu calculant son action en fonction d'une balance bien/mal. La solution d'Ahern lui apparaît

---
[586] La position d'Ahern rejoint celle du théisme sceptique affirmant que si Dieu existe, alors il se peut qu'il permette le mal pour des raisons supérieures qui nous sont inconnaissables. L'idée d'une incompatibilité entre le mal et l'existence de Dieu et le mal ne serait donc qu'une présomption causée par cette ignorance.
[587] D. R. GRIFFIN, *op. cit.*, p. 254.

ainsi comme exagérément abstraite, et peu à même de répondre à l'interrogation de celui en prise dans sa vie avec le mal.

## 2) Dieu est-il vraiment omnipotent ?

Griffin estime que les théologiens ont souvent cherché à sauvegarder envers et contre tout les prémisses (2) et (3). Il apparaissait en effet à ces théologiens que seul un être omnipotent et pouvant agir comme bon lui semble pouvait être digne d'adoration et, partant, le vrai Dieu. Ahern, par exemple, affirme qu'un être à la puissance limitée d'une quelconque façon ne peut être objet d'un culte. Cette position a d'ailleurs également été endossée par des philosophes athées. Findlay, par exemple, affirme que seul un être à la puissance illimitée peut être l'objet adéquat de nos attitudes religieuses. De la même façon, Mackie affirme que la seule façon de résoudre le problème du mal est d'abandonner l'attribut d'omnibénévolence ou l'attribut d'omnipotence. Il rajoute que l'abandon de l'attribut d'omnibénévolence lui paraît totalement destructeur pour la croyance religieuse, mais relève aussi que l'abandon de l'attribut d'omnipotence lui apparaît également moins comme une révision du théisme que comme l'abandon d'un fondamental[588].

L'attribut d'omnipotence est ainsi considéré comme un pilier du concept de Dieu, et ce tant par des philosophes théistes que par des philosophes athées. Or, ce consensus est suspect aux yeux de Griffin. Les bases de celui-ci lui apparaissent en réalité comme philosophiquement fragiles. Ce mauvais consensus se fonde selon lui sur trois éléments.

### a) Un conditionnement culturel

Notre conditionnement culturel nous pousse à penser qu'un Dieu ne pouvant agir à sa guise serait forcément un Dieu limité, voire impuissant. Ce conditionnement remonte à loin. Griffin renvoie à ce propos à la citation de Whitehead que nous avons déjà vue plusieurs fois : nous avons trop souvent modelé notre conception de Dieu sur l'image du souverain impérial, ou du moins l'image qu'en répandait la propagande des empires. Dans cette conception, la puissance divine est définie comme la plus grande force coercitive possible. Dieu devient ainsi celui pouvant soumettre à sa volonté tout et tous. Mais Griffin rappelle que si cette conception de la puissance divine se retrouve effectivement dans certaines expériences religieuses, d'autres au contraire renvoient à une notion de la puissance divine définie non comme coercitive, mais comme persuasive[589].

---

[588] *Ibid.*, p.257.
[589] *Ibid.*, pp. 258-259.

*b) Une motivation polémique*

Griffin estime que la raison pour laquelle des auteurs athées tels que Mackie ou Flew défendent l'idée que Dieu doit nécessairement disposer d'un contrôle illimité sur le monde pour être digne d'adoration est assez simple à deviner : cela leur simplifie immensément la tâche. Une telle conception de l'omnipotence divine rend effectivement extrêmement fort l'argument antithéiste du mal. Griffin estime en effet que si Dieu dispose d'une telle puissance, alors il est impossible d'expliquer pourquoi il ne supprime pas le mal dans le monde, sauf à conclure finalement que Dieu n'existe pas. Il n'y a donc rien d'étonnant (même si cela peut sembler un peu paradoxal au premier abord) que des défenseurs de l'athéisme aient une telle conception outrageusement maximaliste de la puissance divine, et soient aussi préoccupés de la défendre au nom de l'idée qu'ils se font de la dignité de Dieu[590].

*c) Un mauvais argument*

Griffin estime que la prémisse (2) est généralement justifiée par ce genre d'argument :

(1) Une réalité parfaite doit exemplifier tout attribut admirable, et ce de la meilleure manière possible.
(2) La meilleure manière « possible » doit être comprise comme la meilleure manière « concevable ».
(3) La puissance est un attribut admirable.
(4) Un être omnipotent est concevable.
(5) Donc un être omnipotent est possible (de (2) et (4)).
(6) Donc une réalité parfaite doit être un être omnipotent (de (1), (3) et (5)).

Griffin conteste la prémisse (4), arguant que la notion d'omnipotence n'est absolument pas claire. L'emploi du terme « omnipotence » désigne une puissance parfaite, c'est-à-dire qui soit la plus grande possible et la plus grande concevable. Dans ce cas, l'argument affirme qu'une réalité parfaite doit disposer de la puissance la plus élevée qu'un être puisse avoir. Mais en disant cela, l'argument ne dit en réalité pas grand-chose. Le problème de définir ce qu'est cette puissance parfaite reste en effet totalement ouvert[591].

*3) Redéfinition de l'omnipotence*

De nombreux auteurs ont relevé qu'affirmer que Dieu est omnipotent ne revenait pas à affirmer que Dieu pouvait faire tout ce qui est exprimable dans une phrase. Griffin remarque qu'en revanche l'omnipotence est souvent définie comme la capacité de faire advenir unilatéralement tout état de chose, à condition que cet état de

---

[590] *Ibid.*, pp. 259-261.
[591] *Ibid.*, p. 261

chose soit intrinsèquement possible[592]. Mais c'est précisément cette définition qui, conjointe à l'affirmation de la bonté de Dieu, fonde le problème du mal. Griffin résume comme suit le problème de l'omnipotence[593] :

P. Un être omnipotent peut faire advenir unilatéralement n'importe quel état de chose qu'il est logiquement possible à un être de faire advenir unilatéralement.

Q. Si un état de chose provenant d'une multiplicité d'êtres actuels est logiquement possible, il est logiquement possible qu'un seul être puisse unilatéralement faire advenir cet état de chose.

R. Un monde actuel (c'est-à-dire contenant une multiplicité d'êtres actuels) sans mal injustifiable est un état de chose logiquement possible.

S. Un être omnipotent peut faire advenir unilatéralement un monde actuel ne contenant aucun mal.

Griffin estime que l'argument est valide, mais certainement pas incritiquable. Il remet en cause la prémisse Q. Au nom de quoi devrions-nous penser qu'un état de chose, issu d'une multiplicité d'êtres actuels, peut tout aussi bien provenir de l'action d'un seul être actuel ? Il note que Mackie tente d'appuyer ce raisonnement en posant une prémisse supplémentaire :

X. Il est possible que la condition d'un être actuel soit complètement déterminée par un ou des êtres autres que lui-même.

Griffin rajoute toutefois que ce genre d'argument se trompe en envisageant une définition de l'omnipotence sous un angle purement logique, alors qu'il s'agit d'un problème avant tout métaphysique. À ses yeux, délimiter le concept d'omnipotence exige d'abord de définir la nature du monde. En effet, la notion de puissance mobilisée dans le problème du mal est relationnelle avant tout : elle soulève le problème du type de rapport que peut entretenir la puissance divine avec ce qui précisément n'est pas Dieu, c'est-à-dire le monde. Ainsi, la nature du monde sur lequel la puissance divine doit s'exercer doit être considérée avant toute velléité de définition de cette dernière[594].

Pour Griffin et la métaphysique du *process*, le monde est constitué d'entités actuelles. Les prémisses Q et X présupposent une puissance de coercition qui pourrait entièrement déterminer une entité actuelle. Cela revient à dire que cette entité est, du moins face à cette puissance, absolument impuissante. Or, cette conception totalement coercitive de la puissance est inenvisageable dans la métaphysique du *process*, qui conçoit la puissance comme une persuasion. Cette conception suppose que l'entité actuelle a la puissance de s'auto-déterminer, et en même temps, que ce processus

---

[592] *Ibid.*, p. 262.
[593] *Ibid.*, p. 264.
[594] *Ibid.*, p. 265.

d'auto-détermination peut être influencé. Griffin note par ailleurs qu'une entité actuelle dispose nécessairement d'une puissance, sinon elle ne peut tout simplement pas être considérée comme actuelle[595]. Dès lors qu'une chose existe, elle possède une puissance, même minimale, qui correspond à sa capacité d'auto-détermination. La prémisse Q et la prémisse X peuvent toutes deux être rejetées pour cette raison.

En revanche, Griffin insiste sur le fait que seule une entité actuelle peut disposer d'une puissance[596]. En effet, les possibilités et les abstractions n'étant pas actuelles, elles sont dépourvues de puissances. Une puissance parfaite ne peut donc être attribuée qu'à une entité actuelle. Griffin propose de définir cette puissance parfaite comme la plus grande puissance qu'il est possible qu'un être possède. Il rajoute que si cette définition lui apparaît comme tout à fait acceptable, elle n'est pourtant pas la conception classique de l'omnipotence. En effet, pour cette dernière, être omnipotent signifie, comme nous l'avons déjà dit, posséder toute la puissance : si A est omnipotent, alors il peut totalement déterminer B, ce qui implique que B n'a aucune puissance. Si A est Dieu et B le monde, cela signifie que Dieu a toute la puissance et le monde, aucune[597]. Cependant, Griffin estime que si le monde contient des êtres actuels, alors il est impossible qu'ils ne disposent d'aucune puissance. Par conséquent, il ne considère pas que la puissance puisse faire l'objet d'une concentration monopolistique en Dieu. Il en conclut que Dieu dispose de la plus grande puissance possible qui soit compatible avec la puissance des autres entités actuelles constituant le monde.

### 4) Reposer le problème du mal

Une telle reconception de la puissance divine oblige à reposer en profondeur le problème du mal. Dans une telle conception, même un être disposant d'une puissance parfaite ne peut unilatéralement faire ce qu'il est impossible à un être seul de faire. Il est donc impossible qu'un seul être puisse unilatéralement faire advenir l'état de chose le meilleur possible, sans participation des autres êtres. Dieu ne détermine pas, mais influence les entités actuelles durant leur formation. Le monde possède ainsi plusieurs centres de puissance, et l'un d'entre eux, même le plus grand, ne peut déterminer le monde entièrement à lui tout seul[598]. Un monde sans mal demeure possible, mais Dieu ne peut l'édifier seul. Ainsi, Griffin nous dit qu'il y a en quelque sorte une nécessité de la possibilité du mal. Il rappelle cependant que dire que la possibilité du mal est nécessaire n'est pas dire que le mal est lui-même nécessaire. Cela signifie

---

[595] *Ibid.*, p. 266.
[596] *Ibid.*, p. 267.
[597] *Ibid.*, p. 268.
[598] *Ibid.*, p. 270.

plutôt que la possibilité du mal est d'une certaine façon une caractéristique métaphysique du monde[599].

## a) *Persuasion et non-coercition*

Le premier élément de la théodicée de Griffin est que la puissance de Dieu est persuasive et non coercitive. Cette idée selon laquelle Dieu peut être un agent de persuasion est traditionnelle. Mais Griffin note qu'elle est alors motivée par des raisons morales liées à l'affirmation de la bonté de Dieu, et non par des raisons métaphysiques. Dieu est ainsi conçu comme se limitant lui-même, simplement car il est perçu comme meilleur moralement de persuader plutôt que de contrôler[600]. Griffin affirme inversement que Dieu ne contrôle pas les créatures, non pas car la persuasion est moralement meilleure que la coercition, mais parce que Dieu est métaphysiquement incapable de contrôler parfaitement les créatures. La catégorie métaphysique qui fonde cette nécessité est la créativité. Celle-ci est la caractéristique générale de l'être la plus fondamentale. Whitehead la qualifie d'ailleurs de catégorie ultime. La créativité n'est pas un aspect contingent du monde. Whitehead insiste de plus sur le fait que la créativité ne s'identifie pas à la volonté de Dieu[601]. Elle est une caractéristique intrinsèque et nécessaire de la réalité. Elle désigne le fait que l'univers est constitué ultimement de micro-événements, les occasions actuelles, qui s'actualisent librement par elles-mêmes en synthétisant leur passé, tout en transmettant leurs propres expériences aux occasions actuelles suivantes. Le monde caractérisé par la créativité va ainsi toujours de l'avant dans un mouvement libre mais ordonné par la persuasion de Dieu, sans que cet ordre ne définisse seul ni les décisions des occasions actuelles, ni même les lois naturelles[602].

En définitive, le problème du mal se fonde aux yeux de Griffin sur une conception erronée de l'omnipotence, qui elle-même s'enracine dans une conception erronée de la réalité. Dans le monde caractérisé par la créativité, il est impossible pour Dieu d'avoir le monopole de la puissance. Dans un monde actuel, il y a nécessairement des occasions actuelles disposant d'une certaine puissance, cette dernière correspondant à une capacité d'auto-détermination. Dieu ne peut pas déterminer totalement les occasions actuelles car celles-ci sont partiellement déterminées par leur passé, ainsi que par leur propre visée subjective. Ces dernières commencent leur processus de concrescence en recevant de Dieu une visée initiale. La visée initiale propose et organise les objets éternels en vue de la concrescence de l'occasion actuelle. Cette visée initiale reçue de Dieu influence l'occasion actuelle de façon à la rendre conforme

---

[599] *Ibid.*, p. 269.
[600] *Ibid.*, p. 276.
[601] *Ibid.*, p. 279.
[602] *Ibid.*, pp. 277-278.

au dessein divin. Dans une réalisation parfaite, visée initiale et visée subjective sont identiques, mais c'est précisément de leur divergence que naît le mal[603].

## b) Le bien et le mal

La deuxième étape de la théodicée de Griffin est d'expliquer pourquoi intensité et harmonie sont requises pour qu'adviennent des expériences possédant une certaine valeur[604]. Une occasion actuelle sera en effet jugée d'autant meilleure qu'elle parvient à allier intensité et harmonie. Une occasion actuelle sera jugée d'autant plus intense qu'elle synthétise des contrastes. L'intensité requiert donc de la complexité. Il y a deux sens dans lesquels une occasion actuelle peut être dite complexe. D'abord, elle peut être dite complexe par la richesse et la variété des éléments qu'elle synthétise dans son processus de concrescence. Toute occasion actuelle est en effet le résultat d'un processus d'inclusion et d'exclusion, correspondant respectivement aux préhensions positives et aux préhensions négatives. Ainsi, plus une occasion a de préhensions positives, plus elle est complexe et donc potentiellement intense[605]. Ces éléments variés peuvent cependant se révéler contradictoires entre eux, amenant à la création d'une occasion actuelle disharmonieuse. Le second sens de la complexité est, paradoxalement, la capacité à simplifier. Ce sens présuppose le précédent. Après avoir reçu des éléments variés, l'entité actuelle gagne en intensité en les simplifiant, c'est-à-dire en les intégrant dans une synthèse harmonieuse. Un exemple donné par Griffin est la façon dont notre esprit synthétise des données sensorielles variées dans une plus vaste représentation de l'espace. La contradiction entre complexité et simplicité n'est qu'apparente car la simplicité n'est possible que s'il y a préalablement de la complexité. Ainsi, la meilleure simplification présuppose la plus grande complexité. Nous voyons donc comment intensité et harmonie sont à la fois liées et en tension l'une avec l'autre : dans le processus de concrescence, l'intensité s'oppose à l'harmonie et en même temps la requiert pour synthétiser une occasion actuelle de valeur.

De façon inverse, le mal se caractérise aux yeux de Griffin par la disharmonie et la trivialité. La disharmonie se produit lorsque deux éléments d'une occasion actuelle se confrontent sans trouver de solution synthétique harmonieuse, conduisant tendanciellement cette occasion actuelle vers l'autodestruction. Si la disharmonie est un mal dans l'absolu, la trivialité n'est un mal que relativement. Une occasion actuelle n'est pas mauvaise parce qu'elle est triviale, elle est mauvaise parce qu'elle aurait pu être moins triviale[606]. Griffin juge que reconnaître comme mal la trivialité est une bonne base pour comprendre le développement de notre monde comme une manifestation

---

[603] *Ibid.*, p. 280.
[604] *Ibid.*, p. 282.
[605] *Ibid.*, p. 283.
[606] *Ibid.*, p. 284.

de la visée créative d'un Dieu bon[607]. La bonté morale implique à ses yeux de vouloir favoriser des expériences significatives. À partir de ce critère, il estime que nous pouvons comprendre comment le monde est partiellement la création d'un être moralement parfait.

Il commence par rappeler que, pour la métaphysique du *process*, le monde actuel n'a eu aucun commencement et qu'il a toujours été composé d'occasions actuelles. Cependant, cela ne signifie pas que l'ordre naturel exemplifié par le monde actuel dans son état présent soit nécessaire et éternel. Bien au contraire, cet ordre évolue. Whitehead affirme à ce propos qu'il y a eu plusieurs époques cosmiques, chacune se caractérisant par un certain type d'ordre naturel. Ces ordres croissent graduellement, se maintiennent un certain temps, puis se dissolvent. À partir de cette dissolution, un nouvel ordre émerge. La création de notre monde peut ainsi se comprendre comme un processus d'ordonnancement continuel[608].

La première étape de ce processus d'ordonnancement du monde actuel est l'émergence d'objets endurants, c'est-à-dire d'occasions actuelles se transmettant leur *datum* jusqu'à permettre l'émergence d'une identité. Les étapes suivantes voient l'organisation de ces objets endurants en sociétés stables de plus en plus complexes : atome, molécule, cellule… Les différences d'évolution se traduisent par l'importance respective du pôle physique et du pôle mental au sein des occasions actuelles constituant les objets complexes. Plus une entité actuelle est évoluée, plus son pôle mental est important et plus sa forme subjective est le fruit de sa propre auto-détermination[609]. Le développement du pôle mental permet à l'occasion actuelle de mieux préhender les objets éternels, et donc de mieux s'ouvrir à la nouveauté et ainsi de gagner en harmonie. C'est en effet l'introduction de la nouveauté qui permet à l'occasion actuelle de synthétiser des données qui, autrement, auraient été contradictoires entre elles.

L'action de Dieu vise donc à lutter contre la trivialité en cherchant à développer le pôle mental des occasions actuelles, afin d'accroître leurs capacités à synthétiser de façon harmonieuse des contrastes, dans le but de faire advenir des occasions actuelles toujours plus complexes et intenses. Il se crée ainsi des sociétés toujours plus développées : molécules, cellules, animaux, animaux conscients et intelligents…

### c) *Valeur et liberté*

La dernière étape d'une théodicée du *process* exige selon Griffin d'expliquer la corrélation entre valeur et puissance[610]. Griffin commence par expliquer le rapport

---

[607] *Ibid.*, p. 285
[608] *Ibid.*, p. 286.
[609] *Ibid.*, p. 288.
[610] *Ibid.*, p. 291.

entre la capacité au bien et la liberté, c'est-à-dire la puissance d'auto-détermination. Cette dernière s'identifie à la capacité d'intégration harmonieuse du *datum* et de la nouveauté. Une plus grande liberté signifie donc une capacité accrue à intensifier la valeur. Dieu favorise ainsi l'émergence d'êtres disposant d'une grande liberté car ils possèdent la plus grande valeur. La réponse à la question de savoir pourquoi Dieu crée des êtres libres ne se trouve donc pas dans l'idée selon laquelle la liberté serait un bien en soi, mais dans l'idée qu'il n'y a pas de degré significatif de valeur sans un degré significatif de liberté[611]. Griffin relève aussi la corrélation entre cette capacité au bien et la capacité au bien instrumental, c'est-à-dire à la puissance d'influencer les autres êtres dans le sens du bien. Il rappelle que plus une entité actuelle est harmonieuse et intense, c'est-à-dire plus elle exemplifie un haut degré de valeur, plus elle a de l'influence sur celles qui vont lui succéder. C'est pour cela que le processus d'évolution est graduel et va du plus simple au plus complexe : atome, molécule, cellule… Aucune autre route de création n'est métaphysiquement possible.

Griffin poursuit en expliquant le rapport entre capacité au mal et liberté. Il définit un acte mauvais comme commis avec l'intention de détruire un bien potentiel chez d'autres êtres. Un tel acte ne cherche donc pas à produire de la valeur, il est le contraire de la visée initiale divine. Griffin poursuit en se posant à lui-même une question : pourquoi Dieu n'a-t-il pas fait advenir des créatures qui ne peuvent pas commettre le mal ? La réponse de Griffin est qu'il ne le pouvait tout simplement pas, sauf à accepter un monde parfaitement trivial[612]. Faire advenir des créatures capables d'atteindre de hauts degrés de valeurs implique en effet également qu'elles aient un haut degré d'auto-détermination, même vis-à-vis de Dieu. Cela implique nécessairement la possibilité du mal. Cette possibilité du mal est donc métaphysiquement nécessaire dans tout monde dans lequel Dieu cherche à réaliser un haut degré de valeur. Un tel haut degré de valeur implique donc aussi une plus grande capacité à faire le mal. Le développement d'entités actuelles capables d'un grand bien implique du même coup celui d'entités actuelles capables d'un grand mal. Le bien et le mal s'ancrent ainsi dans la même liberté.

### d) La bonté de Dieu

Dieu a, dans un certain sens, une part de responsabilité dans le mal puisque celui-ci grandit au fur et à mesure avec le processus guidé par Dieu de complexification des créatures[613]. C'est le prix à payer pour qu'adviennent des occasions actuelles toujours plus intenses et harmonieuses. Mais cela signifie-t-il que Dieu est moralement déficient, exclusivement préoccupé par son projet et aveugle à la souffrance que

---

[611] *Ibid.*, p. 292.
[612] *Ibid.*, p. 293.
[613] *Ibid.*, p. 300.

celui-ci cause ? Griffin liste trois objections qui peuvent être faites à la conception de la bonté divine entretenue par la *Process theology*. Dieu peut-il être dit bon si : (1) les considérations esthétiques sont primordiales dans la bonté divine ; (2) il ne fait jamais l'expérience du mal ; (3) il laisse se faire un monde dans lequel des choses horribles peuvent se produire.

(1) Griffin définit le bien recherché par Dieu à partir d'un critère esthétique : ce dernier cherche à maximiser l'harmonie et l'intensité réalisées par les occasions actuelles. Ce but de Dieu peut être perçu comme immoral. Dieu, en effet, semble alors ne pas se préoccuper du mal puisqu'il est prêt à prendre le risque de déchainer celui-ci simplement pour la réalisation de valeurs esthétiques. Cependant, Griffin estime que ce genre de critique repose sur une distinction critiquable entre beauté et bien. Aux yeux de la *Process theology*, la beauté est le bien. Il note que lorsque Whitehead parle de la beauté comme but de l'univers, il en parle dans un sens profond qui inclut l'intensité, l'harmonie, la vérité et le bien physique et moral. Le projet divin de réalisation de valeurs esthétiques implique la lutte contre le mal. Ainsi, si Dieu ne peut pas totalement à lui tout seul éliminer le mal du monde, il œuvre à minimiser au mieux son influence[614].

(2) La seconde objection repose pour Griffin sur une mécompréhension de la notion whiteheadienne de transmutation. Celle-ci affirme que Dieu dans son expérience, c'est-à-dire dans sa nature conséquente, transmute le mal en bien. Cela signifierait que Dieu ne fait jamais réellement l'expérience du mal. Cependant, Griffin rappelle que la transmutation du mal dans la nature conséquente de Dieu ne signifie pas que celui perde sa consistance de mal. Dieu fait en effet dans sa nature conséquente l'expérience de la souffrance et du mal. Dieu surmonte cependant ce mal en proposant une nouvelle visée initiale. La transmutation ne signifie pas une négation du mal en Dieu, mais le fait que celui-ci offre toujours une nouvelle visée initiale permettant d'avancer à un niveau créatif supérieur. Il est donc faux d'affirmer que la transmutation se fait au seul bénéfice de la nature conséquente de Dieu et qu'elle nierait la réalité profonde du mal. Le mal est bien enregistré par Dieu et est pris en compte afin de proposer de nouveaux buts adaptés à l'état présent de l'univers. La transmutation du fait du monde, y compris du mal, dans la nature conséquente, conditionne ainsi le futur de l'univers. Il n'y a donc aucune dichotomie entre le mal dans le monde et le mal en Dieu[615].

(3) Mais si Dieu ne peut prévenir le mal, ne devrait-il pas s'abstenir d'œuvrer dans le monde ? Comme nous l'avons déjà souligné, Dieu est en quelque sorte responsable du mal dans le monde puisqu'en œuvrant à faire apparaître des entités ac-

---

[614] *Ibid.*, pp. 301-302.
[615] *Ibid.*, pp. 302-308.

tuelles de plus en plus complexes, il permet au mal de grandir. Cependant, il est impossible de faire advenir des entités complexes susceptibles d'actualiser de grandes intensités de valeur sans ouvrir du même coup la possibilité du mal. Les conditions de possibilité d'un plus grand bien sont aussi celles d'un plus grand mal. Un monde qui ne prendrait pas le risque du mal serait ainsi un monde trivial et sans intérêt. De plus, Griffin nous rappelle qu'en agissant ainsi, Dieu prend aussi un risque pour lui-même. En effet, la qualité de l'expérience que Dieu synthétise dans sa nature conséquente dépend directement de celle du monde. Dieu souffre ainsi avec nous et en même temps se réjouit avec nous, en ne cessant jamais de stimuler le monde afin de faire advenir de hauts degrés de valeur[616].

## IV) *La théodicée du libre-arbitre*

Nous avons vu que le christianisme proposait une eschatologie « forte », où Dieu triomphe du mal. *A contrario*, la *Process theology* propose une eschatologie « faible », où Dieu ne fait qu'orienter le *process* vers plus d'harmonie, sans garantie de réussite. L'eschatologie « forte » du christianisme se fonde sur une conception « forte » de l'omnipotence divine, où Dieu dispose d'une puissance de coercition. L'eschatologie « faible » de la *Process theology* se fonde sur une conception « faible » de l'omnipotence divine, où Dieu ne dispose que d'une puissance de persuasion. Cependant, cette eschatologie « faible » est en rupture avec la promesse biblique d'une victoire finale de Dieu sur le mal. Les théologiens du *Process* justifient leur conception « faible » de l'omnipotence divine par le fait qu'elle serait la seule compatible avec la présence du mal dans le monde. Nous allons ici proposer une autre théodicée que celle des théologiens du *Process*, afin de montrer que l'existence d'un Dieu disposant d'une omnipotence « forte » est au moins tout autant compatible avec la présence du mal dans le monde, et que donc rien n'oblige à adopter l'eschatologie « faible » de la *Process theology*, de même que rien n'empêche d'adopter l'eschatologie « forte » du chris-tianisme.

## A) *Quelques conceptions rivales de l'omnipotence*

Il est courant aujourd'hui d'affirmer que la doctrine de l'omnipotence n'est pas biblique. Cependant, si on ne trouvera effectivement pas une doctrine claire et précise de l'omnipotence dans la Bible (après tout, rappelons que la Bible n'est pas un traité de philosophie), il n'en reste pas moins que le texte biblique est littéralement truffé

---

[616] *Ibid.*, pp. 308-310.

d'affirmations quant à la puissance divine[617]. On présentera ici cinq conceptions différentes de la puissance divine, choisies pour leur pertinence vis-à-vis du problème qui nous occupe et sans prétendre à l'exhaustivité[618].

| | |
|---|---|
| (A) | Dieu peut *p* si *p* est une phrase grammaticalement correcte. |
| (B) | Dieu peut *p* si *p* est une proposition logiquement correcte. |
| (C) | Dieu peut *p* si « Dieu fait *p* » est une proposition logiquement correcte. |
| (D) | Dieu ne peut pas *p* mais agit de façon à encourager *p*. |
| (E) | Dieu n'agit pas. |

Les conceptions (C), (D) et (E) sont chacune exemplifiées par un certain type de théodicée. La conception (C) correspond à la théodicée du libre-arbitre que nous allons voir plus loin, la conception (D) à la *Process theodicy* que nous avons déjà vue, et la conception (E) à la théodicée du Dieu faible.

## B) La théodicée du Dieu faible

### 1) Hans Jonas

La version de la théodicée du Dieu faible la plus connue actuellement est celle proposée par Hans Jonas dans son essai aujourd'hui classique *Le concept de Dieu après Auschwitz*[619]. Dans ce texte, Jonas cherche à répondre à la question de Job, mais en donnant une réponse qui est l'inverse de celle du livre biblique :

> « Cette dernière invoque la plénitude de puissance du Dieu créateur, la mienne son renoncement à la puissance »[620].

Jonas prévient qu'il va se livrer à de la « théologie franchement spéculative », alors même que la critique kantienne de la métaphysique interdit ce genre d'exercice[621]. On remarque cependant que le jugement de Jonas est ici largement erroné. Lorsque son essai est publié pour la première fois en 1984, la philosophie analytique s'est déjà, depuis plusieurs années, ressaisie de problématiques typiquement métaphysiques et théologiques[622]. Se pencher sur le problème de la théodicée n'est donc pas si original en 1984, Plantinga ayant par exemple déjà proposé sa propre théodicée du

---

[617] Une parmi d'autres : « Aux hommes cela est impossible, mais tout est possible à Dieu » (Mt 19.26).
[618] Pour un premier développement, voir P. GEACH, « L'omnipotence », dans C. MICHON & R. POUIVET, *Philosophie de la religion, approches contemporaines*, Paris, Vrin, 2010.
[619] H. JONAS, *Le concept de Dieu après Auschwitz*, Paris, Rivages, 1994.
[620] *Ibid.*, p. 39.
[621] *Ibid.*, p. 8.
[622] Sur ce sujet voir F. NEF, *Qu'est-ce que la métaphysique*, Paris, Gallimard, 2004.

libre arbitre dix ans auparavant[623]. Jonas propose cependant une démarche typiquement analytique en s'attachant à la question non pas directement de l'existence de Dieu mais à celle de la cohérence de son concept avec lui-même et avec d'autres données[624] :

> « Travailler sur le concept de Dieu est donc possible, même s'il n'y a pas de preuve de Dieu ; et ce genre de travail est philosophique, pourvu qu'il s'en tienne à la rigueur du concept, c'est-à-dire aussi à la solidarité de celui-ci avec la totalité des concepts »[625].

La conception de Dieu que propose Jonas diffère largement de la conception traditionnelle. Jonas introduit sa conception de Dieu par le truchement d'un mythe qu'il invente (à l'imitation de Platon[626]) mais qu'il estime proche de la figure kabbalistique du *Tsimtsoum*[627], qui comprend l'acte divin de création comme une contraction de Dieu en lui-même afin de faire advenir quelque chose qui ne soit pas Dieu. Dans son mythe, Jonas raconte que Dieu, en créant le monde, a renoncé à sa divinité afin de s'immerger totalement dans le monde et de le rendre réellement indépendant, dans le but de s'enrichir des expériences du monde. On remarque que dans son mythe, et à l'inverse de la *Process theology*, Jonas défend bien une conception *ex nihilo* de la création. Il récuse tout dualisme ontologique de la forme et de la matière où « la forme platonicienne d'un médium passif qui – tout aussi universel – ne permet qu'imparfaitement l'incarnation de l'idéal dans le monde ». Il critique cette dernière position, qui est très proche de celle de la *Process theology*, car il estime qu'elle « répond tout au plus au problème de l'imperfection et de la nécessité naturelle, mais non à celui du mal positif, qui implique une liberté avec plein pouvoir, même en face de son créateur »[628], et défend au contraire que « seule la création à partir du néant nous donne l'unité du principe divin en même temps que son autolimitation, laquelle ouvre l'espace pour l'existence et l'autonomie d'un monde »[629]. Nous voyons que contrairement à la *Process theology* où Dieu est la condition permettant à tout instant la concrescence des occasions actuelles, Jonas fait de l'autonomie radicale des choses créées un trait fondamental de sa théologie de la création.

La première conséquence de ce mythe relevée par Jonas est que Dieu souffre avec la création, ce qui contredit (selon lui) l'attribut traditionnel de l'impassibilité

---

[623] A. PLANTINGA, *The nature of necessity*, Clarendon Press, Oxford, 1974, ch. IX.
[624] Sachant que si le concept de Dieu est logiquement incohérent ou contradictoire avec des données vraies, alors son existence est impossible.
[625] H. JONAS, *op. cit.*, p. 9.
[626] « J'eus recours à un mythe de mon invention – à ce type de conjecture imagée, mais crédible, qu'autorisait Platon pour la sphère située au-delà de la connaissance ». *Ibid.*, p. 14.
[627] « Mon mythe ne fait au fond que radicaliser l'idée du *Tsimtsoum*, ce concept cosmogonique central de la Cabale lurianique ». *Ibid.*, p. 37.
[628] *Ibid.*, p. 36.
[629] *Ibid.*, p. 37.

divine. La deuxième conséquence est que Dieu s'enrichit des expériences du monde et est donc en évolution constante, ce qui contredit l'attribut traditionnel de l'immutabilité divine. La troisième conséquence est que Dieu est en relation avec le monde, ce qui signifie pour Jonas que « l'Éternel se "temporalise" de ce seul fait »[630]. Jonas contredit ici l'attribut traditionnel de l'éternité divine. La quatrième conséquence est que Dieu n'est pas tout-puissant, il n'est pas un « magicien » nous dit Jonas « qui, par le seul acte de son souci, provoquerait simultanément la réalisation du but dont il a le souci », mais qui au contraire « a renoncé à garantir sa propre satisfaction envers lui-même par sa propre puissance »[631]. Contre l'omnipotence divine, Jonas avance deux arguments. Le premier argument est que la notion même d'omnipotence serait absurde :

> « La puissance absolue, totale, signifie une puissance qui n'est limitée par rien, pas même par l'existence de quelque chose d'autre en soi, de quelque chose d'extérieur à elle qui soit différent d'elle. Car la simple existence d'un tel autre représenterait déjà une limitation, et l'unique puissance devrait forcément anéantir cet autre afin de préserver son absoluité. La puissance absolue, dès lors, n'a dans sa solitude aucun objet sur lequel agir. Puissance dépourvue d'objet, c'est alors une puissance dépourvue de pouvoir, qui s'abolit elle-même »[632].

Nous pouvons remarquer que si l'argument de Jonas est valide, il repose néanmoins sur une conception maximaliste de l'omnipotence pour laquelle un être est tout-puissant si sa puissance ne connaît aucune limitation. Si cette définition de l'omnipotence est effectivement absurde, elle n'est en revanche pas la seule possible. La question de l'omnipotence ne se réduit en effet pas au dilemme que pose Jonas : puissance absolument illimitée ou impuissance radicale. Le deuxième argument de Jonas est que la conjonction de l'omnipotence, de l'omnibénévolence et de la constatation de l'existence du mal oblige selon lui à considérer que Dieu est « totalement insondable, c'est-à-dire énigmatique », car :

> « C'est seulement d'un dieu complètement inintelligible qu'on peut dire qu'il est à la fois absolument bon et absolument tout-puissant, et que néanmoins il tolère le monde tel qu'il est »[633].

Or, note Jonas, la religion juive, mais cela est valable de tous les monothéismes, se fonde sur l'idée de la révélation, ce qui implique que Dieu peut communiquer avec nous[634]. Ainsi, pour sauver l'intelligibilité du concept de Dieu, il faut, selon Jonas,

---

[630] *Ibid.*, p. 25.
[631] *Ibid.*, pp. 26-27.
[632] *Ibid.*, p. 29.
[633] *Ibid.*, p. 31.
[634] « Nous pouvons comprendre Dieu, pas tout de lui, certes, mais quelque chose de sa volonté, de ses intentions, et même de son essence, car il nous l'a manifesté ». *Ibid.*, p. 32.

sacrifier ou l'omnibénévolence ou l'omnipotence. Il estime que l'omnibénévolence est « certainement indissociable de notre concept de Dieu »[635], et considère donc qu'il faut abandonner l'omnipotence divine afin de conserver Dieu compréhensible. Cet argument appelle deux remarques. D'abord, Jonas a raison de rappeler que la croyance religieuse implique que la parole de Dieu soit compréhensible. Ensuite, encore une fois, le problème d'intelligibilité divine que relève Jonas n'est dû qu'à sa conception maximaliste de l'omnipotence divine.

### 2) *Le faux dilemme de Jonas*

Nous avons vu que Jonas pose un dilemme simple : soit Dieu dispose d'une omnipotence absolue, soit il est radicalement impuissant. Les deux branches que ce dilemme oppose correspondent aux conceptions de la puissance divine les plus extrêmes, c'est-à-dire (A) et (E) dans notre tableau précédent. Dans la conception (A)[636], Dieu peut faire tout ce qui est exprimable dans une phrase grammaticalement correcte : faire qu'un cercle soit un carré, que l'effet précède sa cause, que $1+1=3142$ soit une proposition vraie, etc. On pourrait ainsi, bien sûr, montrer que cette conception mène à diverses absurdités. Comme le dit Peter Geach :

> « Quand certains ont essayé de lire dans "Dieu peut tout faire" non le sens d'une Intention Pieuse mais celui d'une Vérité Philosophique, ils n'ont fait que s'affronter à des problèmes insolubles et des confusions inextricables ; on n'est jamais parvenu à donner à cette phrase un sens intelligible qui ne conduise à des contradictions ou du moins à des conclusions manifestement indéfendables d'un point de vue chrétien »[637].

Cependant, le caractère peu cohérent et contraire à l'opinion des Pères de cette conception de l'omnipotence ne l'empêche pas d'être endossée par certains chrétiens. Il rapporte le cas connu de Descartes, qui aurait lui-même défendu une telle conception maximaliste et absolue de l'omnipotence divine. Geach nous entretient ensuite d'une anecdote personnelle significative à ce propos :

> « J'ai enseigné pendant de nombreuses années la philosophie de Descartes dans un cours spécial pour étudiants de premier cycle lisant le français ; année après année, il y en avait toujours parmi eux pour adhérer sans réserve à la défense cartésienne de l'omnipotence absolue, et pour s'offusquer lorsque je présentais la doctrine comme incohérente. Il n'aurait évidemment été d'aucun secours de mentionner qu'en rejetant cette doctrine je suivais les Docteurs de l'Église »[638].

---

[635] *Ibid.*, p. 31.
[636] Cette conception de la puissance divine a été défendue par exemple par Descartes, ou plus récemment et dans une optique phénoménologique, par Jean-Luc Marion.
[637] P. GEACH dans C. MICHON & R. POUIVET, *op. cit.*, p. 94.
[638] *Ibid.*, p. 99.

Nous pouvons proposer au moins deux arguments contre ce que nous avons appelé cette conception (A) de l'omnipotence. D'abord, si (A) est vraie alors toute théodicée est effectivement impossible car on ne voit pas ce qui pourrait empêcher Dieu de supprimer le mal vu que « Dieu supprime le mal » est une phrase grammaticalement correcte. Si dans la prémisse « Dieu est omnipotent », le terme « omnipotent » se réfère à une conception (A) de la puissance divine, alors il est évident que l'argument du mal est vrai. Nous pouvons donc dire que l'argument du mal réfute, au moins, l'existence d'un Dieu disposant d'une puissance de type (A).

Ensuite, et comme le note Jonas, la notion de révélation présuppose que Dieu puisse se communiquer à nous, or l'action d'un Dieu disposant d'une puissance de type (A) ne peut qu'être tout à fait inintelligible à notre esprit (Dieu pourrait exister et ne pas exister en même temps, ou être bon tout en étant mauvais). Un Dieu disposant d'une puissance de type (A) ne pourrait donc se révéler à nous de manière intelligible, ce qui signifierait que les religions révélées seraient basées sur, disons, au mieux, un grave malentendu. Jonas a donc tout à fait raison de résolument rejeter la conception (A) de la puissance divine.

Néanmoins, la conception qu'il propose, qui est donc la conception (E), n'est pas non plus satisfaisante. En effet, dans une conception (E), qui est d'ailleurs plus une conception de l'impuissance que de la puissance divine, Dieu n'agit pas et ne fait que pâtir du mal qui advient dans le monde, ce qui signifie que rien ne garantit la victoire définitive de Dieu sur le mal. La conception (E) est donc en rupture totale avec la croyance traditionnelle d'une victoire de Dieu sur le mal à la fin de l'Histoire (ce sur quoi d'ailleurs Jonas est tout à fait lucide). Elle n'est donc pas théologiquement satisfaisante.

### 3) *Critique de la* Process theodicy

Nous pouvons remarquer que la critique faite plus haut à la conception (E) de Jonas s'applique également à la conception (D) qui est celle de la *Process theology* : un Dieu qui ne peut jamais imposer sa volonté n'est pas assuré de vaincre le mal, ce dont les théologiens du *Process* sont tout à fait conscients, et les contraint à ne défendre qu'une eschatologie « faible ». Néanmoins, les croyances chrétiennes traditionnelles promettent précisément à l'inverse que Dieu finira par vaincre le mal. Les conceptions (D) et (E) ont en commun de permettre une théodicée, mais au prix de la certitude d'une victoire définitive de Dieu sur le mal fondée sur la promesse divine, ce qui les rend théologiquement peu satisfaisantes. Comme le note Geach :

> « En effet le christianisme requiert une foi absolue dans les promesses de Dieu. Si Dieu n'était pas tout-puissant, il pourrait vouloir et ne pas accomplir ; promettre et trouver l'exécution au-dessus de ses forces. Les hommes pourraient s'avérer irrécupérables et incorrigibles, ils pourraient se tuer eux-mêmes par la guerre et la pollution avant que le projet de Dieu pour les sauver n'ait pu s'appliquer. Il est inutile de dire qu'après la

fin de cette vie terrestre les hommes seraient ramenés à la vie ; car ainsi que je l'ai soutenu ailleurs, seule la promesse de Dieu peut nous donner l'assurance qu'il y aura pour les hommes une vie après la mort, et si Dieu n'est pas tout-puissant, cette promesse également peut n'être pas tenue. Si Dieu est véridique et juste, immuable et tout-puissant, nous pouvons avoir une confiance absolue dans ses promesses : autrement nous ne le pourrions pas – et ce serait la fin du Christianisme »[639].

## C) La défense par le libre arbitre

### 1) Défense ou théodicée ?

Cyrille Michon[640] estime que le problème du mal naît de la superposition de deux propositions :

(1) Un être tout-puissant, parfaitement bon, et auteur du monde existe, Dieu.
(2) Il y a du mal dans le monde.

Il rappelle de plus la distinction classiquement faite aujourd'hui entre défense et théodicée :

« La *défense* cherche à montrer que l'existence de Dieu n'est pas rendue impossible par la réalité du mal, elle ne présuppose pas l'existence de Dieu, mais lève un obstacle. Une théodicée ajoute à la défense les raisons (ou au moins une partie des raisons) pour lesquelles le mal est *permis*, sinon causé, par Dieu, ce qui revient, le plus souvent, à se mettre à la place de Dieu, et à chercher les raisons pour lesquelles il a créé ce monde – un monde avec le mal, un monde avec *ce* mal ».

Il rajoute cependant que cette distinction entre défense et théodicée n'est en réalité pas très claire. En effet, la défense suppose tout autant que la théodicée de rentrer dans les raisons de Dieu. Par exemple, la défense par le libre arbitre se fonde sur l'affirmation que Dieu, étant bon, préfère créer des êtres libres et éventuellement mauvais que des êtres bons mais non libres car il est meilleur de créer des êtres libres et éventuellement mauvais que des êtres bons et non libres. Affirmation certainement défendable mais qui implique bien de rentrer, même minimalement, dans les raisons divines. C. Michon propose donc un autre critère :

« Je préfèrerais m'en tenir à l'opposition plus stricte entre la perspective défensive qui cherche seulement à montrer que (1) et (2) sont compatibles, sans poser la vérité de (1), et celle qui pose (1), et cherche à montrer *comment* (2) peut alors être vraie ».

En d'autres termes, la défense répond au problème de la compatibilité de l'existence (possible) de Dieu et du mal, alors que la théodicée répond au problème (peut-être plus directement spirituel que philosophique) de savoir comment Dieu répond

---

[639] *Ibid.*, p. 96.
[640] C. MICHON, « Une théodicée analytique est-elle possible ? », dans S. BOURGEOIS-GIRONDE, B. GNASSOUNOU, R. POUIVET, Paris, Vrin, 2002, pp. 183-207.

au problème du mal. C'est donc bien plutôt une défense que nous allons à présent exposer.

## 2) *Définition de l'omnipotence*

Nous avons déjà éliminé les conceptions (A), (D) et (E) de l'omnipotence comme respectivement absurde et inadéquates. Il nous reste donc deux conceptions disponibles : (B) et (C). La conception (B) signifie que Dieu peut faire tout ce qui est logiquement possible. Contrairement à (A), Dieu ne peut plus dans (B), par exemple, violer les règles de la géométrie ou de l'arithmétique. Il peut cependant faire toute action qui respecte les règles de la logique[641]. Nous pouvons toutefois opposer deux arguments contre une conception (B) de la puissance divine. D'abord, (B) semble interdire toute réponse à l'argument du mal car « Dieu supprime le mal » est une proposition logiquement correcte. L'argument du mal semble donc aussi réfuter l'existence d'un Dieu disposant d'une puissance de type (B). De plus, (B) n'est pas une conception théologiquement satisfaisante de la puissance divine car, par exemple, « Dieu a fait une blague en promettant le salut aux hommes » ou encore « Dieu a menti aux prophètes » sont des propositions logiquement correctes. (B) jette donc un voile de suspicion sur les promesses divines. Comme le dit encore Geach :

> « Un chrétien doit croire, par conséquent, que Dieu est tout-puissant ; mais il n'a pas à croire que Dieu peut tout faire. De fait l'argument même que je viens d'utiliser montre que le chrétien ne doit pas croire que Dieu peut tout faire : car il ne peut pas croire que Dieu pourrait peut-être manquer à sa parole. Un chrétien ne peut même pas croire que Dieu peut faire tout ce qui est logiquement possible ; car manquer à sa parole est certainement une action logiquement possible »[642]

La conception (C) de la puissance divine[643] apparaît comme une version amendée de (B), l'amendement en question permettant justement d'éviter le voile de suspicion susmentionné. Dans une conception (C), Dieu peut faire tout ce qui est logiquement possible et qui n'entre pas en contradiction avec l'une ou plusieurs de ses propriétés. Dans (C), une proposition telle que par exemple « Dieu a fait une blague en promettant le salut aux hommes » n'est plus recevable car, bien que logiquement correcte, elle entre en contradiction avec l'omnibénévolence divine (étant entendu qu'une telle blague serait tout de même assez cruelle).

---

[641] La conception (B) de la puissance divine est ce que les médiévaux appelaient la *potentia Dei absoluta*. Cependant, la *potentia Dei absoluta* n'était pour les médiévaux classiques qu'une pure abstraction, elle ne deviendra un concept opératoire pour décrire la puissance divine que pour les médiévaux tardifs, comme Grégoire de Rimini ou Luther.
[642] P. GEACH, dans C. MICHON & R. POUIVET, *op. cit.*, p. 96.
[643] La conception (C) est ce qui était appelé la *potentia Dei ordinata* : la puissance divine est limitée par la logique, ainsi que par la sagesse et la charité de Dieu. C'est la conception habituelle des médiévaux classiques.

### 3) La définition de la liberté

Le concept fondamental d'une défense par le libre-arbitre est, de façon attendue, celui de la liberté. Posons-nous la question : qu'est-ce qu'une action libre ? Reprenons une célèbre expérience de pensée de John Locke. Vous êtes dans une pièce, pour une raison quelconque votre volonté est de rester dans cette pièce. Vous restez donc dans cette pièce. Il se trouve de plus que cette pièce est, à votre insu, fermée à clef. Votre action de rester dans la pièce est-elle une action libre ? La réponse est non. Votre action est bien une action volontaire, vous restez bien dans la pièce parce que voulez rester dans la pièce, mais elle n'est pas une action libre.

Être libre n'est pas la même chose que de pouvoir faire ce que l'on veut faire. Un exemple de ce fait nous est fourni par le roman *Brave new world* d'Aldous Huxley. Dans ce roman, les hommes sont cultivés en utérus artificiel en vue de réaliser une tâche, et conditionnés *in utero* à apprécier cette tâche. Un homme né pour être violoniste sera ainsi ravi d'être effectivement violoniste, et ne voudra absolument pas être astrophysicien, alors que celui né pour être astrophysicien sera ravi d'être effectivement astrophysicien, et ne voudra absolument pas être violoniste. Dans ce « meilleur des mondes », chacun est bien exactement ce qu'il veut être, et pourtant, en même temps, personne n'est libre d'être ce qu'il est. Huxley nous a ainsi décrit un monde où chacun peut faire ce qu'il veut faire, et où en même temps la liberté n'existe pas[644].

Dans l'expérience de pensée de Locke, votre action de rester dans la pièce n'est pas une action libre car le fait que la pièce soit fermée vous retire votre possibilité de sortir de la pièce, et ce même si votre intention est de rester dans la pièce. Comme les citoyens du « meilleur des mondes » d'Huxley, vous faites bien ce que vous voulez faire, mais vous n'avez en réalité pas réellement le choix de faire autre chose. Être libre en regard d'une action donnée implique ainsi d'avoir le choix de faire ou de ne pas faire cette action. Richard Swinburne estime par ailleurs qu'un Dieu bon se doit de créer des créatures libres :

> « Si notre capacité de décision se réduisait à un choix entre avoir de bonnes intentions et avoir de mauvaises intentions pour agir, mais que ces choix ne pussent absolument rien changer au cours des événements, alors notre responsabilité serait illusoire. Or un Dieu bon ne nous livrerait certainement pas à une telle illusion. Un Dieu désirant nous offrir une véritable faculté de libre-choix fera en sorte que nos décisions soient suivies d'effets, lesquels auront des répercussions sur nous-mêmes, sur autrui ainsi que dans le monde physique »[645].

---

[644] Je rajouterai que la réalisation effective de ce « meilleur des mondes » cauchemardesque devient chaque année plus probable.
[645] R. SWINBURNE, *La probabilité du théisme*, Paris, Vrin, 2015, p. 281.

Un Dieu bon créera donc des créatures libres, capables de libre choix. Cela implique que les créatures sont libres de faire ou de ne pas faire ce que Dieu attend d'elles. Elles sont donc libres de faire le bien ou le mal.

### 4) *Un monde de créatures libres*

La liberté de la créature et la conception (C) de l'omnipotence divine sont les deux piliers de la défense du libre arbitre. Cette dernière consiste à affirmer qu'un monde contenant des créatures libres (et donc libres d'accomplir des actions bonnes ou mauvaises) est meilleur qu'un monde sans aucune créature libre, et ce même si ces créatures sont nécessairement bonnes (c'est-à-dire seulement capables d'actions bonnes, et donc non libres). Dieu créé donc un tel monde contenant des créatures libres. Il ne peut cependant pas s'assurer que celles-ci fassent toujours le bon choix puisque ceci serait contradictoire avec la liberté des créatures. Dieu ne peut empêcher un mauvais usage de la liberté qu'en la supprimant, ce qui serait un mal, or, Dieu étant bon (et son omnibénévolence conditionnant son omnipotence en vertu de la conception (C) de la puissance divine), il ne peut supprimer un bien tel que la liberté de la créature.

Nous constatons donc qu'un Dieu omnipotent est tout à fait compatible avec l'existence de créatures libres. Nous voyons donc à quel point la critique des théologiens du *Process*, qui estiment tous qu'un Dieu omnipotent ne peut être qu'un Dieu-tyran qui détermine absolument tout, est fausse et même caricaturale.

### 5) *Dieu peut-il créer le meilleur des mondes possibles ?*

On peut faire ici une objection. Certes, il est impossible qu'une créature soit libre et en même temps contrainte de quelque façon que ce soit de faire le bien uniquement. Toutefois, nous pouvons concevoir un monde possible dans lequel les créatures sont libres, c'est-à-dire qu'elles peuvent en droit faire le mal, mais où elles font en fait toujours le bien. Or s'il s'agit d'un monde possible, Dieu aurait dû actualiser celui-ci et non le nôtre puisque, selon Leibniz, Dieu étant bon, il ne peut donc actualiser que le meilleur des mondes possibles. Cette position de Leibniz est bien connue car elle a eu l'insigne honneur d'être caricaturée par Voltaire dans *Candide* sous les traits de maître Pangloss. Ce dernier, partant du principe que Dieu est bon, tout-puissant et créateur, estime que Dieu a créé le meilleur des mondes possibles et que nous vivons donc dans celui-ci. Aucun des nombreux malheurs dont Voltaire l'accable lui et ses compagnons d'infortune ne semble pouvoir le faire dévier de cette idée. Nous pouvons également nous demander si Leibniz/Pangloss a raison lorsqu'il affirme que Dieu actualise nécessairement le meilleur des mondes possibles. Contre Leibniz, nous pouvons affirmer qu'il n'est précisément pas au pouvoir de Dieu d'actualiser le meilleur des mondes possibles. Pour démontrer cela, commençons par rappeler que pour pouvoir dire qu'un individu $x$ est libre par rapport à une action bonne $B$, il faut qu'il ait le choix entre :

(1) $x$ fait $B$

(2) $x$ ne fait pas $B$

Nous pouvons ensuite concevoir deux mondes possibles : un monde possible *W1* dans lequel (1) est vrai et (2) est faux, et un monde possible *W2* dans lequel (1) est faux et (2) est vrai. Il apparaît de manière évidente que, dans le cadre étroit de cet exemple, *W1* est un monde meilleur que *W2*. Mais c'est bien l'individu $x$, en fonction de son libre choix entre (1) et (2), qui décide librement d'actualiser *W1* ou *W2*. Si Dieu respecte la liberté de $x$, alors ce n'est pas lui qui décide quel monde, *W1* ou *W2*, sera actualisé, mais bien $x$. Dieu n'est donc pas libre d'actualiser le meilleur des mondes possibles, contrairement à ce qu'affirmait Leibniz. Dieu crée le meilleur des mondes qu'il peut créer, et celui-ci est un monde contenant des créatures libres, capables de bien et de mal.

### 6) *Mal moral et mal naturel*

Depuis Leibniz, nous faisons classiquement la distinction entre mal moral et mal naturel. Le mal moral, pour reprendre les mots de Swinburne, est « celui qui est provoqué par un choix humain intentionnel, ou sciemment rendu possible par des êtres humains, ainsi que les maux que représentent leurs mauvaises intentions ou leur négligence »[646]. Le mal naturel correspond aux maux qui, *a contrario* du mal moral, ne sont pas provoqués par des hommes (maladies, catastrophes naturelles…). Selon la défense par le libre arbitre, le mal moral s'explique par le fait que les êtres humains sont libres, il leur est donc possible de commettre des actes mauvais.

Cependant, la défense par le libre arbitre ne semble du coup pas pouvoir s'appliquer au mal naturel. Néanmoins, Alvin Plantinga affirme que c'est bien le cas. Il renoue à cette occasion avec un enseignement traditionnel des Pères de l'Église : la chute originelle ne concerne pas que l'homme, mais bien le cosmos tout entier. Subséquemment, ce dérèglement cosmique est exploité par des forces non-humaines, mauvaises et démoniaques. Ainsi, ce que nous appelons le mal naturel est, tout autant que le mal moral, le fruit d'actes causés par des agents rationnels mus par des intentions malveillantes et hostiles à l'humanité[647]. Mal moral et mal naturel sont donc l'un comme l'autre le résultat d'un mauvais usage de la liberté. La défense par le libre

---

[646] R. SWINBURNE, *op. cit.*, p. 301.
[647] Pour plus de précisions, on peut lire J.C. LARCHET, *Théologie de la maladie*, Paris, Cerf, 2001.

arbitre rend donc l'existence d'un Dieu omnipotent tout autant compatible avec le mal moral qu'avec le mal naturel[648].

## 7) Contre-argument du mal

Résumons à présent la défense par le libre arbitre à travers ce que nous pouvons appeler un contre-argument du mal.

(1) Dieu est omnibénévolent.
(2) Dieu est omnipotent.
(3) Un être omnipotent peut faire tout ce qui est logiquement descriptible et ne rentre pas en contradiction avec une ou plusieurs de ses propriétés (conception (C) de la puissance divine).
(4) Une créature est dite libre si, par rapport à une action $p$, elle est libre de choisir de faire $p$, ou de choisir de ne pas faire $p$.
(5) Un monde possible *W1* contenant des créatures libres (humaines et démoniaques) est meilleur qu'un monde possible *W2* qui ne contient aucune créature libre (sans être pour autant nécessairement le meilleur des mondes possibles).
(6) Dieu crée un monde *W1*, et ne retire jamais la liberté aux créatures (du fait de (3)).
(7) Dans le monde *W1*, Dieu ne contrôle pas les actions des créatures (du fait de (4)).
(8) Le monde actuel peut donc contenir du mal.
(9) Le mal existe.
(10) Le mal n'est pas contradictoire avec l'existence de Dieu.

La défense par le libre arbitre implique de définir rigoureusement la notion d'omnipotence et de liberté. Ce sont précisément sur les ambiguïtés propres à ces deux notions que s'appuient autant l'argument du mal que les tenants de la théodicée du *Process*. Mais une fois précisés ces deux concepts, nous voyons qu'un Dieu omnipotent est compatible avec l'existence du mal dans le monde présent. Parce qu'il est bon et respecte la liberté des créatures dans toutes ses conséquences, Dieu laisse au bourreau la liberté d'en être un. Mais parce qu'il est omnipotent, il peut à la fin des temps, tel qu'il l'a promis, juger chacun selon l'usage qu'il a fait de sa liberté, punir les injustes et récompenser les justes pour l'éternité, et ainsi triompher définitivement du mal, tel que l'affirme l'eschatologie « forte » du christianisme.

---

[648] A. PLANTINGA, *God, freedom and evil*, Michigan, Harper and Row, 1974, pp. 57-59.

# Conclusion

En 1990 John Cobb sortit un court roman, édité en français en 1999 sous le titre *Thomas pris de doute*[649]. Dans ce livre, le lecteur suit un jeune pasteur protestant en formation du nom de Thomas[650], qui remet peu à peu en cause les croyances traditionnelles du christianisme et découvre, aux dires de l'auteur, une nouvelle façon d'être chrétien. Tout commence lorsque Thomas (dont nous ignorons le nom de famille) s'ouvre à sa femme Mary[651] du malaise dans lequel le plonge la prédication du pasteur Janet Levovsky, qui dirige l'aumônerie universitaire dans laquelle il accomplit son ministère. Cette dernière, en effet, semble remettre en cause la divinité de Jésus. Sur les conseils de sa femme, Thomas va donc en parler avec le pasteur Levovsky et demande des éclaircissements. Cela lui paraît incroyable qu'une personne puisse être pasteur sans croire à la divinité de Jésus. Hélas, cette dernière, loin de rassurer Thomas, lui confirme qu'elle considère la divinité de Jésus comme une doctrine qui, loin d'être le contenu même de la foi chrétienne, constitue un obstacle à la rencontre authentique de l'homme contemporain avec le Christ, qu'elle définit de façon très vague comme un « esprit de Dieu » qu'elle aurait rencontré dans un groupe « d'adultes attentionnés et sensibles ». Nous voyons que le personnage du pasteur Levovsky représente dans le livre de Cobb un certain protestantisme libéral historiquement hostile à la dogmatique traditionnelle et se fondant sur une conception très sentimentaliste de l'expérience religieuse.

Thomas va ensuite s'entretenir avec un professeur d'histoire de l'Église, qui est catholique romain, du nom de Doris O'Connor[652]. Le professeur O'Connor est cependant une catholique d'un genre particulier puisque, loin de défendre les croyances chrétiennes traditionnelles, celle-ci va dire à Thomas que ce qu'il estime être les croyances traditionnelles du christianisme, en particulier celles liées à la christologie, ne sont que le fruit de compromis doctrinaux et politiques décidés lors des conciles

---

[649] J. COBB, *Thomas pris de doute*, Paris, Van Dieren, 1999.
[650] Le nom de Thomas n'est pas innocent, lorsque l'on sait que Thomas d'Aquin est aux yeux de John Cobb, et des théologiens du *Process* de façon générale, l'incarnation du christianisme traditionnel.
[651] Thomas est donc marié à Mary, au cas où nous n'aurions pas compris que ce dernier incarne le chrétien traditionnel.
[652] On constate que lorsque Cobb fait apparaître une catholique, celle-ci a évIdemment un nom irlandais…

du passé. On constate que si Cobb fait intervenir avec O'Connor un personnage catholique, celui-ci est cependant également un représentant des idées d'un certain libéralisme théologique.

Par la suite, Thomas va aller à la rencontre d'un groupe de bouddhistes, après que l'un de ses amis lui a fait remarquer que le bouddhisme entretenait une conception relationnelle de l'être qui pouvait peut-être lui permettre de repenser la relation de Dieu à Jésus et à lui-même. On voit sans peine que, derrière le bouddhisme, c'est bien de la métaphysique du *process* dont il est question[653]. À sa grande surprise, le groupe bouddhiste est constitué essentiellement de convertis qui lui semblent n'avoir nul besoin du Christ, et devant lesquels il se trouve démuni lorsque ceux-ci lui demandent de témoigner de sa foi. Fortement déçu, Thomas va chercher conseil auprès d'un chrétien spécialiste du bouddhisme : le professeur Wilson.

Thomas lui explique qu'alors qu'il avait toujours cru que Jésus-Christ était l'unique voie du salut, il n'en était plus si sûr. Finalement, le professeur Wilson organise une rencontre théologique le soir même. Il y invite le doyen de l'Université, le pasteur James Coletti, qui dans le roman est véritablement le porte-voix des idées de Cobb. Ce dernier commence par expliquer que le christianisme doit se laisser interpeler, « déplacer », par la métaphysique relationnelle et non substantialiste du bouddhisme pour repenser ses convictions fondamentales[654]. Il expose ensuite sa théorie selon laquelle Dieu peut s'« incarner » dans tout homme. Jésus est donc bien une incarnation de Dieu, peut-être la plus importante, mais il n'est pas nécessairement la seule. Il est ainsi possible d'être fidèle à Jésus, tout en reconnaissant la pertinence et la légitimité des autres religions. On reconnaît sans souci dans ces propos un développement dans la droite ligne de la christologie des théologiens du *Process* en général et de John Cobb en particulier.

Au début du livre, Thomas adhérait aux croyances traditionnelles du christianisme et se demandait si un individu ne croyant pas en la divinité de Jésus peut légitimement se dire chrétien. Mais à la fin du livre, il est pour ainsi dire converti à la *Process theology* (même si le terme n'apparaît jamais dans le roman qui reste centré sur les questions christologiques). On identifie sans peine, dans la trajectoire du personnage de Thomas, des interrogations suscitées par le pasteur Levovsky aux réponses apportées par le pasteur Coletti, le cœur du projet de la *Process theology* : répondre à l'agnosticisme contemporain par une reconstruction en profondeur de la métaphysique théiste devant permettre une nouvelle intelligence du christianisme. Cependant, nous pouvons alors nous-mêmes nous poser à propos de Thomas la question

---

[653] Cobb va du reste, à l'instar de Whitehead, insister sur la parenté entre la métaphysique du *process* et la métaphysique bouddhique.
[654] John Cobb a défendu cette idée dans son livre *Bouddhisme-christianisme. Au-delà du dialogue ?*, Genève, Labor et Fides, 1988.

que lui-même se posait au début du livre : peut-il encore se dire légitimement chrétien ? Ou est-ce que son adhésion à la *Process theology* l'a emmené si loin des croyances traditionnelles du christianisme qu'il relève plus à présent d'une sorte de philosophie déiste assez subtile ?

## I) La **Process theology** : *une réponse au fictionnalisme*

Le fictionnalisme est la conception selon laquelle les croyances religieuses sont des fictions. Par conséquent, on remarquera que l'athéisme est nécessairement fictionnaliste. On peut cependant distinguer deux types d'athéisme, en fonction du type de fictions que sont censées être les croyances religieuses. Le fictionnalisme, jugeant toutes les croyances religieuses comme des fictions *aliénantes* enfermant l'humanité dans la superstition et/ou la soumission, peut être considéré comme un athéisme *inamical* avec les croyances religieuses. *A contrario*, le fictionnalisme, jugeant les croyances religieuses, ou du moins certaines d'entre elles, comme des fictions *signifiantes* permettant à certains de donner un sens positif et constructif à leur vie, peut être considéré comme un athéisme *amical*.

Cependant, de façon quelque peu étonnante, la conception fictionnaliste de l'athéisme amical a été endossée au XXᵉ siècle par des personnes s'identifiant elles-mêmes comme croyantes. C'est ce que Roger Pouivet propose d'appeler « l'hérésie antiréaliste »[655]. Il cerne ainsi cette nouvelle hérésie :

> « Un antiréalisme théologique affirme que la foi ne porte pas sur l'existence d'une personne réelle, Dieu, créateur tout-puissant, omniscient, absolument bon, et sur un ensemble de propositions à son sujet et au sujet de son action. Ce que décrivent les énoncés religieux ne transcende pas nos capacités de description ; c'est dans nos pratiques ou notre expérience qu'il convient de chercher la justification de ces énoncés, qui est alors pragmatique et subjective, et non pas épistémique »[656].

Pour un hérétique antiréaliste, le problème de déterminer si Dieu existe, s'il est trinitaire, ou s'il s'est incarné en Jésus de Nazareth, est donc un faux problème puisque, par définition, un énoncé religieux est toujours, en définitive, une fiction. Le seul problème qui vaille pour l'antiréaliste est bien plutôt de déterminer comment ces croyances sont « porteuses de sens » et se traduisent dans nos expériences et nos pratiques. Cet antiréalisme théologique apparaît à Roger Pouivet comme une hérésie pour deux raisons. D'abord, le propre d'une hérésie est de conduire « la croyance religieuse *chrétienne* à sa disparition graduelle en contestant un élément fondamental de sa dogmatique ou en la privant de cet élément ». Or, l'antiréalisme théologique

---

[655] R. POUIVET, *L'épistémologie des croyances religieuses*, Paris, Cerf, 2013, p. 157.
[656] *Ibid.*, p. 158.

« conduit manifestement au dépérissement de croyances constitutives du christianisme ». Ensuite, le propre d'une hérésie est de chercher à réaliser « l'adaptation de la théologie à une conception philosophique ». En l'occurrence, l'antiréalisme théologique cherche à adapter la théologie chrétienne à l'affirmation kantienne de l'impossibilité de toute métaphysique[657]. L'enjeu de la pensée chrétienne serait donc, aux yeux de l'antiréaliste, d'élaborer une théologie post-métaphysique. Ce projet théologique antiréaliste a connu de nombreux contributeurs : Schleiermacher, Auguste Sabatier, ou plus récemment Georges Lindbeck.

*A contrario*, la *Process theology*, pour le dire simplement, a été conçue dans l'optique de défendre une conviction : Dieu existe ! Pour les théologiens du *Process*, Dieu est une réalité. Il n'est ni un symbole vague, ni une réalité en émergence. Dieu est parmi nous, agissant depuis toujours dans le but d'améliorer le monde. À ce titre, la *Process theology* peut apparaître comme une réponse forte au fictionnalisme, que ce soit sous la forme de l'athéisme, ou sous celle que Roger Pouivet appelle « l'hérésie antiréaliste ».

Ce dernier note que métaphysique et théologie ont été doublement découplées au XXᵉ siècle. D'abord par les métaphysiciens eux-mêmes, qui, pour beaucoup d'entre eux, dans le cadre de la philosophie analytique, ont cherché à élaborer une métaphysique strictement naturaliste (on peut citer comme exemple de ce projet David Armstrong ou, en France, Claudine Tiercellin)[658]. Ensuite, les théologiens antiréalistes ont eux-mêmes découplé théologie et métaphysique et ont cherché à élaborer une théologie post-métaphysique prenant acte de la critique kantienne[659]. La spécificité de la *Process theology* est qu'elle recoupe totalement métaphysique et théologie. Whitehead revendiquait d'ailleurs lui-même le droit de faire de la philosophie de façon prékantienne, comme nous l'avons vu. Pour les théologiens du *Process*, les conceptions théologiques du christianisme nécessitent un cadre métaphysique pour être pensées et exprimées. Il est donc hors de question de se passer d'un tel cadre. Le problème, aux yeux des théologiens du *Process*, est que la théologie traditionnelle a été pensée dans un cadre métaphysique qui lui était inadéquate. Leur projet est donc de repenser la théologie chrétienne dans un cadre métaphysique plus adéquat, à savoir la métaphysique du *process*.

Ce refus clair et tranché du fictionnalisme sous toutes ses formes n'est pas la moindre des qualités de la *Process theology*. Sa volonté de critiquer le matérialisme athée et de redonner sa légitimité intellectuelle au christianisme par le truchement

---

[657] *Ibid.*, p. 160.
[658] On peut ici rappeler que Charles Hartshorne fut, en son temps, l'un des rares à défendre le flambeau alors quelque peu méprisé de la métaphysique théiste.
[659] R. POUIVET, *op. cit.*, pp. 161-162.

d'une théologie renouvelée, sans pour autant sacrifier la métaphysique théiste, a probablement beaucoup contribué à sa popularité relative. Hélas, la métaphysique du *process*, finalement, ne s'est pas révélée être un cadre propice pour penser les convictions fondamentales du christianisme.

## *II) La* Process theology *en procès*

### A) *Deux conceptions dipolaires de Dieu*

Une conception dipolaire de Dieu est une façon de concevoir Dieu dans laquelle celui-ci dispose d'un pôle transcendant et d'un pôle immanent. Le postulat fondamental de notre travail est que cette conception est la meilleure façon de concevoir philosophiquement le Dieu chrétien. Dans notre deuxième chapitre, nous avons présenté deux conceptions dipolaires de Dieu : la première issue de la *Process theology*, la seconde issue de la théologie traditionnelle. Celle de la *Process theology* rend compte de la dipolarité divine à travers une distinction en Dieu entre sa nature primordiale et sa nature conséquente, celle de la théologie traditionnelle en rend compte par une distinction en Dieu entre l'essence et les énergies.

Comme nous l'avons déjà avancé, la *Process theology* a bien l'ambition d'être une théologie chrétienne, et non une philosophie déiste. Nous allons à présent voir, à partir de notre travail précédent, si la conception dipolaire de la *Process theology* est conforme aux croyances fondamentales du christianisme relevées par Kallistos Ware (que nous avons présentées en introduction), en la comparant avec la conception dipolaire de la théologie traditionnelle.

#### *1) Dieu est mystère*

Pour le christianisme, Dieu est et demeure un mystère impénétrable. Dans notre chapitre II, nous avons vu que la théologie traditionnelle souligne que l'essence de Dieu est inconnaissable et incommunicable, et qu'elle ne saurait être saisie dans un concept métaphysique, fusse-t-il le plus subtil. Cette incognoscibilité absolue de l'essence divine est due au fait de sa totale transcendance. L'essence incréée de Dieu est complètement extérieure au monde créé, et aucun être créé, qu'il soit humain ou même angélique, ne peut espérer la connaître ou la saisir véritablement dans un concept. Nous voyons donc que la conception dipolaire traditionnelle conçoit l'essence comme le pôle transcendant de Dieu.

Les théologiens du *Process* estiment quant à eux pouvoir saisir Dieu à travers le concept whiteheadien d'entité actuelle. Cette identification de Dieu à une entité actuelle est l'acte fondateur de la *Process theology*, c'est celle-ci qui va leur permettre par la suite de repenser toute la théologie à partir de la métaphysique du *process*. Cependant, Cette identification de Dieu à une entité actuelle viole le principe de l'incognoscibilité divine. En pensant Dieu comme entité actuelle, les théologiens du *Process* pensent en effet pouvoir saisir l'être de Dieu dans un concept, et ainsi intégralement l'expliquer à partir du schème conceptuel de la métaphysique du *process*. La *Process theology* affirme donc bien pouvoir percer le mystère de Dieu à partir de sa conceptualité philosophique propre. Cette affirmation viole la conviction chrétienne fondamentale selon laquelle Dieu est un mystère. Cette violation de l'incognoscibilité divine par l'identification de Dieu à une entité actuelle est à bien des égards le « péché originel » de la *Process theology*. En effet, elle l'empêche d'élaborer une conception véritablement dipolaire de Dieu, ce qui était pourtant son ambition première.

Les théologiens du *Process* pensent qu'identifier Dieu à une entité actuelle va leur permettre d'élaborer une conception dipolaire de Dieu. En effet, dans la métaphysique du *process*, toute entité actuelle est dipolaire. Chaque entité actuelle dispose d'un pôle mental en lien avec les objets éternels, et d'un pôle physique en lien avec les entités actuelles qui l'ont précédée. Dieu, en tant qu'entité actuelle, dispose donc également d'un pôle mental, sa nature primordiale, et d'un pôle physique, sa nature conséquente. Cette distinction nature primordiale/nature conséquente est censée exprimer une dipolarité transcendance/immanence.

Le problème est que cette conception de Dieu comme entité actuelle n'est pas véritablement dipolaire. Dans la métaphysique du *process*, tout ce qui existe est une entité actuelle, et toutes les entités actuelles sont le produit de l'ordre cosmique global, saisi par le schème conceptuel général élaboré par Whitehead. Dire que Dieu existe exige donc de dire que Dieu est une entité actuelle, et dire que Dieu est une entité actuelle exige de dire que Dieu n'est pas l'auteur de l'ordre cosmique, mais son produit. Il est finalement lui-même une créature de la créativité, catégorie « ultime » du schème conceptuel whiteheadien[660]. La *Process theology* ne peut donc penser conceptuellement Dieu qu'à la condition *sine qua non* de réduire Dieu au statut d'une créature. Nous voyons donc qu'à la racine de la *Process theology* se trouve ni plus ni moins une négation de la transcendance de Dieu. Sa conception de Dieu ne peut donc être véritablement dipolaire.

De plus, comme nous allons le voir, le « péché originel » de la *Process theology* (c'est-à-dire l'identification de Dieu à une entité actuelle) oblige celle-ci à violer toutes les autres caractéristiques du Dieu chrétien relevées par Ware.

---

[660] D. DEBAISE, *Un empirisme spéculatif. Lecture de Procès et réalité de Whitehead*, Pars, Vrin, 2006, pp. 44-45.

## 2) Dieu est Trinité

Le christianisme affirme la présence d'une socialité en Dieu, présente en lui au plan fondamental. Nous avons vu dans notre chapitre III que la théologie traditionnelle modélisait cette socialité fondamentale de Dieu à travers la doctrine sociale de la Trinité : Dieu est un être social par la communauté des trois personnes trinitaires. Nous avons également vu dans le même chapitre que les théologiens du *Process* ont rejeté la doctrine classique de la Trinité, et ont proposé leurs propres doctrines trinitaires. Cependant, malgré le grand nombre de modèles trinitaires qu'ils ont imaginés, les théologiens du *Process* ne sont pas parvenus à proposer autre chose qu'une conception modaliste de la Trinité.

Comme le note elle-même Marjorie Suchocki[661], c'est bien l'identification de Dieu à une entité actuelle, cœur de la *Process theology*, qui contraint les théologiens du *Process* à ne pouvoir concevoir qu'une telle conception modaliste. Or le modalisme s'oppose frontalement à l'idée d'une socialité divine fondamentale, il en est même l'inverse puisqu'il vise à souligner l'unité stricte de Dieu. Les théologiens du *Process* ont donc échoué à modéliser la socialité fondamentale de Dieu à travers une doctrine trinitaire. Ils y sont en revanche parvenus en repensant la relation Dieu-monde, mais cette conception a des conséquences aussi problématiques d'un point de vue chrétien.

## 3) Dieu est créateur

Une conception chrétienne (et monothéiste de façon générale) est que le monde est une création de Dieu *ex nihilo*, simplement motivée par sa volonté bonne. Dans notre chapitre III, nous avons vu que, dans la *Process theology*, Dieu étant une entité actuelle, il s'actualise à travers ses relations avec d'autres entités actuelles qu'il entretient à travers sa nature conséquente. Cela signifie que Dieu ne peut être seul, il doit être nécessairement accompagné par d'autres entités actuelles avec lesquelles il sera en relation pour s'actualiser. Dieu est ainsi fondamentalement en relation avec le monde. Le monde est donc co-nécessaire et co-éternel à Dieu. Les théologiens du *Process* expriment ainsi la socialité fondamentale de Dieu à travers cette relation Dieu-monde.

Nous avons cependant relevé que le problème est que dans une telle socialité Dieu-monde, il n'y a aucune place pour la conception traditionnelle de la *creatio ex nihilo*. Dieu ne peut avoir créé le monde puisqu'il est autant dépendant du monde que le monde est dépendant de lui. *A contrario*, la théologie traditionnelle n'a nul besoin de remplacer la doctrine de la *creatio ex nihilo* par une telle socialité Dieu-monde, puisqu'elle pense déjà la socialité fondamentale de Dieu à travers la doctrine sociale de la Trinité.

---

[661] M. SUCHOCKI, « God, Trinity, Process », dans *Dialog : a journal of theology*, Volume 40, N°3, 2001, pp. 169-174.

## 4) *Dieu fait homme*

La foi en l'Incarnation de Dieu en Jésus-Christ est sans nul doute une, si ce n'est la conviction chrétienne centrale. Jésus est ainsi pensé comme étant Dieu lui-même incarné, à la fois pleinement homme et pleinement Dieu. Au cours de notre chapitre IV, nous avons vu que les théologiens du *Process* accusaient la christologie traditionnelle de ne pas rendre compte de l'humanité du Christ. Nous avons également vu que cette affirmation était fausse : la christologie traditionnelle envisage dans le Christ deux natures, humaine et divine, unies dans une hypostase divino-humaine. Jésus est donc pensé comme aussi véritablement homme qu'il est véritablement Dieu.

Les théologiens du *Process* revendiquant le titre de théologiens chrétiens, nous avons vu qu'ils ne se sont pas contentés de rejeter la christologie traditionnelle, mais qu'ils ont aussi proposé divers modèles christologiques. Ces derniers fonctionnent toutefois tous de la même façon, à partir des concepts whiteheadiens de visée initiale divine et de visée subjective humaine. Dieu étant une entité actuelle pour la *Process theology*, il va agir à travers une visée initiale (émanant de sa nature primordiale) spécifiquement proposée à l'homme Jésus, qui va ensuite la réaliser pleinement dans sa visée subjective propre. Cette conception est néanmoins incompatible avec la conviction chrétienne que Jésus est Dieu incarné. En effet, dans cette conception, Jésus réalise pleinement et totalement la volonté divine, mais n'est pas Dieu lui-même.

Ce modèle christologique a également pour effet de diluer complètement la singularité de Jésus. En effet, toutes les entités actuelles reçoivent une visée initiale spécifique de Dieu, et la réalisent partiellement dans leur visée subjective propre. Cela signifie que Jésus ne diffère des autres hommes que dans la mesure où il réalise pleinement dans sa visée subjective propre la visée initiale spécifique que lui a donnée Dieu. Cela laisse ouverte la possibilité d'autres « incarnations » de Dieu (possibilité totalement assumée par ailleurs par Cobb, comme nous l'avons vu à travers le personnage du pasteur Coletti). La christologie du *Process* ne parvient donc pas à rendre compte de la divinité du Christ, ni même de sa singularité historique.

## 5) *Dieu est sauveur*

L'espérance chrétienne se fonde sur la conviction qu'à la fin des temps, le mal sera définitivement annihilé par Dieu. La théologie traditionnelle fonde cette espérance sur la conviction que Dieu est omnipotent, et qu'il pourra donc vaincre définitivement le mal le jour venu. Dans notre chapitre V, nous avons vu que la *Process theology* échoue à rendre compte de cette conviction eschatologique.

En tant qu'entité actuelle suprême, Dieu propose une visée initiale à chaque entité actuelle en formation, dans le but de parvenir à plus d'harmonie. L'entité actuelle en formation va alors plus ou moins réaliser cette visée initiale dans sa visée subjective. Le décalage plus ou moins grand entre la visée initiale divine et la visée subjective de l'entité actuelle explique la disharmonie dans le monde, c'est-à-dire le mal. Pour réduire le mal dans le monde, Dieu doit donc persuader les entités actuelles de mieux réaliser les visées initiales qu'il leur propose, mais il ne peut les y obliger[662].

Le problème d'une telle conception est que Dieu n'y est pas conçu comme omnipotent. Sa victoire définitive sur le mal n'y est donc absolument pas garantie. Les théologiens du *Process* justifient cette conception de Dieu comme « agent suprême de persuasion » par le fait qu'elle serait la seule à être compatible avec la présence du mal dans le monde. Nous avons cependant vu que cette affirmation est fausse. La défense par le libre arbitre permet également de rendre compatibles l'existence de Dieu et l'existence du mal dans le monde, tout en maintenant l'omnipotence divine nécessaire au triomphe final de Dieu sur le mal.

## B) La **Process theology** : *une tentative manquée*

Les théologiens du *Process* ont cherché à développer, à partir de la métaphysique de Whitehead, une conception dipolaire de Dieu afin de rendre compte du Dieu chrétien. Pour ce faire, ils ont identifié Dieu à une entité actuelle. Du reste, une fois choisie la métaphysique de Whitehead comme cadre métaphysique de la théologie chrétienne, cette identification devient inévitable. En effet, dans la métaphysique du *process*, tout ce qui existe est une entité actuelle, donc, si Dieu existe, il est nécessairement aussi une entité actuelle.

Cette identification de Dieu comme entité actuelle constitue le « péché originel » des théologiens du *Process*. Elle va en effet les empêcher d'affirmer la transcendance de Dieu, et donc d'élaborer une conception véritablement dipolaire de Dieu. Mais ce même « péché originel » va également rendre la *Process theology* incompatible avec les croyances les plus traditionnelles et les plus basiques du christianisme. En effet, penser Dieu comme une entité actuelle empêche les théologiens du *Process* de respecter le principe de l'incognoscibilité divine, d'exprimer de façon pertinente la doctrine de la Trinité et la doctrine de l'Incarnation, ainsi que les croyances eschatologiques fondamentales du christianisme. De plus, la *Process theology* ne parvient à rendre compte de la conviction chrétienne que Dieu est un être social qu'en envisageant une socialité Dieu-monde incompatible avec la doctrine de la *creatio ex nihilo*.

Pour toutes ces raisons, la *Process theology* échoue à être une véritable théologie chrétienne et apparaît au contraire comme incompatible avec le christianisme. La conception dipolaire de Dieu de la *Process theology* peut donc être dite ratée, car elle

---

[662] Cette conception a quelques ressemblances avec celle du démiurge dans le Timée de Platon. Sur les rapports entre le Timée et Whitehead, on peut lire F. NEF, *Qu'est-ce que la métaphysique*, Paris, Gallimard, 2004, pp. 619-628.

ne répond pas à l'objectif de ses concepteurs qui souhaitaient bien élaborer une conception véritablement dipolaire et bel et bien chrétienne de Dieu. Les théologiens du *Process* souhaitaient réconcilier le christianisme et la modernité en élaborant une théologie renouvelée, à la fois chrétienne et moderne. Il semble à présent clair qu'ils ont échoué. J'ignore si la *Process theology* est moderne (je refuse de rentrer dans le débat sans fin sur ce qu'est un discours spécifiquement moderne), je pense en revanche avoir bien montré qu'elle n'était pas chrétienne.

Outre le fait d'avoir échoué à élaborer une conception à la fois dipolaire et chrétienne de Dieu, la *Process theology* s'est également avérée inutile. En effet, tout ce que cherche à faire la *Process theology* est déjà réalisé par la théologie traditionnelle. La doctrine de l'Incarnation permet de rendre compte à la fois de la pleine divinité et de la pleine humanité de Jésus-Christ. La socialité fondamentale de Dieu est parfaitement modélisée par la doctrine sociale de la Trinité, d'une façon totalement compatible avec la doctrine de la *creatio ex nihilo*. La défense par le libre arbitre permet d'expliquer pourquoi Dieu permet le mal dans le monde, tout en lui conservant l'omnipotence qui lui permettra de le supprimer définitivement à la fin des temps, conformément aux promesses bibliques. Enfin, la conception dipolaire de Dieu finalisée dans les écrits de saint Grégoire Palamas, fondée sur une dipolarité essence/ énergies, permet à la fois de rendre compte de l'absolue transcendance de Dieu et de l'incognoscibilité totale de son essence, ainsi que de son immanence en toutes choses par la présence de ses énergies innombrables, créant le monde, le soutenant dans son existence, et le déifiant jusqu'à la transfiguration finale.

## C) *La réaction de David Ray Griffin*

Notre conclusion est donc double. Notre première conclusion est que la *Process theology* échoue à élaborer une conception dipolaire et chrétienne de Dieu. Notre seconde conclusion est que la théologie traditionnelle, en particulier la théologie byzantine, y parvient. Cette double conclusion, que nous partageons avec Thomas Hopko, a néanmoins été critiquée par David Ray Griffin dans un texte publié en ligne (disponible sur le site du *Center for Process Studies*) où il critique le travail d'Hopko, intitulé *Process Theology and Eastern Orthodox Theology : A Response to Thomas Hopko*.

Griffin reconnaît à la théologie byzantine d'avoir en commun avec la *Process theology* de rejeter la « vision juridique de la tradition augustinienne » d'un jugement de l'homme par un Dieu absolument transcendant. Elles ont ainsi en commun de penser le salut comme une participation dynamique de l'homme au pôle immanent de Dieu. Cette première affirmation de Griffin selon laquelle la théologie byzantine et la *Process theology* partageraient une même conception du salut semble néanmoins hautement contestable. La sotériologie doit basiquement expliquer le devenir de l'homme après la mort. La théologie byzantine pense ainsi la vie après la mort soit comme une déification de l'homme par les énergies divines, soit comme une damnation[663]. Or, la *Process theology* n'affirme aucune vie après la mort. Tout ce qu'elle affirme, c'est que toutes les occasions actuelles sont préhendées et conservées dans la nature conséquente de Dieu, en tant que *datum* divin, de la même façon qu'une occasion actuelle fait perdurer le *datum* hérité de son monde actuel dans son pôle physique. Il n'est question ni de vie personnelle, ni de continuité de la conscience. La participation de l'homme au pôle immanent de Dieu dont parle Griffin ne constitue en rien une vie après la mort, et donc ne constitue en rien un salut. Il est à ce titre faux de dire que la théologie byzantine et la *Process theology* partagent une même doctrine du salut, la *Process theology* n'en ayant pas véritablement une.

Griffin a cependant raison de souligner que la théologie byzantine et la *Process theology* attribuent toutes les deux un pôle immanent à Dieu. Cette spécificité partagée est ce qui les oppose l'une et l'autre à la théologie latine. Nous avons déjà vu à ce propos que si Thomas d'Aquin soulignait bien une immanence en Dieu à travers l'attribut divin d'omniprésence (réfutant ainsi les théologiens du *Process* affirmant que le thomisme était une conception « monopolaire » de Dieu, exclusivement axée sur la transcendance), il n'en reste pas moins que Thomas n'a jamais pensé l'immanence divine comme une dimension de la divinité elle-même. Les énergies divines sont créées et ne sont donc pas Dieu pour Thomas, alors qu'elles sont incréées et Dieu lui-même pour Palamas.

Griffin estime que la théologie byzantine et la *Process theology* entretiennent chacune une conception dipolaire de Dieu. La théologie byzantine pense la dipolarité transcendance/immanence à travers une distinction en Dieu essence/ énergies, alors que la *Process theology* conçoit cette dipolarité à travers une distinction en Dieu nature primordiale/ nature conséquente. Là encore, il est impossible d'être en accord avec Griffin. La conception byzantine souligne bien une dipolarité en Dieu : l'essence de Dieu transcende le monde alors que les énergies incréées sont immanentes au monde. Mais la *Process theology* quant à elle échoue à rendre compte de la transcendance de Dieu, et donc à élaborer une conception véritablement dipolaire de Dieu : Dieu y est conçu comme une entité actuelle, et à ce titre comme le produit de la créativité, caractéristique « ultime » du cosmos dans la métaphysique du *process*.

Après avoir souligné ce qu'il pense être les points communs de la *Process theology* et de la théologie byzantine, Griffin souhaite souligner ce qu'il pense être les points de désaccord. Griffin rejette en premier lieu la doctrine de la *creatio ex nihilo*, et lui préfère la conception selon laquelle Dieu « négocie » avec un monde éternel. Il rajoute que cette conception est la seule à être compatible avec la présence du mal dans le

---

[663] La béatitude n'étant véritablement complète, et la damnation véritablement définitive, qu'après le Jugement dernier. Sur ce sujet J.-C. LARCHET, *La vie après la mort selon la tradition orthodoxe*, Paris, Cerf, 2001.

monde. Nous avons cependant vu que si cette conception selon laquelle Dieu « négocie » avec le monde permet effectivement de rendre compatible Dieu avec le mal dans le monde, elle oblige à sacrifier l'omnipotence divine, et avec elle la certitude d'une victoire finale de Dieu sur le mal. Cette certitude n'est certainement pas secondaire au plan spirituel puisque c'est sur celle-ci que se fonde l'espérance eschatologique chrétienne. Nous pourrions répondre à Griffin que la défense par le libre arbitre permet, comme nous l'avons vu, de rendre compatible Dieu et le mal, sans sacrifier l'omnipotence.

Nous pourrions aussi faire remarquer à Griffin que la *creatio ex nihilo* est une doctrine fondamentale du christianisme, ferment de sa conviction que la création et la vie sont fondamentalement bonnes et désirables. Il affirme que la *creatio ex nihilo* rend le monde non nécessaire à Dieu, ce qui diminuerait sa valeur. Mais nous pourrions lui répondre que dans la doctrine de la *creatio ex nihilo*, si le monde n'est effectivement en rien nécessaire à Dieu, il est en revanche un don volontaire et gratuit de Dieu, ce qui n'en diminue certainement pas la valeur, alors que penser le monde nécessaire à Dieu pour son actualisation revient à ne penser qu'un rapport utilitaire entre Dieu et le monde, et non un rapport d'amour comme dans la doctrine de la *creatio ex nihilo*.

Un autre point de divergence relevé par Griffin porte sur l'éternité divine. Il estime qu'un Dieu éternel ne peut pas connaître le monde. Pour Griffin, seul un Dieu temporel peut véritablement connaître le monde. Il rapporte la solution d'Hopko, qui est similaire à la solution du cercle de Katherine Rogers que nous avons déjà rapportée : le temps doit être envisagé comme un cercle, Dieu est le centre du cercle et, par ses rayons, il est en relation avec tous les points du cercle. Dieu peut donc être atemporel, c'est-à-dire ne pas être sur le cercle, et en même temps en relation avec chaque point du temps. Griffin n'est cependant pas satisfait par cette solution. Il affirme que cette conception vide de sa signification la notion d'interaction entre Dieu et le monde. Ce jugement de Griffin est étonnant car cette conception se traduit bien dans la notion de dipolarité divine. Griffin lui-même rappelle que dans une conception dipolaire, Dieu dispose d'un pôle atemporel et d'un pôle temporel. Hopko ne dit pas autre chose : Dieu est atemporel dans son essence transcendante, et temporel par ses énergies immanentes. Le problème de Griffin est que son refus de la *creatio ex nihilo* et sa conviction que Dieu a nécessairement besoin du monde pour s'actualiser l'obligent à concevoir le pôle atemporel de Dieu comme une pure abstraction, et donc à concevoir son pôle temporel comme sa véritable réalité. Nous voyons que le refus de Griffin de la solution de Rogers et d'Hopko s'origine dans l'échec de la *Process theology* à concevoir une conception véritablement dipolaire de Dieu, rendant autant compte de la transcendance de Dieu que de son immanence.

Griffin souligne une troisième différence entre théologie byzantine et *Process theology*. Il estime que si la théologie byzantine pense indépassables certaines conceptions théologiques, c'est parce qu'elle pense que Dieu détermine totalement le monde. Il peut ainsi faire en sorte qu'à un moment donné de l'Histoire, un théologien élabore une doctrine à jamais indépassable, telle que la Trinité ou la *creatio ex nihilo*. *A contrario*, Griffin pense que parce que la *Process theology* n'affirme pas que Dieu détermine totalement le monde, elle ne considère aucun dogme comme indépassable, et insiste au contraire sur le caractère toujours révisable de n'importe quelle doctrine théologique.

Nous constatons que Griffin caricature la théologie byzantine. Celle-ci n'affirme certainement pas que Dieu détermine totalement le monde. Elle affirme au contraire le libre arbitre des hommes, et rappelle que nous avons le pouvoir d'accepter ou de refuser la grâce incréée que Dieu nous offre à tous. Elle croit également que le Saint-Esprit a enseigné et inspiré aux saints Pères les vérités fondamentales ayant trait au salut. Cette dernière remarque de Griffin demeure cependant précieuse car elle permet d'expliquer cet étonnant paradoxe de la *Process theology* : les théologiens du *Process* ne cessent d'affirmer vouloir régénérer le christianisme, et en même temps, ne parviennent pas à rendre compte dans leur modèle théologique des convictions chrétiennes même les plus basiques. En réalité, nous comprenons par la voix de Griffin que les théologiens du *Process* ne se sentent aucunement liés par les doctrines traditionnelles du christianisme, même par les plus fondamentales. On se demande alors bien ce que peut être à leurs yeux ce christianisme qu'ils veulent régénérer.

## III) *Considération finale : la théologie comme ascèse intellectuelle*

Que nous apprend finalement la *Process theology* ? La réponse, à mon sens, est qu'elle nous montre que le discours théologique doit toujours se déployer en respectant une certaine ascèse. Une croyance fondamentale du christianisme est que Dieu est inconnaissable. Nous ne pouvons rien savoir de lui par l'usage de notre raison naturelle. Cependant, Dieu s'est révélé à nous, et il continue d'ailleurs à le faire. Nous ne pouvons parler de Dieu que parce que lui-même nous a parlé de lui. S'il ne l'avait pas fait, nous ne pourrions rien en dire. Dieu nous enseigne cependant beaucoup de choses, en particulier ce qui est nécessaire à l'accomplissement de notre salut, mais il ne nous dit pas tout. Dieu, par exemple, ne nous a pas parlé de la formation des planètes par accrétion et condensation des nuages de gaz et de poussières, il ne nous a pas expliqué les causes de la grande extinction du Crétacée-Tertiaire, il ne nous a rien dit des différentes espèces d'hominidés qui ont précédé *Homo sapiens*. Il nous a laissés dans l'ignorance de tout cela afin de nous laisser exercer notre intelligence à le découvrir par nous-mêmes. Dieu nous enseigne en revanche ce que nous ne pouvons découvrir par nous-mêmes. Il nous enseigne, par exemple, que la finalité du monde et de tout ce qu'il contient est de se transfigurer par la communion avec les énergies incréées.

Ces enseignements de Dieu sont ce qu'on appelle la Tradition. Celle-ci comporte de nombreuses composantes : la Bible, les écrits des Pères, la liturgie, les canons des conciles œcuméniques, les témoignages des saints, l'iconographie… Tout discours théologique se doit donc de rester rigoureusement dans le cadre de la Tradition, dans le cadre de ce que Dieu nous a dit de lui, et accepter qu'il ne peut pas tout savoir, tout simplement parce que tout ne nous a pas été dit. Lorsque le discours théologique sort de la Tradition, l'imagination prend le relais, et il se met à spéculer. Ses spéculations peuvent être parfois immorales et socialement dangereuses, je pense par exemple à ces théologiens calvinistes sud-africains qui ont voulu justifier bibliquement l'apartheid. D'autres fois, elles seront bêtes et ridicules, pensons par exemple à tous ces gens de toutes les époques qui se sont escrimés à calculer la date de l'Apocalypse, alors que le Christ a clairement dit que celle-ci nous resterait inconnue jusqu'au jour dit. Mais parfois, ces spéculations sont d'une grande subtilité conceptuelle. La *Process theology* relève de ce genre de spéculation. Nous avons vu que Griffin ne se sentait absolument pas lié par la Tradition, et pensait que la métaphysique du *process* était finalement une meilleure manière de penser le christianisme. Ce jugement peut sans problème être étendu à tous les autres théologiens du *Process*. La conséquence de ce jugement est que la *Process theology*, comme nous l'avons vu, n'est en rien chrétienne et ne peut prétendre à être autre chose qu'une philosophie déiste.

La leçon à retenir de cet échec de la *Process theology* est que le discours théologique doit toujours garder une conscience aiguë de ses propres limites. Le cadre de sa pensée ne doit pas être un système philosophique donné, même le plus subtil d'entre eux, mais bien la Tradition. Rester fidèle à un cadre traditionnel oblige peut-être le théologien à reconnaître humblement qu'il n'a pas réponse à tout, mais cette fidélité est la seule façon pour lui de s'assurer que son discours s'appuie, non sur son imagination, toujours prompte à spéculer, mais bien sur les enseignements que Dieu nous a révélés.

# Remerciements

Mes remerciements vont avant tout à mon directeur de thèse M. Cyrille Michon, qui m'a indéfectiblement supporté durant toutes ces années, et ce dans tous les sens du verbe « supporter ». Alors que j'étais moi-même un peu perdu (ou un peu paresseux), M. Michon m'a toujours poussé à me demander quelle thèse je voulais véritablement, profondément, rédiger. Il m'a ainsi laissé une liberté totale, tout en m'enjoignant sans cesse à aller jusqu'au bout de cette liberté. Je crois qu'aucune autre pédagogie ne m'aurait permis de finir ma thèse, et pour cela je tiens à remercier M. Michon chaleureusement.

Je tiens à remercier aussi mes rapporteurs M. Ali Benmakhlouf et M. Paul Clavier. M. Benmakhlouf, avec M. Guillaume Durand que je remercie également, m'a suivi durant toutes ces années de thèse, m'encourageant à continuer après une première année qui fut assez difficile. J'ai également une grande dette envers M. Clavier et M. Yann Schmitt, ainsi qu'envers tous les animateurs et intervenants du séminaire de philosophie contemporaine de la religion de l'École normale supérieure. En m'accueillant dans son séminaire durant plusieurs années, M. Clavier m'a permis de profiter d'un enseignement d'une qualité exceptionnelle. Je pense pouvoir dire que ce séminaire fut pour moi le lieu d'une véritable *metanoïa* théologico-philosophique. Mon seul regret est de ne jamais être parvenu à tutoyer M. Clavier, alors que celui-ci me l'a demandé plusieurs fois !

Je souhaite également remercier M. Marc Boss dont le soutien et l'amitié ont été pour moi extrêmement précieux. Durant ces années de thèse, il y eut clairement un avant et un après ma rencontre avec M. Boss. C'est son soutien qui m'a permis de publier et d'enseigner pour la première fois, c'est lui qui m'a, pour ainsi dire, « mis sur les rails ». Nos longues conversations ont été pour moi une occasion unique de développer ma pensée, et c'est largement à lui que je dois d'avoir pris conscience de certaines de mes apories, et d'avoir compris quelles étaient mes convictions profondes.

Enfin, il me faut remercier mes amis philosophes. Avoir l'occasion régulière de s'entretenir avec des gens plus brillants que soi est une chance rare dont j'ai bénéficié. C'est à eux que je dois d'avoir brisé la solitude intellectuelle qui menace souvent les doctorants. Mes chaleureux remerciements vont donc à tous mes collègues docteurs ou doctorants, et plus particulièrement à Moudar Makhlouf, Jean-Baptiste Guillon, et Blandine Lagrut.

# Bibliographie

## I) PROCESS THEOLOGY

### A) Sources primaires

#### 1) Alfred North Whitehead

*The concept of nature*, Cambridge, Cambridge University Press, 1920. Traduction : *Le concept de nature*, Paris, Vrin, 2006.

*Science and the modern world*, New York, Macmillan, 1925. Traduction : *La science et le monde moderne*, Paris, Le Rocher, 1994.

*Religion in the making*, New York, Macmillan, 1926. Traduction : *La religion en gestation*, Louvain-la-Neuve, Chromatika, 2009.

*Process and reality. An essay in cosmology*, New York, Macmillan, 1929. Traduction : *Procès et réalité*, Paris, Gallimard, 1995.

*The function of reason*, Princeton, Princeton University Press, 1929. Traduction : *La fonction de la raison*, Paris, Payot, 2007.

*Adventures of ideas*, New York, Macmillan, 1933. Traduction : *Aventures d'idées*, Paris, Cerf, 1993.

*Modes of thought*, New York, Macmillan, 1938. Traduction : *Modes de pensée*, Paris, Vrin, 2004.

#### 2) Charles Hartshorne

*Man's vision of God and the logic of theism*, New York, Harper and Brothers, 1941.

*The divine relativity. A social conception of God*, New Haven, Yale University Press, 1948.

*Philosophers speak of God*, Chicago, University of Chicago Press, 1953.

*The logic of perfection and other essays in neoclassical metaphysics*, Lasalle, Open Court, 1962.

*Natural Theology for our time*, Lasalle, Open Court, 1967.

*Anselm's Discovery*, Lasalle, Open Court, 1967.

*Creative synthesis and philosophic method*, Lasalle, Open Court, 1970.

*Aquinas to Whitehead*, Milwaukee, Marquette University Press, 1976.

*Omnipotence and other theological mistakes*, Albany, State University of New York Press, 1984.

### 3) Daniel Day Williams

*Spirit and the form of love*, New York, Harper & Row, 1968.

### 4) Norman Pittenger

*Christology reconsidererd*, Londres, SCM Press, 1967.

*God in process*, Londres, SCM Press, 1967.

*Process though and Christian faith*, New York, MacMillan, 1968.

*Alfred North Whitehead*, Richmond, John Knox Press, 1969.

« *The last things* » *in a process perspectives*, Londres, Epworth Press, 1970.

*Unbounded love : God and man in process*, New York, Seabury Press, 1976.

*The divine triunity*, Philadelphie, United Church Press, 1977.

*The word incarnate. A study of the doctrine of the person of Christ*, New York, Harper & Brothers, 1979.

### 5) Lewis Ford

*Ed. Two process philosophers : Hartshorne encounter's with Whitehead*, Talahassee, Florida State University Press, 1973.

*Lure of God : biblical background for Process Theism*, Minneapolis, Augsburg Fortress Publishing, 1978.

*The emergence of Whitehead's metaphysics. 1925-1929*, Albany, State University of New York Press, 1985.

*Transforming Process Theism*, Albany, State University of New York Press, 2000.

### 6) Shubert Ogden

*The reality of God and other essays*, New York, Harper & Row, 1966.

*The point of christology*, New York, Harper & Row, 1982.

## 7) John Cobb

*A christian natural theology based on the thought of Alfred North Whitehead*, Philadelphie, Westminster John Knox Press, 1965.

*God and the world*, Philadelphie, Westminster John Knox Press, 1969. Traduction : Dieu et le monde, Paris, Van Dieren, 2006.

*Christ in a pluralistic age*, Philadephie, Westminster John Knox Press, 1975

Avec David Ray Griffin, *Process theology : an introductory exposition*, Philadelphie, Westminster John Knox Press, 1976.

*Beyond dialogue : Toward a mutual transformation of Christianity and Buddhism*, Minneapolis, Augsburg Fortress, 1982. Traduction : *Bouddhisme-christianisme. Au-delà du dialogue ?*, Genève, Labor et Fides, 1988.

*The structure of Christian existence*, Lanham, University Press of America, 1990.

*Doubting Thomas : Christology in story form*, New York, Crossroad Publishing, 1990. Traduction : *Thomas pris de doute*, Paris, Van Dieren, 1999.

*Whitehead word book. A glossary with alphabetical index to technical terms in Process and reality*, Claremont, Process and Faith Press, 2008. Traduction : *Lexique whiteheadien. Les Catégories de Procès et réalité*, Louvain-la-Neuve, Chromatika, 2010.

## 8) David Ray Griffin

*A Process christology*, Philadelphie, Westminster John Knox Press, 1973.

Avec John Cobb, *Process theology : an introductory exposition*, Philadelphie, Westminster John Knox Press, 1976.

*John Cobb's theology in process*, Philadelphie, Westminster John Knox Press, 1977.

*God, Power and Evil : a Process theodicy*, Lanham, University Press of America, 1991.

*Evil revisited : responses and reconsiderations*, Albany, State University of New York Press, 1991.

## 9) Marjorie Suchocki

*The End of Evil : Process Eschatology in Historical Context*, Albany, State University of New York Press, 1988.

(Ed. Avec Joseph Bracken), *Trinity in Process : A Relational Theology of God*, New York, Continuum, 1997.

## B) Littérature secondaire

### 1) Sur Whitehead

A. BENMAKHLOUF (Éd.), *A. N. Whitehead. L'univers solidaire*, Paris, Vrin, 1999.

A. BENMAKHLOUF (Éd.), *Quine, Whitehead et leurs contemporains*, Nice, Presses Universitaires de Nice, 2009.

D. DEBAISE, *Un empirisme spéculatif : lecture de Procès et réalité de Whitehead*, Paris, Vrin, 2006.

D. DEBAISE, *L'appât des possibles. Reprise de Whitehead*, Dijon, Presses du Réel, 2015.

J.-C. DUMONCEL, *Les sept mots de Whitehead ou l'aventure de l'être : créativité, processus, évènement, objet, organisme, enjoyment, aventure. Une explication de Processus & réalité*, Paris, Cahiers de l'Unebévue, 1998.

J.-C. DUMONCEL & M. WEBER, *Whitehead ou le cosmos torrentiel*, Louvain-la-Neuve, Chromatika, 2010.

G. LUCAS, *The rehabilitation of Whitehead. An analytic and historical assessment of process philosophy*, Albany, State University of New York Press, 1989.

A. PARMENTIER, *La philosophie de Whitehead et le problème de Dieu*, Paris, Beauchesne, 1968.

B. SAINT-SERNIN, *Whitehead, un univers en essai*, Paris, Vrin, 2000.

I. STENGERS, *Penser avec Whitehead. Une libre et sauvage création de concepts*, Paris, Seuil, 2002.

B. TIMMERMANS (Éd.), *Perspectives. Leibniz, Whitehead, Deleuze*, Paris, Vrin, 2006.

X. VERLAY, *La philosophie spéculative de Whitehead*, Frankfurt/Paris, Ontos Verlag, 2007.

X. VERLEY, *Whitehead, un métaphysicien de l'expérience*, Louvain-la-Neuve, Chromatika, 2013.

M. WEBER, *Essai sur la gnose de Harvard. Whitehead apocryphe*, Louvain-la-Neuve, Chromatika, 2011.

### 2) Sur Hartshorne

G. BOYD, *Trinity and process. A critical evaluation and reconstruction of Hartshorne's di-polar theism towards a Trinitarian metaphysics*, Berne, Peter Lang, 1992.

D. DOMBROWSKI, *Analytic Theism, Hartshorne, and the concept of God*, Albany, State University of New York Press, 1996.

D. DOMBROWSKI, *Divine beauty. The aesthethics of Charles Hartshorne*, Nashville, Vanderbilt University Press, 2004.

D. DOMBROWSKI, *A platonic philosophy of religion : a Process perspective*, Albany, State University of New York Press, 2005.

D. DOMBROWSKI, *Rethinking the ontological argument : a neoclassical theistic perspective*, New York, Cambridge University Press, 2006.

D. DOMBROWSKI, *A history of the concept of God : a Process approach*, Albany, State University of New York Press, 2017.

S. SIA, *God in Process thought. A study in Charles Hartshorne's concept of God*, New York, Springer Publishing, 1985.

S. SIA, *Religion, reason and God. Essays in the philosophies of Charles Hartshorne and A. N. Whitehead*, Berne, Peter Lang, 2003.

D. VINEY, *Charles Hartshorne and the existence of God*, Albany, State University of New York Press, 1984.

**3) Sur Cobb**

A. GOUNELLE, *Le dynamisme créateur de Dieu. Essai sur la théologie du Process*, Paris, Van Dieren, 2004.

D. R. GRIFFIN, *John Cobb's theology in process*, Philadelphie, Westminster John Knox Press, 1977.

X. MORALES, *La relativité de Dieu. La contribution de la Process Theology à la théologie trinitaire*, Paris, Cerf, 2017.

R. PICON, *Le Christ à la croisée des religions. Essai sur la christologie de John B. Cobb*, Paris, Van Dieren, 2004.

## *II) THÉOLOGIE TRADITIONNELLE*

### A) Sources patristiques et médiévales

BASILE DE CÉSARÉE, *Lettres. I*, Trad. par Yves Courtonne, Paris, Belles-Lettres, 1957.

BASILE DE CÉSARÉE, *Lettres. II*, Trad. par Yves Courtonne, Paris, Belles-Lettres, 1961.

BASILE DE CÉSARÉE, *Lettres. III*, Trad. par Yves Courtonne, Paris, Belles-Lettres, 1966.

BASILE DE CÉSARÉE, *Contre Eunome*, Vol. I, Trad. par Bernard Sesboüé, Paris, Cerf, 1982.

BASILE DE CÉSARÉE, *Contre Eunome*, Vol. II, trad. par Bernard Sesboüé, Paris, Cerf, 1983.

BASILE DE CÉSARÉE, *Le traité du Saint-Esprit*, trad. par Annette Maigan, Paris, Migne, 2012.

GRÉGOIRE PALAMAS, *Défense des saints hésychastes*, trad. par Jean Meyendorff, Louvain, 1959.

GRÉGOIRE PALAMAS, *De la déification de l'être humain*, trad. par M.-J. Monsaingeon et J. Paramelle, Lausanne, L'Âge d'Homme, 1990.

GRÉGOIRE PALAMAS, *Traités démonstratifs sur la procession du Saint-Esprit*, trad. par Yvan Koenig, Paris, Cerf, 2017.

JEAN DAMASCÈNE, *La foi orthodoxe. 1-44*, trad. par P. Ledrux, Paris, Cerf, 2010.

JEAN DAMASCÈNE, *La foi orthodoxe. 45-100*, trad. par P. Ledrux, Paris, Cerf, 2011.

THOMAS d'AQUIN, *Somme Théologique*, Paris, I, I-II, II-II, III, Cerf, 1984.

THOMAS d'AQUIN, *Somme contre les Gentils I, Dieu*, trad. par Cyrille Michon, Paris, Flammarion, 1999.

THOMAS d'AQUIN, *Somme contre les Gentils II, La Création*, trad. par Cyrille Michon, Paris, Flammarion, 1999.

THOMAS d'AQUIN, *Somme contre les Gentils III, La Providence*, trad. par Vincent Aubin, Paris, Flammarion, 1999.

THOMAS d'AQUIN, *Somme contre les Gentils IV, La Révélation*, trad. par Denis Moreau, Paris, Flammarion, 1999.

VINCENT DE LÉRINS, *Le Commonitorium*, Trad. par M. Meslin, Belgique, Éditions du soleil levant, 1959.

## B) Littérature secondaire

M.-D. CHENU, *Introduction à l'étude de saint Thomas d'Aquin*, Paris, Vrin, 1950.

L. J. ELDERS, *Au cœur de la philosophie de saint Thomas d'Aquin*, Paris, Presses Universitaires de l'ICP, 2009.

E. GILSON, *Le thomisme, introduction à l'étude de saint Thomas d'Aquin*, Paris, Vrin, 1922.

E. GILSON, *Saint Thomas d'Aquin*, Paris, V. Lecoffre, 1925.

J.-C. LARCHET, *La divinisation de l'homme selon saint Maxime le Confesseur*, Cerf, Paris, 1996.

J.-C. LARCHET, *La théologie des énergies divines : des origines à saint Jean Damascène*, Paris, Cerf, 2010.

J. LISON, *L'Esprit répandu. La pneumatologie de saint Grégoire Palamas*, Paris, Cerf, 1994.

V. LOSSKY, *Essai sur la théologie mystique de l'Église d'Orient*, Paris, Cerf, 1944.

V. LOSSKY, *Vision de Dieu*, Neuchâtel, Delachaux & Niestlé, 1962.

V. LOSSKY, *À l'image et à la ressemblance de Dieu*, Paris, Aubier-Montaigne, 1967.

J. MEYENDORFF, *Introduction à l'étude de Grégoire Palamas*, Paris, Seuil, 1959.

J. MEYENDORFF, *Saint Grégoire Palamas et la mystique orthodoxe*, Pars, Seuil, 1959.

J. MEYENDORFF, *Le Christ dans la théologie byzantine*, Paris, Cerf, 1969.

J. MEYENDORFF, *Initiation à la théologie byzantine. L'histoire et la doctrine*, Paris, Cerf, 1975.

X. MORALES, *Dieu en personnes*, Paris, Cerf, 2015.

O. H. PESCH, *Thomas d'Aquin*, Paris, Cerf, 1994.

D. STANILOAE, *Dieu est amour*, Genève, Labor et Fides, 1980.

E. STUMP, *Aquinas*, Londres, Routledge, 2003.

J.-P. TORRELL O.P, *Initiation à saint Thomas d'Aquin : sa personne et son œuvre*, Paris, Cerf, 1993.

J.-P. TORRELL O.P, *Saint Thomas d'Aquin, maître spirituel*, Paris, Cerf, 1996.

K. WARE, *Approches de Dieu dans la tradition orthodoxe*, Paris, Desclée De Brouwer, 1982.

J. ZIZIOULAS, *L'être ecclésial*, Genève, Labor et Fides, 1981.

## *III) PHILOSOPHIE CONTEMPORAINE*

T. ALTIZER, *The gospel of Christian atheism*, Philadelphie, Westminster John Knox Press, 1966.

D. BASINGER, *Divine power in process theism : a philosophical critique*. Albany, State University of New York Press, 1988.

A. BENMAKHLOUF, *Montaigne*, Paris, Belles-Lettres, 2008.

P. CLAVIER, *Qu'est-ce que la théologie naturelle ?*, Paris, Vrin, 2004.

P. CLAVIER, *Qu'est-ce que le bien ?*, Paris, Vrin, 2010.

P. CLAVIER, *Ex nihilo. L'introduction en philosophie du concept de création*, Vol. I, Paris, Hermann, 2011.

P. CLAVIER, *Ex nihilo. Scénarios de « sortie » de la création*, Paris, Hermann, 2011.

P. CLAVIER, *L'énigme du mal ou le tremblement de Jupiter*, Paris, Desclée de Brouwre, 2011.

R. CREEL, *The divine impassibility. An essay in philosophical theology*, Cambridge, Cambridge University Press, 1985.

G. DELEUZE, *Le pli. Leibniz et le baroque*, Paris, Éditions de minuit, 1988.

T. HOPKO, *God and the world : an eastern orthodox response to Process theology*, thèse de Ph.D non publiée.

T. MCCALL, *Which Trinity ? Which monotheism ? Philosophical and systematic theologians on the metaphysics of trinitarian theology*, Grand Rapids, Eerdmans Publishing, 2010.

T. MORRIS, *Anselmian explorations. Essays in philosophical theology*, Notre-Dame, University of Notre-Dame Press, 1987.

T. MORRIS, *The logic of God incarnate*, Eugene, Wipf and Stock, 2001.

C. MICHON, *Prescience et liberté. Essai de théologie philosophique sur la Providence*, Paris, Presses Universitaires de France, 2004.

C. MICHON (Ed. avec R. Pouivet), *Philosophie de la religion. Approches contemporaines*, Paris, Vrin, 2010.

C. MICHON, *Qu'est-ce que le libre-arbitre ?*, Paris, Vrin, 2011.

F. NEF, *Qu'est-ce que la métaphysique ?*, Paris, Gallimard, 2004.

F. NEF (avec P. Livet), *Les êtres sociaux. Processus et virtualité*, Paris, Hermann, 2009.

F. NEF, *Traité d'ontologie pour les non-philosophes (et les philosophes)*, Paris, Gallimard, 2009.

F. NEF (Ed. avec E. Garcia), *Métaphysique contemporaine. Propriétés, mondes possibles et personne*, Paris, Vrin, 2007

G. OPPY, *Ontological arguments and belief in God*, New York, Cambridge University Press, 1995.

H. P. OWEN, *Concepts of deity*, New York, Mcmillan, 1971.

A. PLANTINGA, *God and other minds*, Ithaca, Cornell University Press, 1967.

A. PLANTINGA, *The nature of necessity*, Oxford, Clarendon Press, 1974.

A. PLANTINGA, *God, freedom and evil*, Grand Rapids, Eerdmans Publishing, 1974.

R. POUIVET (Éd. avec S. Bourgeois-Gironde et B. Gnassounou), *Analyse et théologie. Croyances religieuses et rationalité*, Paris, Vrin, 2002.

R. POUIVET, *Qu'est-ce que croire ?*, Paris, Vrin, 2003.

R. POUIVET (Éd. avec C. Michon), *Philosophie de la religion. Approches contemporaines*, Paris, Vrin, 2010.

R. POUIVET, *Épistémologie des croyances religieuses*, Paris, Cerf, 2013.

S. RICHARD (Éd.), *Analyse et ontologie. Le renouveau de la métaphysique dans la tradition analytique*, Paris, Vrin, 2010.

K. A. ROGERS, *Perfect being theology*, Edinburgh University Press, 2000.

Y. SCHMITT, *Qu'est-ce qu'un Dieu ?*, Paris, Vrin, 2013.

Y. SCHMITT, *L'être de Dieu. Ontologie du théisme*, Paris, Ithaque, 2016.

R. SWINBURNE, *The coherence of theism*, Oxford, Oxford University Press, 1977.

R. SWINBURNE, *The existence of God*, Oxford, Oxford University Press, 1979. Traduit par Paul Clavier : *La probabilité du théisme*, Paris, Vrin, 2015.

R. SWINBURNE, *The Christian God*, Oxford, Oxford University Press, 1994.

R. SWINBURNE, *Is there a God ?*, Oxford, Oxford University Press, 1996. Traduit par Paul Clavier : *Y-a-t-il un Dieu ?*, Paris, Ithaque, 2009.

R. SWINBURNE, *Providence and the problem of evil*, Oxford, Oxford University Press, 1998.

R. SWINBURNE, *The resurrection of God incarnate*, Oxford, Oxford University Press, 2003.

G. VAHANIAN, *The death of God. The culture of our post-christian era*, New York, Braziller Inc., 1961. Traduction : *La mort de Dieu*, Paris, Buchet-Chastel, 1962.

# INDEX DES NOMS

Alston, 100, 101, 102, 103, 106, 107
Altizer, 23, 25, 26, 27, 28
Basile, 98, 99, 124, 125
Boyd, 140
Clavier, 188, 229
Cobb, 16, 23, 24, 37, 38, 66, 94, 96, 100, 136, 138, 139, 145, 152, 153, 154, 159, 165, 166, 167, 168, 169, 170, 174, 186, 187, 215, 216, 222
Damascène, 123, 124, 127, 171, 172, 173
dAquin, 90, 96, 97, 104, 105, 189, 225
de Lérins, 29, 30, 31
Debaise, 64, 66, 67, 69
Dombrowski, 47, 106, 107, 146, 148
Dumoncel, 65, 68
Findlay, 141, 142, 143, 144, 193
Ford, 73, 136, 138, 152, 159, 160, 161, 162, 177, 178, 179, 180, 181, 182, 183, 184, 187
Geach, 206, 207, 209
Griffin, 89, 137, 152, 159, 162, 163, 164, 165, 168, 191, 192, 193, 194, 195, 196, 197, 198, 199, 200, 201, 202, 224, 225, 226, 227, 228
Hartshorne, 15, 27, 37, 38, 68, 74, 77, 96, 100, 101, 102, 103, 104, 105, 106, 107, 126, 134, 135, 140, 141, 143, 144, 146, 147, 152, 186, 191
Hopko, 98, 100, 107, 108, 121, 125, 146, 147, 148, 149, 224, 226
James, 40, 51, 52, 68, 72
Jonas, 203, 204, 205, 206, 207
Leftow, 130, 131

Léon, 155, 156, 157, 158
Lucas, 73
Mackie, 190, 193, 194, 195
Meyendorff, 108, 109, 115
Michon, 31, 208, 229
Morales, 136, 137, 139
Morris, 146, 148
Nef, 72
Ogden, 38
Palamas, 108, 109, 110, 111, 112, 113, 114, 115, 116, 117, 118, 119, 120, 224, 225
Pittenger, 137
Plantinga A., 203, 212
Plantinga C., 127, 128, 129, 130
Pouivet, 217, 218
Stengers, 74
Suchocki, 136, 139, 140, 141, 145, 221
Swinburne, 127, 128, 129, 154, 157, 210, 212
Vahanian, 24
Ware, 31, 32, 33, 34, 35, 219, 220
Whitehead, 9, 10, 15, 16, 18, 19, 20, 21, 22, 23, 24, 26, 28, 35, 37, 38, 39, 40, 41, 42, 43, 44, 45, 46, 47, 48, 49, 50, 51, 52, 53, 54, 55, 56, 58, 59, 60, 61, 62, 63, 64, 65, 66, 67, 68, 69, 70, 71, 72, 73, 74, 75, 77, 78, 79, 80, 81, 82, 83, 84, 85, 86, 87, 88, 89, 90, 91, 92, 93, 94, 95, 96, 98, 100, 106, 107, 133, 134, 136, 137, 140, 141, 145, 152, 155, 163, 166, 176, 178, 179, 184, 185, 186, 187, 191, 193, 197, 199, 201, 218, 220, 223
Williams, 38, 137, 138

# Table des matières

**Introduction** ..................................................................................9

I) De la *process philosophy* à la *Process theology* ....................10
    **A) Les pères fondateurs : Whitehead et Hartshorne** .................11
        1) Biographie d'Alfred North Whitehead ..............................11
        2) Biographie de Charles Hartshorne ....................................13
    **B) John Cobb, fondateur de la Process theology** .......................14

II) Le programme de la *Process theology* ......................................17
    **A) La « nouvelle réforme » de Whitehead** .................................18
        1) Une ère nouvelle ....................................................................18
        2) L'histoire tragique du christianisme...................................19
        3) Une conception non coercitive de Dieu............................22
    **B) La reprise du projet de Whitehead dans la Process theology** .........23
        1) L'antagoniste de la *Process theology* : la *Radical theology* .....23
        2) *Process theology* et *Radical theology*...................................26
        3) Un Dieu à la fois transcendant et immanent .....................27

III) La *Process theology* est-elle une théologie chrétienne ? .......28
    **A) La « nouvelle réforme » en question** ......................................28
    **B) Distinguer l'orthodoxie et l'hétérodoxie : le critère de saint Vincent de Lérins** ..................................................................29
    **C) L'approche de Kallistos Ware** ...............................................31
        1) Dieu est mystère ...................................................................32
        2) Dieu est Trinité ....................................................................33
        3) Dieu est créateur ..................................................................33
        4) Dieu fait homme..................................................................34
        5) Dieu est sauveur...................................................................34

IV) Notre problème............................................................................35

CHAPITRE I : LA PHILOSOPHIE DU *PROCESS* ............................................. 37

I) LA CONCEPTION DE LA MÉTAPHYSIQUE CHEZ WHITEHEAD ................ 39
   **A) La justification de la métaphysique** ............................................. 39
   **B) La philosophie spéculative** ............................................................ 42
II) LA BIFURCATION DE LA NATURE ................................................................ 44
   **A) La critique du matérialisme** ........................................................... 45
   **B) La « réaction romantique »** ............................................................ 49
   **C) Le problème corps-esprit** ............................................................... 50
   **D) L'empirisme intégral** ....................................................................... 51
III) L'ANALYSE DE LA RELIGION ....................................................................... 52
   **A) Religion et métaphysique** ............................................................... 53
   **B) Métaphysique de la religion rationnelle** ........................................ 57
   **C) Les conditions d'harmonie** ............................................................. 58
      1) La première version du schème spéculatif contenue dans *Religion in the making*........................................................................................ 58
      2) Contraste avec l'idéal d'harmonie ................................................... 60
IV) LE SCHÈME SPÉCULATIF DE *PROCESS AND REALITY* ............................. 62
   **A) La catégorie ultime du schème conceptuel : la créativité** ............. 63
      1) La « catégorie ultime » ..................................................................... 63
      2) L'univers comme « cosmos torrentiel » .......................................... 63
      3) Création et créativité ....................................................................... 64
   **B) Les entités actuelles** ....................................................................... 64
      1) Le principe ontologique ................................................................... 64
      2) Les occasions actuelles ..................................................................... 65
      3) Les nexus ........................................................................................... 66
   **C) Les objets éternels** .......................................................................... 67
   **D) La théorie des préhensions** ............................................................ 68
      1) La théorie des relations .................................................................... 68
      2) Préhensions positives et préhensions négatives ............................ 68
      3) Préhension physique, préhension conceptuelle et préhension hybride ............................................................................................................. 70
   **E) Le processus d'auto-constitution des occasions actuelles : concrescence et cogrédience** ............................................................. 71
      1) La phase conforme ........................................................................... 71
      2) La phase supplémentaire ................................................................. 71

  3) La satisfaction ....................................................................71
V) La métaphysique du *Process* et le concept de Dieu..................72
 A) L'« oubli » de Whitehead .........................................................72
 B) Dieu : un élément nécessaire de la philosophie spéculative ..........74

**Chapitre II : La conception dipolaire de Dieu** .............................77

I) L'idée religieuse de Dieu...............................................................78
 A) Les conceptions de Dieu............................................................79
 B) Histoire naturelle des religions ................................................80
  1) Le Dieu-vide et le rituel ......................................................82
  2) Le Dieu-ennemi et la mythologie ........................................84
  3) Le Dieu-compagnon et la rationalisation............................85
  4) Jésus et la Bible ..................................................................87
II) Le concept philosophique de Dieu .............................................89
 A) La critique caricaturale du théisme classique chez les théologiens du *Process*..................................................................................89
 B) Dieu en procès.........................................................................90
  1) La nature primordiale de Dieu ...........................................92
  2) La nature conséquente de Dieu ...........................................94
III) Une première critique de la *Process theology* .........................95
 A) Le théisme classique : une étiquette polémique..........................96
 B) Le « péché originel » de la *Process theology* .............................98
 C) L'incognoscibilité divine ...........................................................98
IV) La conception dipolaire d'Alston : une *via media*.................100
 A) Théisme classique et *Process theology*....................................100
 B) La connaissance divine des contingents .................................101
 C) La solution d'Alston ..............................................................102
 D) Critique de la solution d'Alston .............................................103
  1) Retour sur la connaissance divine des contingents .............103
  2) Une *via media* qui mésestime la spécificité de la *Process theology*....106
V) La conception palamite de Dieu comme alternative à la *Process theology* .......................................................................................107
 A) Le problème de la connaissance de Dieu..................................108
  1) La philosophie de Barlaam ................................................108
  2) Les deux sagesses ..............................................................110

3) Le Dieu qui se cache ................................................................. 111
**B) La connaissance par la communion** ............................................... **112**
1) Le Dieu qui se révèle ................................................................ 112
2) La déification ........................................................................... 115
3) Les énergies divines .................................................................. 116
4) L'eschatologie palamite ............................................................ 118
**C) Le palamisme : une conception dipolaire de Dieu** ..................... **120**

**CHAPITRE III : LA TRINITÉ** ..................................................................... **123**

I) LA RÉFLEXION TRINITAIRE DANS LA PHILOSOPHIE CONTEMPORAINE . 126
**A) Le trinitarisme social** ......................................................................... **127**
1) La doctrine sociale de la Trinité ................................................ 127
2) L'accusation de trithéisme ........................................................ 128
3) Peut-il exister plusieurs personnes divines ? ........................... 129
**B) Le Trinitarisme latin** ........................................................................... **130**
1) La doctrine latine de la Trinité .................................................. 130
2) Le voyage temporel : une analogie de la Trinité ..................... 131
II) LA RÉCEPTION DE LA DOCTRINE DE LA TRINITÉ DANS LA *PROCESS THEOLOGY* ............................................................................................... 132
**A) La doctrine classique de la Trinité : un échec** ............................. **133**
1) Chez Whitehead ......................................................................... 133
2) Chez Hartshorne ......................................................................... 134
**B) Tentatives de doctrine trinitaire alternative** ................................. **136**
1) Tentatives concordistes ............................................................. 137
2) Le modèle non concordiste de John Cobb .............................. 138
**C) Le problème : la conception de Dieu comme entité actuelle** ....... **139**
1) Le jugement de Marjorie Suchocki .......................................... 139
2) La proposition de Grégory Boyd ............................................... 140
III) CHARLES HARTSHORNE : UNE SOCIALITÉ DIVINE SANS LA TRINITÉ . 141
**A) Le paradoxe de Findlay** .................................................................... **142**
**B) La socialité Dieu-monde** .................................................................... **143**
IV) LA TRINITÉ COMME ALTERNATIVE À LA *PROCESS THEOLOGY* ........... 145
**A) La *Process theology*, la Trinité, et la socialité de Dieu : un bilan** .. **145**
**B) La critique de la socialité Dieu-monde** ........................................... **146**
**C) Le problème de la souffrance de Dieu** ............................................ **148**

CHAPITRE IV : L'INCARNATION .................................................................. 151

   I) LA CRITIQUE DE LA CHRISTOLOGIE TRADITIONNELLE ........................ 153
      **A) La critique de John Cobb** ........................................................ 153
      **B) Le « néo-nestorianisme » de la *Process theology*** ................. 154
      **C) Défense de la christologie chalcédonienne** ......................... 155
         1) L'humanité du Christ ............................................................ 155
         2) Communication et distinction des natures ......................... 157
   II) LA CHRISTOLOGIE DU *PROCESS* ....................................................... 159
      **A) La christologie de Lewis Ford** ................................................. 159
         1) Le projet christologique de Ford ......................................... 159
         2) La visée initiale de Dieu ........................................................ 160
         3) La visée subjective de Jésus .................................................. 161
      **B) La christologie de David Ray Griffin** ...................................... 162
         1) Le projet christologique de Griffin ...................................... 162
         2) La visée initiale de Dieu ........................................................ 165
         3) La visée subjective de Jésus .................................................. 165
      **C) La christologie de John Cobb** ................................................. 165
         1) Le projet christologique de Cobb ........................................ 165
            *a) Le* Logos ............................................................................ *165*
            *b) L'humanité de Jésus* ......................................................... *166*
         2) La visée initiale de Dieu ........................................................ 167
         3) La visée subjective de Jésus .................................................. 168
            *a) Pluralité des formes subjectives humaines* ..................... *168*
            *b) Le* Logos *et Jésus* ............................................................. *170*
   III) CRITIQUE DE LA CHRISTOLOGIE DU *PROCESS* ............................... 170
      **A) Jésus : « Dieu fait homme »** .................................................... 171
      **B) … et non un « homme divinisé »** ............................................ 173

CHAPITRE V : L'ESCHATOLOGIE .................................................................. 175

   I) L'ESCHATOLOGIE DE LEWIS FORD ....................................................... 177
      **A) L'opposition dans la Bible entre le genre apocalyptique et le genre prophétique** .................................................................................. 177
      **B) Puissance coercitive et puissance persuasive** ....................... 178
         1) La puissance divine comme coercition ................................ 179

2) La puissance divine comme persuasion ........................................... 180
**C) Le Royaume de Dieu** .................................................................... **181**
   1) La persuasion divine dans la Bible ............................................ 181
   2) La prédication de Jésus ............................................................. 182
II) L'OMNIPOTENCE DE DIEU DANS LA *PROCESS THEOLOGY* ................. 184
  **A) La nature de l'omnipotence divine selon Whitehead** ............... **184**
  **B) La nature de l'omnipotence divine chez Charles Hartshorne** ... **186**
  **C) La nature de l'omnipotence divine chez John Cobb** ................ **186**
III) LA THÉODICÉE DU *PROCESS* ............................................................ 187
  **A) Le problème du mal** ...................................................................... **187**
  **B) L'argument du mal** ....................................................................... **190**
  **C) La théodicée de David Ray Griffin** ............................................. **191**
   1) Dieu veut-il vraiment que le monde soit dépourvu de mal ? ......... 192
   2) Dieu est-il vraiment omnipotent ? ............................................. 193
    *a) Un conditionnement culturel* ................................................. *193*
    *b) Une motivation polémique* .................................................... *194*
    *c) Un mauvais argument* ............................................................ *194*
   3) Redéfinition de l'omnipotence .................................................. 194
   4) Reposer le problème du mal ..................................................... 196
    *a) Persuasion et non-coercition* ................................................. *197*
    *b) Le bien et le mal* .................................................................... *198*
    *c) Valeur et liberté* ..................................................................... *199*
    *d) La bonté de Dieu* ................................................................... *200*
IV) LA THÉODICÉE DU LIBRE-ARBITRE .................................................. 202
  **A) Quelques conceptions rivales de l'omnipotence** ...................... **202**
  **B) La théodicée du Dieu faible** ........................................................ **203**
   1) Hans Jonas ................................................................................ 203
   2) Le faux dilemme de Jonas ......................................................... 206
   3) Critique de la *Process theodicy* ................................................. 207
  **C) La défense par le libre arbitre** ..................................................... **208**
   1) Défense ou théodicée ? ............................................................. 208
   2) Définition de l'omnipotence ..................................................... 209
   3) La définition de la liberté .......................................................... 210
   4) Un monde de créatures libres .................................................... 211
   5) Dieu peut-il créer le meilleur des mondes possibles ? ................ 211

  6) Mal moral et mal naturel.................................................212
  7) Contre-argument du mal...............................................213

# Conclusion ....................................................................................215

 I) La *Process theology* : une réponse au fictionnalisme ...............217
 II) La *Process theology* en procès ...................................................219
  **A) Deux conceptions dipolaires de Dieu** ....................................219
   1) Dieu est mystère ..........................................................219
   2) Dieu est Trinité ...........................................................221
   3) Dieu est créateur ........................................................221
   4) Dieu fait homme ........................................................222
   5) Dieu est sauveur .........................................................222
  **B) La *Process theology* : une tentative ratée et inutile** ..............223
  **C) La réaction de David Ray Griffin**..........................................224
 III) Considération finale : la théologie comme ascèse
 intellectuelle ...................................................................................227

# Remerciements ............................................................................229

# Bibliographie ...............................................................................231

 I) *Process theology*.............................................................................231
  **A) Sources primaires** ...................................................................231
   1) Alfred North Whitehead ...........................................231
   2) Charles Hartshorne.....................................................231
   3) Daniel Day Williams ..................................................232
   4) Norman Pittenger ......................................................232
   5) Lewis Ford ..................................................................232
   6) Shubert Ogden ...........................................................232
   7) John Cobb ...................................................................233
   8) David Ray Griffin .......................................................233
   9) Marjorie Suchocki......................................................233
  **B) Littérature secondaire** ............................................................234
   1) Sur Whitehead ............................................................234
   2) Sur Hartshorne ...........................................................234
   3) Sur Cobb .....................................................................235

II) Théologie traditionnelle ..................................................................235
   A) **Sources patristiques et médiévales** ...............................................**235**
   B) **Littérature secondaire**......................................................................**236**
III) Philosophie contemporaine ......................................................237

**Index des noms** ................................................................................**241**

COLLECTION THÉÔRIA
DIRIGÉE PAR PIERRE-MARIE SIGAUD
AVEC LA COLLABORATION DE BRUNO BÉRARD

OUVRAGES PARUS :

Jean BORELLA, *Problèmes de gnose*, 2007.
Wolfgang SMITH, *Sagesse de la cosmologie ancienne – Les cosmologies traditionnelles face à la science contemporaine*, 2008.
Françoise BONARDEL, *Bouddhisme et philosophie – En quête d'une sagesse commune*, 2008.
Jean BORELLA, *La crise du symbolisme religieux*, 2008.
Jean BIÈS, *Vie spirituelle et modernité*, 2008.
David LUCAS, *Crise des valeurs éducatives et postmodernité*, 2009.
Kostas MAVRAKIS, *De quoi Badiou est-il le nom ? Pour en finir avec le (XXᵉ) siècle*, 2009.
Reza SHAH-KAZEMI, *Shankara, Ibn 'Arabî et Maître Eckhart – La voie de la Transcendance*, 2010.
Marco PALLIS, *La Voie et la Montagne – Quête spirituelle et bouddhisme tibétain*, 2010.
Jean HANI, *La royauté sacrée – Du pharaon au roi très chrétien*, 2010.
Frithjof SCHUON, *Avoir un centre*, 2010.
Patrick RINGGENBERG, *Diversité et unité des religions chez René Guénon et Frithjof Schuon*, 2010.
Kenryo KANAMATSU, *Le Naturel – Un classique du bouddhisme Shin*, 2011.
Frithjof SCHUON, *Les Stations de la Sagesse*, 2011.
Jean BORELLA, *Amour et Vérité – La voie chrétienne de la charité*, 2011.
Patrick RINGGENBERG, *Les théories de l'art dans la pensée traditionnelle – Guénon, Coomaraswamy, Schuon, Burckhardt*, 2011.
Jean HANI, *La Divine Liturgie*, 2011.
Swami Śri KARAPATRA, *La lampe de la Connaissance non-duelle*, suivi de *La crème de la Libération*, attribué à **Swami TANDAVARYA**, suivis d'un inédit, *La Connaissance du soi et le chercheur occidental* de **Frithjof SCHUON**, 2011.
Paul BALLANFAT, *Messianisme et sainteté – Les poèmes du mystique ottoman Niyâzî Mısrî, (1618-1694)*, 2012.
Frithjof SCHUON, *Forme et substance dans les religions*, 2012.
Jean BORELLA, *Penser l'analogie*, 2012.
Jean BORELLA, *Le sens du surnaturel*, 2012.
Paul BALLANFAT, *Unité et spiritualité – Le courant Melamî-Hamzevî dans l'Empire ottoman*, 2013.
Michel D'URANCE & Guillaume DE TANOÜARN, *Dieu ou l'éthique – Dialogue sur l'essentiel*, 2013.
*LE ŚRIMAD BHAGAVATAM – LA SAGESSE DE DIEU*, résumé et traduit du sanskrit par Swāmi Prabhavānanda, traduit de l'anglais par Ghislain Chetan, 2013.
Frithjof SCHUON, *De l'unité transcendante des religions*, 2014.
Gilbert DURAND, *La foi du cordonnier*, 2014.
Robert BOLTON, *Les âges de l'humanité – Essai sur l'histoire du monde et la fin des temps*, traduit de l'anglais par Jean-Claude Perret, 2014.
Mahmut EROL KILIÇ, *Le soufi et la poésie – Poétique de la poésie soufie ottomane*, traduit du turc par Paul Ballanfat, 2015.
John PARASKEVOPOULOS, *L'appel de l'Infini – La voie du bouddhisme Shin*, traduit de l'anglais par Ghislain Chetan, préface de Patrick Laude, 2015.
Jean BORELLA, *Aux sources bibliques de la métaphysique*, 2015.
Frithjof SCHUON, *Christianisme/Islam – Visions d'œcuménisme ésotérique*, 2015.
Frithjof SCHUON, *De tout Cœur et en l'Esprit – Choix de lettres d'un Maître spirituel*, traduit de l'allemand par Ghislain Chetan, 2015.

**Jean BORELLA**, *Lumières de la théologie mystique*, 2015.
**Jean BORELLA**, *Histoire et théorie du symbole*, 2015.
**Patrick LAUDE**, *Apocalypse des religions – Pathologies et dévoilements de la conscience religieuse contemporaine*, 2016.
**Jean BORELLA**, *Marxisme et sens chrétien de l'histoire*, 2016.
**Hari Prasad SHASTRI**, *Échos spirituels du Japon – L'esprit et les formes du Japon traditionnel*, traduit de l'anglais par Patrick Laude, 2016.
**Frithjof SCHUON**, *Regards sur les mondes anciens*, 2016.
**Victoria CIRLOT**, *Hildegarde de Bingen et la tradition visionnaire de l'Occident*, traduit de l'espagnol par Sébastien Galland et Juan Lorente, 2016.
**John PARASKEVOPOULOS**, *Le parfum de la Lumière – Une Anthologie de la sagesse bouddhiste*, traduit de l'anglais par Ghislain Chetan, 2017.
**Jean BORELLA**, *Ésotérisme guénonien et Mystère chrétien*, 2017.
**Frithjof SCHUON**, *L'Œil du Cœur*, 2017.
**Luc-Olivier D'ALGANGE**, *Le déchiffrement du monde – La gnose poétique d'Ernst Jünger*, 2017.
**Louis SAINT-MARTIN**, *Sagesse de l'astrologie traditionnelle – Essai sur la nature et les fondements de l'astrologie*, 2018.
**Jean BORELLA**, *Sur les chemins de l'Esprit – Itinéraire d'un philosophe chrétien*, 2018.
**Jean BORELLA**, *L'intelligence et la foi*, 2018.
**Jean-Pierre LAURANT**, *Guénon au combat – Des réseaux en mal d'institutions*, 2019.
**Jacques VIRET**, *Le retour d'Orphée – L'harmonie dans la musique, le cosmos et l'homme*, 2019.
**Jean BORELLA**, *Le sens perdu de l'Écriture – Exégèse et herméneutique*, 2019.
**Svāmī SATCIDĀNANDENDRA SARASVATĪ**, *Doctrine et méthode de l'Advaita Vedānta*, édité par Gian Giuseppe Filippi et traduit par Alessandra Tamanti, 2020.
**Yûnus EMRE**, *L'Amour de la Poésie – Les poèmes spirituels de Yûnus Emre (1240-1320)*, traduction de Paul Ballanfat, 2020.
**Paul BALLANFAT**, *Poésie en ruines – La pensée et la poétique de Yûnus Emre*, 2020.
**Frithjof SCHUON**, *Racines de la condition humaine*, 2020.
**Luc-Olivier D'ALGANGE**, *L'Âme secrète de l'Europe – Œuvres, mythologies, cités emblématiques*, 2020.
**Jean BORELLA**, *René Guénon et le guénonisme – Enjeux et questionnements*, 2020.
**Michaël RABIER**, *Nicolás Gómez Dávila, penseur de l'antimodernité – Vie, œuvre et philosophie*, 2020.
**Swami KEDARNATH**, *Introduction à la philosophie indienne de la connaissance de l'Absolu selon Śrī Mā Ānandamayī*, traduction de Ghislain Chetan, 2021.
**Frithjof SCHUON**, *Images de l'Esprit – Shinto, Bouddhisme, Yoga*, 2021.
**Michel MICHEL**, *Le Recours à la Tradition – La modernité : des idées chrétiennes devenues folles*, préface de Fabrice Hadjadj, 2021.
**Michel DOUSSE**, *La figure d'Abraham dans la Bible et le Coran*, préface de Pierre Lory, 2021.
**Frithjof SCHUON**, *Sur les traces de la religion pérenne*, 2022.
**Ananda K. COOMARASWAMY**, *Essais métaphysiques*, choisis et traduits par Max Dardevet, 2022.
**Luc-Olivier D'ALGANGE & Philippe BARTHELET**, *Terre lucide – Entretiens sur les météores et les signes des temps*, 2022.
**Frithjof SCHUON**, *Résumé de métaphysique intégrale*, 2022.
**Jean BORELLA**, *Situation du catholicisme aujourd'hui – Résistance ou dissolution*, 2023
**Frihjof SCHUON**, *Sentiers de gnose*, 2023.

## Structures éditoriales du groupe L'Harmattan

**L'Harmattan Italie**
Via degli Artisti, 15
10124 Torino
harmattan.italia@gmail.com

**L'Harmattan Hongrie**
Kossuth l. u. 14-16.
1053 Budapest
harmattan@harmattan.hu

---

**L'Harmattan Sénégal**
10 VDN en face Mermoz
BP 45034 Dakar-Fann
senharmattan@gmail.com

**L'Harmattan Congo**
219, avenue Nelson Mandela
BP 2874 Brazzaville
harmattan.congo@yahoo.fr

**L'Harmattan Cameroun**
TSINGA/FECAFOOT
BP 11486 Yaoundé
inkoukam@gmail.com

**L'Harmattan Mali**
ACI 2000 - Immeuble Mgr Jean Marie Cisse
Bureau 10
BP 145 Bamako-Mali
mali@harmattan.fr

**L'Harmattan Burkina Faso**
Achille Somé – tengnule@hotmail.fr

**L'Harmattan Togo**
Djidjole – Lomé
Maison Amela
face EPP BATOME
ddamela@aol.com

**L'Harmattan Guinée**
Almamya, rue KA 028 OKB Agency
BP 3470 Conakry
harmattanguinee@yahoo.fr

**L'Harmattan RDC**
185, avenue Nyangwe
Commune de Lingwala – Kinshasa
matangilamusadila@yahoo.fr

**L'Harmattan Côte d'Ivoire**
Résidence Karl – Cité des Arts
Abidjan-Cocody
03 BP 1588 Abidjan
espace_harmattan.ci@hotmail.fr

---

## Nos librairies en France

**Librairie internationale**
16, rue des Écoles
75005 Paris
librairie.internationale@harmattan.fr
01 40 46 79 11
www.librairieharmattan.com

**Librairie des savoirs**
21, rue des Écoles
75005 Paris
librairie.sh@harmattan.fr
01 46 34 13 71
www.librairieharmattansh.com

**Librairie Le Lucernaire**
53, rue Notre-Dame-des-Champs
75006 Paris
librairie@lucernaire.fr
01 42 22 67 13